DIREITOS
HUMANOS

Ricardo Castilho

DIREITOS
HUMANOS

8ª edição
2025

- O Autor deste livro e a editora empenharam seus melhores esforços para assegurar que as informações e os procedimentos apresentados no texto estejam em acordo com os padrões aceitos à época da publicação, *e todos os dados foram atualizados pelo autor até a data da entrega dos originais à editora.* Entretanto, tendo em conta a evolução das ciências, as atualizações legislativas, as mudanças regulamentares governamentais e o constante fluxo de novas informações sobre os temas que constam do livro, recomendamos enfaticamente que os leitores consultem sempre outras fontes fidedignas, de modo a se certificarem de que as informações contidas no texto estão corretas e de que não houve alterações nas recomendações ou na legislação regulamentadora.

- Data do fechamento do livro: 01/09/2024

- O Autor e a editora se empenharam para citar adequadamente e dar o devido crédito a todos os detentores de direitos autorais de qualquer material utilizado neste livro, dispondo-se a possíveis acertos posteriores caso, inadvertida e involuntariamente, a identificação de algum deles tenha sido omitida.

- Direitos exclusivos para a língua portuguesa
  Copyright ©2025 by
  Saraiva Jur, um selo da SRV Editora Ltda.
  Uma editora integrante do GEN | Grupo Editorial Nacional
  Travessa do Ouvidor, 11
  Rio de Janeiro – RJ – 20040-040

- **Atendimento ao cliente: https://www.editoradodireito.com.br/contato**

- Reservados todos os direitos. É proibida a duplicação ou reprodução deste volume, no todo ou em parte, em quaisquer formas ou por quaisquer meios (eletrônico, mecânico, gravação, fotocópia, distribuição pela Internet ou outros), sem permissão, por escrito, da **SRV Editora Ltda**.

- Capa: Lais Soriano
  Diagramação: Rafael Padovan

DADOS INTERNACIONAIS DE CATALOGAÇÃO NA PUBLICAÇÃO (CIP)
VAGNER RODOLFO DA SILVA – CRB-8/9410

C352d   Castilho, Ricardo
        Direitos Humanos – Coleção Sinopses Jurídicas / Ricardo Castilho. – 8. ed. – São
          Paulo: Saraiva Jur, 2025.

        192 p.
        ISBN 978-85-5362-840-7 (Impresso)

        1. Direito. 2. Direitos humanos. 3. Direito de asilo. 4. Direito dos refugiados. 5. Direito humanitário. 6. Liberdade. 7. Igualdade. 8. Fraternidade. 9. Petition of Right. 10. Habeas Corpus Act. 11. Bill of Rights. 12. Declaração dos Direitos do Homem. 13. Tratados internacionais. 14. Direitos Civis e Políticos. 15. Proteção dos direitos humanos. 16. Tortura. 17. Direitos fundamentais. 18. Dignidade da pessoa humana. 19. Garantias. I. Título.

                        CDD 340
2024-2302   CDU 34

Índices para catálogo sistemático:
1. Direito   340
2. Direito   34

ÍNDICE

1 Introdução 1
  1.1. Direito natural e direito positivo.. 1
  1.2. Conceitos: direitos do homem, direitos humanos e direitos fundamentais 3
  1.3. Características dos direitos humanos 9
  1.4. Vertentes dos direitos humanos 9
    1.4.1. Primeira vertente: direito de asilo 10
    1.4.2. Segunda vertente: direito dos refugiados...................... 10
    1.4.3. Terceira vertente: direito humanitário 11

2 Dimensões dos direitos humanos... 13
  2.1. Direitos humanos de primeira dimensão (liberdade)............ 14
  2.2. Direitos humanos de segunda dimensão (igualdade)............ 21
  2.3. Direitos humanos de terceira dimensão (fraternidade)......... 24
    2.3.1. As duas guerras mundiais.. 25
      2.3.1.1. O Tratado de Versalhes 26
      2.3.1.2. Direitos humanos no período entre guerras.............. 27
      2.3.1.3. Cruz Vermelha. Primeira ação humanitária em guerras... 30
      2.3.1.4. Efeitos da Segunda Guerra Mundial sobre a concepção dos direitos humanos.................. 31
      2.3.1.5. A tutela internacional dos direitos humanos 33
      2.3.1.6. Considerações sobre a terceira dimensão dos direitos humanos.................. 34
  2.4. As "novas" dimensões 36
  2.5. Crítica à teoria das dimensões (ou gerações) 36
  2.6. A eficácia das normas das diferentes dimensões 37

3 Evolução histórica dos direitos humanos 39
  3.1. Os primeiros documentos históricos 39
    3.1.1. Magna Carta (1215).. 39
    3.1.2. *Petition of Right* (1628)... 43
    3.1.3. *Habeas Corpus Act* (1679) 46
    3.1.4. *Bill of Rights* inglesa (1689).................................... 48
    3.1.5. *Bill of Rights* americana (1789) 49
    3.1.6. A Primeira Declaração dos Direitos do Homem.............. 50
    3.1.7. As Convenções de Genebra...................................... 52
  3.2. O papel da religião na proteção dos direitos humanos........... 53
  3.3. Resumo histórico da afirmação dos direitos humanos 56
    3.3.1. Considerações sobre a escravidão.............................. 61
      3.3.1.1. A escravidão no Brasil 62
      3.3.1.2. A escravidão na América do Norte.................. 63

SINOPSES JURÍDICAS

4	Direitos humanos e direito internacional	67
	4.1. Sobre tratados	67
	4.1.1. Da formação e incorporação dos tratados	69
	4.2. *Status* normativo dos tratados de direitos humanos	71
	4.2.1. Antes da EC n. 45/2004	71
	4.2.2. A EC n. 45/2004	74
	4.2.3. A atual posição do STF	75
	4.2.4. Em defesa da hierarquia constitucional dos tratados de direitos humanos no julgamento do RE 466.343	77
	4.3. O art. 5º, § 1º, da CF e a incorporação de tratados internacionais de direitos humanos	77
5	A proteção dos direitos humanos no Brasil	81
	5.1. Da prevalência dos direitos humanos	81
	5.2. Instrumentos de proteção	82
6	O sistema internacional de proteção dos direitos humanos	85
	6.1. Precedentes	85
	6.2. A Carta das Nações Unidas	86
	6.3. A estrutura da ONU	87
	6.4. A Declaração Universal dos Direitos do Homem	90
	6.5. Estrutura normativa global	92
	6.5.1. Pacto Internacional dos Direitos Civis e Políticos	92
	6.5.2. Pacto Internacional dos Direitos Econômicos, Sociais e Culturais	99
7	O sistema especial de proteção	121
	7.1. Convenção Internacional sobre a Eliminação de Todas as Formas de Discriminação Racial	122
	7.2. Convenção contra a Tortura e Outros Tratamentos ou Penas Cruéis, Desumanos ou Degradantes	124
	7.3. Convenção para a Prevenção e Repressão do Crime de Genocídio	127
	7.4. O Tribunal Penal Internacional	129
8	Os sistemas regionais de proteção dos direitos humanos	131
	8.1. Precedentes	131
	8.2. O sistema europeu	131
	8.3. O sistema africano	132
	8.4. O sistema árabe	132
	8.5. O sistema asiático	133
	8.6. O sistema interamericano	134
	8.6.1. Convenção Americana de Direitos Humanos	135
	8.6.2. O Protocolo de São Salvador	139
	8.6.3. Os tratados internacionais de direitos humanos no ordenamento brasileiro	140
	8.7. Condenação inédita do Estado brasileiro na CIDH por violência policial	144

Direitos Humanos VII

9 O sistema brasileiro de proteção dos direitos humanos 147
   9.1. Precedentes 147
   9.2. A evolução dos direitos humanos nas Constituições brasileiras 147
   9.3. Direitos fundamentais na Constituição Federal de 1988 153
      9.3.1. Sistema constitucional de crises 153

10 Eficácia dos direitos fundamentais nas relações entre particulares 157
   10.1. Terminologias existentes na doutrina 157
   10.2. Fundamentação constitucional 157
   10.3. Modelos de aplicabilidade 158

11 O princípio da dignidade 161
   11.1. Conceito 161
   11.2. Concepções sobre a dignidade 162
   11.3. Modalidades de eficácia 163
   11.4. Natureza jurídica da dignidade da pessoa humana 164

12 Inovações legislativas e decisões paradigmáticas no âmbito nacional 167
   12.1. Audiência de custódia e Resolução n. 213 do CNJ 167
   12.2. Posição do STF sobre inviolabilidade do domicílio e crime em flagrante delito – art. 5º, XI, da CF (RE 603.616) 169
   12.3. Entendimento do STF sobre quebra de sigilo bancário e acesso direto a dados pela Receita Federal 170
   12.4. Posição do STJ sobre acesso a dados em aparelho celular 170
   12.5. Atual entendimento do STF sobre o princípio da presunção de inocência 171
      12.5.1. Execução provisória de pena privativa de liberdade ("caso Lula") 172
   12.6. Vaquejadas: a posição do STF e a Emenda Constitucional n. 96 173
   12.7. O sistema penitenciário e o estado de coisas inconstitucional 174
      12.7.1. O *habeas corpus* coletivo para as gestantes ou mães 174
   12.8. Criação do sistema de garantias de direitos da criança e do adolescente vítima ou testemunha de violência (Lei n. 13.431/2017) 175
   12.9. Outros casos enfrentados pelo STF sob o regime de repercussão geral 177
      12.9.1. Educação domiciliar (*homeschooling*) 177
      12.9.2. Terceirização de atividade-fim 178
      12.9.3. Legitimidade do Ministério Público para pleitear a obtenção de medicamentos por particular 178
      12.9.4. Alteração de gênero no assento de registro civil de transexual ... 178

1
INTRODUÇÃO

1.1. DIREITO NATURAL E DIREITO POSITIVO

De certa maneira, ao nascer, qualquer pessoa é livre. Não tem propriedade, não tem dívidas ou ônus reais de qualquer tipo, não precisa votar, trabalhar, nem pagar impostos...

Essa situação, por óbvio, não dura para sempre. Isso porque, no momento em que é feito o seu registro de nascimento, essa pessoa passa a integrar oficialmente um determinado grupo social. E, assim que é oficializada a sua existência civil, adquire obrigações das quais apenas mais tarde terá conhecimento.

Mas voltemos o foco para os primeiros instantes após o nascimento. Apesar de termos dito que até o reconhecimento civil de seu nascimento com vida a criança é completamente livre de obrigações, importante observar que ela já é, desde o momento de sua concepção, titular de uma miríade de direitos – direitos esses que, ao longo da história, lhe foram sendo reconhecidos e outorgados por inúmeras leis e tratados. São direitos que independem de sua etnia, gênero e condição econômica ou social.

Poderíamos citar aqui, a título de exemplo, direitos básicos e universais como o direito à vida, à integridade, à segurança pessoal, à liberdade, à igualdade, entre tantos outros que analisaremos ao longo desta obra.

Estamos tratando, portanto, de um conjunto de direitos que pertencem ao indivíduo pelo simples fato de este pertencer ao gênero humano. Em outras palavras, direitos que precedem a sua inclusão em uma determinada ordem jurídica – que precedem, portanto, o chamado direito positivo.

É por esse motivo que, normalmente, são conhecidos como direitos naturais.

Onde se encontram as raízes de tais direitos?

No início da história, o direito teve raízes fincadas na dinâmica da natureza, porque o homem era movido pelas leis naturais da sobrevivência.

A chamada filosofia naturalista de Tales de Mileto e dos seguidores de sua escola, desde meados do ano 600 a.C., pregava os conceitos de equidade e de bom senso. Foi justamente esse o pensamento que inspirou as primeiras noções da chamada doutrina do direito natural (ou jusnaturalismo).

Um dos principais estudos que se pode citar a respeito foi aquele realizado pelo filósofo Aristóteles, que distinguiu duas concepções complementares: o justo legal (*díkaion nomikón*) e o justo natural (*díkaion physikón*). Para o filósofo, em seu livro *Ética a Nicômaco*, a justiça na *polis* podia surgir como impulso natural ou gerada por artifício da lei. Para ele, a lei natural era mais universal do que a lei artificial, criada pelo Estado.

Dica

O livro *Ética a Nicômaco* é considerado a obra máxima de Aristóteles sobre ética e justiça. O filósofo estagirita queria ensinar ao filho Nicômaco esses conceitos.

"Devemos então examinar o que já dissemos, submetendo nossas conclusões à prova dos fatos da vida: se elas se harmonizarem com os fatos, devemos aceitá-las; mas se colidirem com eles, devemos imaginar que elas são meras teorias" (Livro X, 8, 1179 a 17).

O jusnaturalismo se estenderia, ainda, por vários séculos, com diferentes orientações.

Em todas as suas fases, contudo, podem ser observadas duas grandes premissas: a primeira é a distinção entre direito natural e direito positivo; a segunda, a ideia de que o primeiro é superior ao segundo.

Em uma breve síntese, poderíamos dizer que o direito natural seria um conjunto de regras universais, emanadas – como faz inferir o nome – da própria "natureza das coisas".

Tal "ordenamento" consubstanciaria valores e princípios pautados ora na razão humana (conforme os defensores do chamado jusnaturalismo racional), ora em fundamentos divinos (como pregavam os defensores do chamado jusnaturalismo teológico). Além disso, esse ordenamento natural ora é visto como um conjunto de regras universais e abstratas (ou seja, eternamente imutáveis e válidas para todos os indivíduos, independentemente de sua origem, cultura, raça etc.) – como afirmam os defensores do jusnaturalismo clássico –, ora como um conjunto normativo relativo e regionalizado (ou seja, mutável com o passar do tempo e diferente para cada grupo de indivíduos) – como pregam os defensores do chamado jusnaturalismo contemporâneo.

Entretanto, qualquer que fosse o fundamento evocado, apresentava-se como algo de validade inconteste, ou seja, acima de qualquer indagação.

Por sua vez, o chamado direito positivo seria o conjunto das normas jurídicas estabelecidas pelo homem. Seria o fenômeno jurídico em concreto, na forma como manifestado pelas diferentes sociedades – via de regra, emanado de órgãos estatais. O parâmetro para elaboração e posterior avaliação das normas positivas – e aqui tratamos já da segunda premissa anteriormente aventada – seria o direito natural.

A existência do direito natural relaciona-se intimamente, pois, com a noção de justiça. Para os adeptos do jusnaturalismo, justo é o que se identifica com o direito natural. Este, portanto, constitui o modelo de aferição da legitimidade do próprio direito positivo.

É possível dizer que, para o jusnaturalismo, o direito positivo deveria ser a revelação, tanto quanto possível, do direito natural (uma vez reconhecido que a identificação completa entre ambos seria impossível, dada a imperfeição da natureza humana).

No que toca à fundamentação da origem dos direitos humanos, como veremos, o jusnaturalismo preconiza que eles advêm de uma ordem superior, independendo dos próprios homens, os quais, ao consagrá-los em suas legislações, apenas os declaram. Em outras palavras, para o jusnaturalismo, a natureza dos diplomas que asseguram a proteção aos direitos humanos é meramente declaratória: a lei não cria direitos humanos, apenas os reconhece.

Quadro sinótico

	DIREITO NATURAL	DIREITO POSITIVO
Também conhecido como	Jusnaturalismo.	Juspositivismo.
Define	O que é justo por natureza.	O que é justo pelas leis.
O direito origina-se	Do nascimento (independe de etnia, gênero e condição social ou econômica) e da vontade divina.	Das leis e das convenções (depende do poder legislativo), ou seja, da vontade e da ação do homem.
Fontes do direito	A ordem natural, a moral e a justiça. A punição dá-se apenas no plano moral.	A formalidade, a pureza das leis e o poder da autoridade. A punição é real e concreta.
Quais são esses direitos	Vida, liberdade, segurança pessoal, igualdade – princípios que seriam válidos para todas as pessoas, em todos os tempos.	Vida, liberdade, propriedade, proteção do Estado – princípios que a autoridade aplicaria conforme os fundamentos da lei.

Direitos Humanos

Pensadores precursores	Tales de Mileto, Zenon, São Tomás de Aquino, Hugo Grotius.	Justiniano, Thomas Hobbes, Descartes, Kant, Augusto Comte.
Pensadores modernos	Joaquín Herrera Flores.	Norberto Bobbio.
Outros teóricos	Jean-Jacques Rousseau: "o homem nasce bom e inocente; a sociedade é que o corrompe".	Hegel: "o homem deve sair do estado de inocência e aceitar o poder constituído". Hans Kelsen: "o direito tem como premissa o enfoque normativo".
Evolução através dos tempos	Jusnaturalismo clássico. Jusnaturalismo teológico. Jusnaturalismo escolástico. Jusnaturalismo racional. Jusnaturalismo contemporâneo.	Código Justiniano. Código Napoleônico. *Common Law.*
Contribuições para o direito moderno	Base filosófica para os direitos humanos. Ajuda a interpretar as leis.	Organiza a norma jurídica em três áreas: direito civil, direito constitucional e direito penal.

1.2. CONCEITOS: DIREITOS DO HOMEM, DIREITOS HUMANOS E DIREITOS FUNDAMENTAIS

Um dos fatores mais relevantes dos últimos séculos, no sentido de refinar o comportamento do homem em sociedade, foi, precisamente, o reconhecimento dos chamados direitos humanos.

A expressão direitos humanos, entretanto, representa um conteúdo nem sempre muito claro para a maioria das pessoas.

A conceituação de "pessoa humana" pode aparentar ser um pleonasmo. No entanto, a origem da expressão tem motivações religiosas. No primeiro concílio ecumênico, o Concílio de Niceia, no ano de 325, discutiu-se longamente a identidade de Jesus Cristo, e afinal chegou-se ao consenso de que apresentava dupla natureza, humana e divina. São Tomás de Aquino recuperaria, mais tarde, na sua Suma Teológica, essa noção e suas contestações históricas, como a de Boécio, pensador do século VI, para estabelecer que o homem seria "um composto de substância espiritual e corporal". E, ainda mais tarde, Kant traria o conceito de que o homem tem vontade, que é uma espécie de razão prática, e que se manifesta de duas formas: o imperativo hipotético e o imperativo categórico. Pela sua vontade racional, o homem é autônomo para criar suas próprias leis de conduta. Como ser autônomo, único, o homem não tem preço, como as mercadorias, uma vez que não pode ser trocado por qualquer outra coisa. Portanto, o seu valor é medido em dignidade, e não em preço. Segundo Kant, a dignidade da pessoa é um fim em si mesmo. Daí ser a escravidão um contrassenso filosófico.

Dica

Immanuel Kant, em seu livro *Princípios metafísicos da doutrina do Direito*, trouxe a ideia da dignidade humana, talvez a sua maior contribuição para o Direito. Tem sido a base para debates importantes do nosso tempo, como aqueles voltados para o Biodireito, como o aborto e a eutanásia. A noção kantiana levava necessariamente à condenação da escravidão.

Apenas recentemente a História registra a noção de que os indivíduos e grupos de indivíduos gozam de uma igualdade essencial. Recentemente, na escala da existência do homem, significa algumas décadas, e o patamar de referência a que nos remetemos é a Declaração Universal dos Direitos Humanos, proclamada pela ONU, a Organização das Nações Unidas, no ano de 1948.

Igualdade – Antes disso, a igualdade universal só se dava no plano religioso. Recorremos à pesquisa de Fábio Konder Comparato (*Ética – Direito, Moral e Religião no Mundo Moderno*, 2016) para lembrar que, apesar de aceitar que todos os homens eram filhos de Deus, o cristianismo admitiu, por muitos séculos, a escravidão como condição social aceitável, e a supremacia do homem sobre a mulher uma relação natural; negros e indígenas eram considerados seres inferiores. É de se notar que, desde a época anterior a Hamurabi, o sexto rei da Babilônia, muitos cidadãos eram rebaixados à classe dos escravos por causa de dívidas, situação que criava grande instabilidade social. O Código de Hamurabi corrigiu parte desse desvio. Mais tarde, alguns dos conceitos do código seriam tomados como leis religiosas pelos Dez Mandamentos supostamente enviados a Moisés.

A ciência contribuiu grandemente para a definição filosófica do homem como senhor do seu destino. Charles Darwin, na viagem que fez no navio Beagle, entre 1831 e 1836, pelas ilhas Galápagos (Equador), realizou descobertas que contrariavam aquilo em que se acreditava na época: que as espécies eram fixas, imutáveis, desde a sua criação por Deus. Seu livro *A origem das espécies por meio da seleção natural, ou a preservação das raças favorecidas na luta pela vida* gerou longos e profundos debates. Sua teoria é de que surgem pequenas diferenças na descendência de animais e plantas, alterações que podem permitir que determinadas espécies vivam mais tempo do que outras. Ou seja, as espécies que se adaptam às condições ambientais e sociais têm maiores probabilidades de sobreviver.

Filosoficamente, a noção de evolução seria retomada por Heidegger, no início do século XX. Esse pensador alemão afirmava que o ser humano está em perene processo evolutivo; jamais está pronto e completo, porque é um ser em constante processo de vir-a-ser.

Existencialismo – Muitas pessoas fazem uma ligação entre a falta de fé ou crenças com os ideais existenciais. O existencialismo pouco tem a ver com fé, porque não é uma escola de pensamento. Aliás, uma característica interessante nos três luminares do existencialismo, Jaspers, Heidegger e Sartre, é o seu individualismo exagerado. Pascal e Kierkegaard, por exemplo, eram cristãos dedicados, o primeiro católico e o segundo protestante. Dostoiévsky era greco-ortodoxo. Kafka era judeu. Hegel muito religioso. Sartre era praticamente o único declaradamente ateu. Mas, como foi o grande divulgador da teoria existencialista, essa imagem ficou.

Para entender o significado de existencialismo, é preciso entender que a visão que o mundo assimilou do existencialismo derivou das obras de três ativistas políticos, não de puristas intelectuais. E essa visão foi difundida pelos norte-americanos. Os Estados Unidos aprenderam o termo existencialismo – criado por Jean-Paul Sartre para descrever suas próprias filosofias – depois da Segunda Guerra. Até 1950, o termo era aplicado a várias escolas divergentes de pensamento. Apesar das variações filosóficas, religiosas e das ideologias políticas, os conceitos do existencialismo são simples: a espécie humana tem livre-arbítrio; a vida é uma série de escolhas, criando estresse; poucas decisões não têm nenhuma consequência negativa; algumas coisas são absurdas ou irracionais, sem explicação; se você toma uma decisão, deve levá-la até o fim.

Além dessa curta lista de conceitos, o termo existencialismo é aplicado amplamente. Até esses conceitos não são universais dentro das obras existencialistas. Blaise Pascal, por exemplo, passou os últimos anos de sua vida escrevendo em apoio à predeterminação. Segundo ele, os homens acham que têm livre-arbítrio apenas quando tomam uma decisão.

Os Escolásticos – Nome que ganharam por preferirem as palavras à experiência – acalentaram a esperança de tornar a teologia científica. Eles esperavam resolver as aparentes

Direitos Humanos

contradições entre a ciência antiga e os ensinamentos das escrituras, e oferecer explicações racionais ou provas dos conceitos teológicos (a existência de Deus, por exemplo).

Levadas ao extremo, uma das suposições que a navalha de Ockham dispensou foi a da existência de Deus. Ele acreditava que Deus existe, mas considerava que não se poderia provar isso, porque, para fazê-lo, deveria recorrer a argumentos extremamente complexos e difíceis de acreditar. Os teólogos queriam uma prova científica de Deus; mas o que Ockham dizia, e que a maioria das pessoas eventualmente aceitava, é que a ciência e a teologia têm objetos diferentes e requerem métodos diferentes.

Kant, um expoente do Iluminismo, afirmou a liberdade do homem e a autonomia do seu pensamento, e lutou intensamente contra a tendência vigente de desvalorização da religião – acreditava-se que o valor da ciência tendia a substituir Deus, a afastá-lo da ação cotidiana do homem.

Direitos humanos – Assim como a expressão "pessoa humana", a expressão "direitos humanos" também tem sido tema de grande debate, ao longo do tempo. Há autores que entendem que direitos humanos e direitos fundamentais são nomenclaturas sinônimas, mas a maioria concorda que existem diferenças conceituais. Falar em direitos fundamentais, simplesmente, elimina da expressão a importância das lutas que ocorreram para situar os direitos humanos em sua perspectiva histórica, social, política e econômica, no processo de transformação da civilização. Além disso, direitos humanos trazem, no seu bojo, a ideia de reconhecimento e de proteção, que direitos fundamentais não contêm, uma vez que são apenas as inscrições legais dos direitos inerentes à pessoa humana. Os direitos humanos não foram dados, ou revelados, mas conquistados, e muitas vezes à custa de sacrifícios de vidas.

O jurista português José Joaquim Gomes Canotilho dá a síntese dessa discussão, num trecho do seu livro *Direito constitucional e teoria constitucional*, de 1998:

"As expressões direitos do homem e direitos fundamentais são frequentemente utilizadas como sinônimas. Segundo a sua origem e significado, poderíamos distingui-las da seguinte maneira: direitos do homem são direitos válidos para todos os povos e em todos os tempos; direitos fundamentais são os direitos do homem, jurídico-institucionalmente garantidos e limitados espacio-temporalmente. Os direitos do homem arrancariam da própria natureza humana e daí o seu caráter inviolável, intertemporal e universal; os direitos fundamentais seriam os direitos objetivamente vigentes numa ordem jurídica concreta".

Para efeito puramente didático, a expressão direitos humanos tem sido utilizada pela doutrina para identificar, na ordem internacional, os direitos inerentes à pessoa humana. Por sua vez, direitos fundamentais são referidos quando se trata de ordenamentos jurídicos específicos, geralmente reconhecidos e positivados na Constituição.

Origem religiosa – O Oriente Médio foi embrião de muitas modernidades atualmente aceitas. O rei Davi, por exemplo, ao se proclamar rei-sacerdote (entre 996 e 963 a.C.), é considerado o primeiro monarca que não se apresentava como deus, mas apenas como representante de Deus, para fazer cumprir as leis divinas. Portanto, não era o autor das leis, mas apenas aquele que, obedecendo a uma instância superior, cuidava para que as leis fossem cumpridas. Levada a análise ao extremo, era na prática a instituição do Estado de Direito, segundo Comparato, porque limitava o poder institucional do governante às leis.

Quando Alexandre ocupou o Oriente Médio, o idioma e a sabedoria grega passaram a imperar sobre a tradição local, e o pensamento político-filosófico dominou. Foi o caso, por exemplo, da democracia ateniense, que, desde as propostas de Sólon, por volta do ano 590 a.C., pregava que a lei devia estar acima de tudo e que aos cidadãos cabia a obrigação de participar das decisões do governo. O poder dos governantes era limitado por um sistema de vigilância, de modo que os cidadãos controlavam aqueles que exerciam a autoridade por delegação sua.

Mais tarde ainda, tendo os romanos assumido o controle do Oriente Médio, observou-se exercício semelhante de participação popular, em que os projetos de lei eram submetidos ao Senado e, depois de aprovados, tinham que passar pela votação popular, que se dava nos comícios.

Paradoxalmente, porém, Alexandre e os Césares que o seguiram eram imperadores, portanto, imaginavam-se acima da vontade do povo. E, de novo, a democracia encolheu e ficou sufocada.

Muitos séculos ainda se passariam antes que o respeito à dignidade do indivíduo fosse especificado em lei, por escrito, de modo indelével e garantido. Por exemplo, nas constituições.

Conceituação contemporânea – A concepção atual de direitos humanos é de formulação recente: foi, internacionalmente, estabelecida pela Declaração Universal dos Direitos Humanos, em 1948, pouco depois da Segunda Guerra Mundial – a humanidade horrorizou-se com as crueldades cometidas pelos partidários do nazismo.

Logo após a vitória dos aliados na Segunda Guerra Mundial, presidentes e líderes políticos de todo o mundo reuniram-se nos Estados Unidos, na Conferência de São Francisco – entre 25 de abril e 25 de junho de 1945. Nessa reunião foram definidos os termos da Carta das Nações Unidas, que marcaria o início da ONU. O art. 1º, III, define como principal propósito da Organização "uma cooperação internacional para resolver os problemas internacionais de caráter econômico, social, cultural e humanitário, e para promover e estimular o respeito aos direitos humanos e às liberdades fundamentais para todos, sem distinção de raça, cor, sexo, língua ou religião".

A partir daquele momento, a questão dos direitos humanos deixava de ser assunto interno de cada nação para ser um problema de âmbito internacional; todos os países assumiam obrigações de caráter jurídico. A Comissão dos Direitos Humanos da ONU foi criada já na reunião de 21 de junho de 1946. Várias mulheres participaram da Comissão, entre elas a primeira-dama norte-americana, Eleanor Roosevelt.

Um dos redatores da Carta dos Direitos Humanos, o jurista francês René Cassin, recebeu o Prêmio Nobel da Paz de 1968. Também foi um dos fundadores da Unesco e presidente da Corte Europeia dos Direitos Humanos.

E, na delegação brasileira que participou dos debates em defesa desses direitos na Carta dos Direitos Humanos, estava Austregésilo de Athayde, que depois presidiria a Academia Brasileira de Letras. O chefe da delegação brasileira era Osvaldo Aranha, que assumiria a função de secretário-geral da ONU na histórica Assembleia de 1947, que aprovou a partição da Palestina e que daria condições para a criação do Estado de Israel.

Dica

O secretário-geral da ONU é nomeado com base no sistema de rotação geográfica (Grupo Europa Ocidental e outros, Grupo Europa de Leste, Grupo Ásia-Pacífico, Grupo África, Grupo América Latina e Caribe), mas não deve pertencer a um dos cinco membros permanentes do Conselho de Segurança – Estados Unidos, França, Reino Unido, Rússia e China. Admite-se até dois mandatos de cinco anos.

Os três primeiros artigos da Declaração sintetizam o que se considera fundamental para a humanidade: que todas as pessoas nascem livres e iguais em dignidade e direitos, são dotadas de razão e consciência e devem agir em relação umas às outras com espírito de fraternidade; que toda pessoa tem capacidade para gozar os direitos e as liberdades estabelecidos na Declaração, sem distinção de qualquer espécie (raça, cor, sexo, língua, religião, opinião política ou de outra natureza, origem nacional ou social, riqueza, nascimento, ou qualquer outra condição); e que toda pessoa tem direito à vida, à liberdade e à segurança pessoal.

Direitos Humanos

Essa Declaração foi ratificada pela Declaração dos Direitos Humanos de Viena, em 1993. A Declaração de Viena, entretanto, não se limitou a uma mera ratificação. Em realidade, ela avançou, em relação à Declaração Universal, ao definir que a proteção e a promoção dos direitos humanos são responsabilidades primordiais dos governos. Mais do que isso, as normas de direito internacional de proteção aos direitos humanos consideram que todas as pessoas devem ter seus direitos protegidos, não podendo haver qualquer distinção entre nacionais e estrangeiros.

Portanto, podemos dizer que, a partir de tais importantes textos internacionais, foram reconhecidos, como direitos que pertencem à pessoa humana, independentemente de leis, o direito à vida, à liberdade, à igualdade e à segurança pessoal. São direitos universais (titularizados por todo e qualquer ser humano) e indivisíveis.

JURISPRUDÊNCIA

"A Constituição Federal de 1988 atribuiu significado ímpar aos direitos individuais. Já a colocação do catálogo dos direitos fundamentais no início do texto constitucional denota a intenção do constituinte de emprestar-lhes significado especial. A amplitude conferida ao texto, que se desdobra em 78 incisos e 4 parágrafos (CF, art. 5º), reforça a impressão sobre a posição de destaque que o constituinte quis outorgar a esses direitos. A ideia de que os direitos individuais devem ter eficácia imediata ressalta, portanto, a vinculação direta dos órgãos estatais a esses direitos e o seu dever de guardar-lhes estrita observância. O constituinte reconheceu ainda que os direitos fundamentais são elementos integrantes da identidade e da continuidade da Constituição, considerando, por isso, ilegítima qualquer reforma constitucional tendente a suprimi-los (art. 60, § 4º)" (HC 91.386, 2ª T., voto do rel. Min. Gilmar Mendes, j. 19-2-2008, DJ de 16-5-2008).

Terminologia – Muito se discute sobre qual a expressão correta para se designar tão importantes direitos.

De modo geral, costumam-se empregar as mais diversas expressões, tais como direitos humanos, direitos individuais, direitos públicos subjetivos, liberdades fundamentais, liberdades públicas, direitos fundamentais e direitos fundamentais do homem ou direitos humanos fundamentais.

Mas, de forma a sistematizar o conhecimento da matéria, a doutrina passou, por convenção, a adotar determinados termos para expressar conteúdos específicos.

Dessa forma, a expressão direitos do homem passou a ser empregada sempre que se pretende designar aquele conjunto de direitos que se reconhecem pertencentes ao ser humano por sua própria natureza. Em outras palavras – remetendo-nos à distinção feita há pouco entre direitos naturais e positivados –, os "direitos do homem" integram o chamado direito natural, uma espécie de moral jurídica universal, em um estágio pré-positivo, que funcionaria como uma espécie de fundamento para as futuras positivações em tratados, leis e constituições.

Perceba-se, portanto, que estamos tratando, aqui, de valores inerentes à dignidade da pessoa humana – algo tão antigo quanto a própria sociedade. Sem receio de estar incorrendo em equívocos, poderíamos afirmar que tais valores, ainda que não positivados, sempre foram reconhecidos (em maior ou menor grau) por todos os grupamentos sociais em todos os tempos.

Já a expressão direitos humanos corresponde à terminologia normalmente empregada para designar o conjunto dos direitos do homem já positivados no âmbito internacional (em numerosos tratados e declarações). Poder-se-ia alegar que essa expressão é imprecisa, uma vez que não há direito que não seja humano (pois somente o homem pode ser titular de di-

SINOPSES JURÍDICAS

reitos). Mas é forçoso reconhecer que a referência a "humanos" não é indicativa da titularidade do direito, mas, sim, do bem protegido.

> **ATENÇÃO**
>
> A Constituição de 1988, no Capítulo VI (Do Meio Ambiente) do Título VIII (Da Ordem Social), manda proteger a fauna de "práticas que coloquem em risco sua função ecológica, provoquem a extinção de espécies ou submetam os animais a crueldade". Ademais, a EC n. 96/2017 incluiu na Constituição o § 7º ao art. 225, que permite a utilização de animais em práticas desportivas, desde que assegurado a eles o bem-estar. Um livro, de autoria de Cicília Araújo Nunes et al., que leva o título *Direito animal – a tutela ético-jurídica dos seres sencientes*, tem sido indicado pelo STJ.

A expressão direitos fundamentais, por sua vez, restaria utilizada para designar aqueles direitos que já foram reconhecidos e positivados, institucionalmente, pelo direito constitucional interno de cada Estado. O termo fundamental, aqui, se aplica justamente por serem direitos – em que pesem delimitados espacial e temporalmente – eleitos, por cada Estado de direito, como os elementos básicos e fundamentadores de seu sistema jurídico.

Por fim, cabe-nos afastar a utilização de outros termos, justamente por não terem o potencial de expressar, em sua totalidade, o conteúdo que procuram representar.

Nesse sentido, a expressão "direitos individuais" costumava ser muito utilizada por se relacionar com a origem histórica desses direitos. Critica-se, entretanto, esse enfoque porque, atualmente, já se reconhece que nem todos os direitos fundamentais são propriamente individuais, mas apenas aqueles surgidos no bojo das Declarações Internacionais firmadas no século XVIII. Não obstante, nossa Constituição adotou essa terminologia no Capítulo I do Título II, incorporando, nesse contexto, o direito à vida, à liberdade, à igualdade, à segurança e à propriedade. Estes, portanto, em razão de nosso ordenamento jurídico, são aceitos como direitos individuais.

No mesmo sentido, a expressão "direitos públicos subjetivos" corresponde à faculdade do indivíduo de opor seus direitos ao Estado e, de outro lado, encerra a ideia de abstenção do Estado em face do particular. Padece, igualmente, sob o ponto de vista crítico, de falha relacionada ao sentido individualista de sua concepção. Além disso, não faz referência ao papel positivo do Estado na efetivação dos direitos fundamentais. Mas tem o mérito de afastar qualquer entendimento no sentido de que esses direitos são dotados apenas de valor moral.

Por fim, os termos "liberdades fundamentais" e "liberdades públicas", de modo geral, estão ligados a essa tradicional formulação de direitos públicos subjetivos. Daí que a eles se aplicam as mesmas críticas apontadas anteriormente. Saliente-se que "liberdades públicas" é expressão amplamente utilizada na França para designar os direitos tidos, por nossa Constituição, como individuais. Tais expressões, em suma, não sintetizam com precisão o atual estado da evolução dos direitos fundamentais.

Quadro sinótico

CONCEITOS BÁSICOS	
Direitos do homem	Pertencentes ao ser humano por sua própria natureza. Fazem parte do chamado direito natural (pré-positivo).
Direitos humanos	Direitos já positivados no âmbito internacional (em tratados, convenções etc.).
Direitos fundamentais	Direitos já positivados nos ordenamentos jurídicos internos de cada Estado (especialmente em sede constitucional).

Direitos Humanos

1.3. CARACTERÍSTICAS DOS DIREITOS HUMANOS

A doutrina, em geral, faz referência a quatro características dos direitos humanos:

1) **historicidade**: decorrem das condições materiais e culturais de uma época. Nesse sentido, equivocada a concepção do jusnaturalismo, segundo a qual são atemporais e fixos. Pelo contrário: são fruto da evolução histórica de cada povo – daí não serem os mesmos em todas as partes do mundo;

2) **inalienabilidade**: são direitos indisponíveis e, portanto, não podem ser objeto de quaisquer negociações;

3) **imprescritibilidade**: os direitos fundamentais não se sujeitam à prescrição, isto é, veda-se ao legislador que estipule prazo para o exercício do direito de ação com vistas a preservá-los;

4) **irrenunciabilidade**: não pode o particular renunciar aos direitos fundamentais de que é titular. Pode, todavia, optar por não exercê-los em determinadas situações (renúncia ao exercício).

Há, também, quem afirme serem universais, pois todos os seres humanos são dotados dessa titularidade, e relativos, visto que ligados ao contexto histórico em que foram positivados.

1.4. VERTENTES DOS DIREITOS HUMANOS

Não há dúvidas de que a Segunda Guerra Mundial foi, em grande parte, a responsável pelo grande crescimento da preocupação mundial com os direitos humanos.

Em verdade, terminado o conflito e estabelecida a paz, as discussões que se seguiram tinham por objetivo inicial regulamentar a situação de pessoas que buscavam asilo ou refúgio em outros países.

Com efeito, os reflexos da guerra prosseguiam e consideráveis contingentes eram tratados com desumanidade em seus países de origem. Por outro lado, tropas militares internacionais continuaram a ocupar regiões em que ainda havia focos de resistência ao fim do conflito ou à ideologia dos vencedores.

Para promover atendimento humanitário tanto a civis quanto a militares, vários tratados foram elaborados (como será mencionado adiante).

É importante observar que o conceito de direitos humanos foi discutido, durante muito tempo, por especialistas que divergiam ligeiramente em suas opiniões. Em síntese, os direitos humanos ensejam dois distintos âmbitos de análise: *lato sensu* e *stricto sensu*. Os direitos humanos *stricto sensu* seriam aqueles garantidos em tempos de paz, como já visto no quadro sinótico *supra*. Os direitos humanos *lato sensu* englobariam, além dos já mencionados, o direito de asilo, o direito dos refugiados e o direito humanitário. Em verdade, trata-se de precursores do complexo sistema internacional de proteção do ser humano que viria a surgir a partir de meados do século XX.

Dica

O Sistema Internacional de Proteção dos Direitos Humanos envolve a criação de órgãos de proteção (como Comitês, Comissões e Relatorias da ONU). Destacam-se a atuação do Comitê contra a Tortura; do Comitê sobre a Eliminação da Discriminação Racial; da Comissão de Direitos Humanos da ONU; das Relatorias especiais temáticas – tortura; execução extrajudicial, sumária e arbitrária; violência contra a mulher; moradia; pobreza extrema e outros; e Cortes internacionais

> (como a Corte Interamericana de Direitos Humanos e o Tribunal Penal Internacional). Hoje, existem três sistemas regionais de proteção (interamericano, europeu e africano) e um sistema universal (Nações Unidas).

1.4.1. PRIMEIRA VERTENTE: DIREITO DE ASILO

No Ocidente, a Igreja da Idade Média tinha tal força que uma pessoa refugiada num mosteiro, abadia ou convento estava fora do alcance de qualquer perseguidor, fosse rei ou súdito.

Esse caráter de território sagrado, no decorrer do tempo, foi estendido às representações diplomáticas, como as embaixadas, que ganharam *status* de inviolabilidade. O direito de asilo, modernamente, divide-se em duas categorias – asilo territorial e asilo diplomático.

O instrumento internacional que atualmente rege as condições para a concessão de asilo entre países da América Latina é a Convenção sobre Asilo Diplomático de Caracas, de 1954 (que serviu de base para a Declaração sobre Asilo Territorial da ONU, de 1967).

A principal condição é que o solicitante seja perseguido por motivos políticos e não tenha cometido crimes contra a paz, crimes de guerra ou crimes contra a humanidade. O asilo é temporário e serve para garantir a segurança dessa pessoa diante da ameaça dos perseguidores. No Brasil, conforme disposto no art. 4º, X, da CF, a concessão de asilo político constitui um dos princípios fundamentais que regem o relacionamento internacional do Estado brasileiro. Com tal alinhamento, o chamado Estatuto do Estrangeiro – Lei n. 6.815/80 – trata do tema em seus arts. 28 e 29.

1.4.2. SEGUNDA VERTENTE: DIREITO DOS REFUGIADOS

Em consequência dos resquícios bélicos pós-Segunda Guerra Mundial e das guerras de independência que se seguiram, houve o deslocamento de milhões de pessoas por diversas partes do mundo.

Em 1943, os aliados fundaram a UNRRA – *United Nations Relief and Rehabilitation Administration* (Administração de Socorro e Reabilitação das Nações Unidas) e, no mesmo ano, os Estados Unidos e a Grã-Bretanha promoveram a Conferência de Bermudas, que ampliou a proteção internacional.

No sentido de aperfeiçoar essa proteção, a Assembleia das Nações Unidas estabeleceu, em 1946, os princípios que deveriam reger a condição de refugiado, especialmente quanto ao impedimento de obrigá-los a regressar a seus países.

Em 1947, foi criada a Organização Internacional de Refugiados (OIR) e o Alto Comissariado das Nações Unidas para Refugiados – ACNUR – com a função de proporcionar-lhes a mais ampla proteção internacional.

Em 28 de julho de 1951, a ONU promulgou a Convenção que trata do Estatuto dos Refugiados. A intenção do documento era levar os países a acolher e proteger pessoas que, em sua terra de origem, fossem perseguidas em virtude de raça, religião, nacionalidade, filiação a certo grupo social ou opiniões políticas.

Segundo a Convenção, o refugiado obedecerá às leis do país que lhe oferecer refúgio e terá direito a não ser discriminado quanto a raça, religião ou país de origem, podendo continuar a residir no país asilante.

Direitos Humanos

Essa Convenção, entretanto, limitava o benefício aos que se tornaram refugiados antes de 1º de janeiro de 1951.

Para sanar esse e outros óbices, foi aprovado, em 1967, o Protocolo sobre o Estatuto dos Refugiados. Destarte, ao considerar como refugiados as vítimas de fatos ocorridos na Europa, não tinha aplicação para os refugiados da América Latina.

Somente na década de 1970 o ACNUR ampliou sua atuação, especialmente para contemplar as situações existentes na América Central.

Importante destacar que o refúgio se diferencia do asilo, na medida em que este é empregado em casos de perseguição política de caráter individual atual e efetiva e constitui o exercício de ato soberano e político do Estado, não sujeito a qualquer regra internacional.

O refúgio, por sua vez, não vem revestido de caráter político, e a proteção é aplicada a um grande número de pessoas. Ou seja, o refúgio é medida de proteção aplicada aos que estão sofrendo agressões generalizadas. Pode ainda ser concedido em casos de ocupação ou dominação estrangeira, violação dos direitos humanos ou fatos que alterem a ordem pública interna do país.

No Brasil, a Lei n. 9.474, de 1997, regulamenta procedimentos nacionais relativos ao Estatuto dos Refugiados.

Essa lei, no seu art. 11 (inspirada na Convenção sobre o Estatuto dos Refugiados de 1951), criou o Comitê Nacional para os Refugiados – CONARE, órgão de deliberação coletiva, no âmbito do Ministério da Justiça.

1.4.3. TERCEIRA VERTENTE: DIREITO HUMANITÁRIO

As raízes do direito humanitário são encontradas na situação mundial pós-Primeira Grande Guerra, em que combatentes e mesmo civis foram vítimas de crueldades extremas.

Quando as atrocidades se repetiram na Segunda Guerra Mundial, diversos países decidiram elaborar, em 1949, quatro acordos: Convenção para a Melhoria da Sorte dos Feridos, Enfermos e dos Exércitos em Campanha; Convenção para a Melhoria da Sorte dos Feridos, Enfermos e Náufragos das Forças Armadas no Mar; Convenção para a Proteção dos Prisioneiros de Guerra; e Convenção para a Proteção dos Civis em Tempos de Guerra. Dois protocolos foram, ainda, acrescentados em 1977. Esse conjunto de acordos ficou conhecido como a Convenção de Genebra.

Segundo a Convenção de Genebra, há três tipos de crime passíveis de serem cometidos em tempo de guerra que devem ser proibidos e impedidos. A primeira categoria é a dos crimes de guerra, que incluem: assassinato ou maus-tratos de civis, deportação ou confinamento (de civis ou militares) para trabalhos forçados, assassinato ou maus-tratos de prisioneiros, pilhagem ou saque, destruição de cidades sem necessidade militar e assassinato de reféns. A segunda categoria é a dos crimes contra a paz. Os dois principais são planejar guerra de agressão ou em violação a tratados internacionais e participar de plano comum ou conspiração para promover esses atos. A terceira é a dos crimes contra a humanidade: extermínio, escravização e outros atos desumanos antes ou durante uma guerra, perseguições por motivos políticos, raciais ou religiosos.

Ao estabelecer regras, entre outras, para o tratamento de prisioneiros de guerra e da população civil dos países em conflito, visando sempre a assegurar os direitos fundamentais, o direito humanitário constituiu uma clara regulamentação jurídica contra o emprego da violência no âmbito internacional. Representou, pois, uma limitação internacional à atuação dos Estados perante o indivíduo protegido.

VERTENTES DOS DIREITOS HUMANOS	
Direito de asilo	Convenção sobre Asilo Diplomático de Caracas, de 1954.
Direito dos refugiados	Estatuto da ONU sobre os Refugiados, de 1951. Protocolo sobre o Estatuto dos Refugiados, de 1967.
Direito humanitário	Convenção de Genebra, de 1949.

2
DIMENSÕES DOS DIREITOS HUMANOS

Outra consideração a fazer, nesta análise evolutiva do conceito dos direitos humanos, diz respeito às chamadas dimensões ou gerações dos direitos fundamentais.

Tal sistematização foi criada por Karel Vasak, um jurista tcheco que, buscando demonstrar a evolução histórica dos direitos fundamentais, fez uma associação do progressivo de reconhecimento de tais direitos na órbita internacional com o afamado lema da Revolução Francesa: *"liberté, égalité, fraternité"*.

O termo dimensões – Por certo, os direitos fundamentais não foram reconhecidos todos de uma vez. Muito ao contrário: foram sucessivas lutas sociais que conduziram à consagração de cada um deles.

A historicidade, uma de suas características, identifica esses direitos como conquistas históricas oponíveis ao Estado (ora repelindo suas ameaças, ora compelindo-o a atuar em prol de seus cidadãos).

Assim é que, a cada grande revolução observada no decorrer dos tempos, é possível relacioná-la com as conquistas que restaram consagradas, em documentos jurídicos, como direito específico ou garantias correspondentes.

Em outros termos, a história da humanidade revela a existência de conjuntos de direitos fundamentais com diferentes conteúdos, eficácias e titularidades. Trata-se, pois, de um reconhecimento progressivo de direitos, marcados, em cada época, pelo contexto histórico subjacente.

Em decorrência, fala-se, então, em fases ou, mais frequentemente, em gerações de direitos fundamentais (ou de direitos humanos). Nos últimos anos, entretanto, parte considerável da doutrina passou a criticar o termo "geração" para designar as diferentes etapas das conquistas anteriormente referidas.

Tal se dá porque o termo remete a uma ideia de superação, de sucessão, ou mesmo de negação de uma geração por outra – o que não corresponde à realidade.

Em verdade, as diferentes gerações de direitos humanos representam consagrações cumulativas. Isto é, remetem apenas a uma sucessão temporal – mais ou menos precisa – em que cada conjunto de direitos de natureza semelhante foi reconhecido.

Na realidade, a análise dos direitos fundamentais não pode ser feita de maneira compartimentada ou estanque: todos eles formam um único sistema que, em última análise, visa a garantir a plena proteção da dignidade da pessoa humana. Daí a preferência da doutrina atual, nos últimos anos, pelos termos "fases" ou "dimensões" de direitos fundamentais.

A questão, no fundo, é terminológica, visto que, na ampla maioria dos casos, os autores chamam de "geração" ou "dimensão" o mesmo conjunto de direitos, criticando apenas o teor semântico do termo utilizado, que poderia conduzir a equívocos.

A preconizada classificação atende mais a fins didáticos que propriamente sistemáticos. À luz da nossa Constituição, é irrelevante o termo pelo qual se designam as etapas de conquistas dos direitos humanos, uma vez que a Constituição acolhe a totalidade deles, constituindo, nesse campo, um sistema harmônico.

Ante o exposto, adotaremos, aqui, "dimensões" para evitar possível conflito de hermenêutica relacionado ao termo "gerações".

1ª dimensão (liberdade): das liberdades públicas – Os direitos civis e políticos, originários, principalmente, da Independência Norte-americana e da Revolução Francesa, foram os

SINOPSES JURÍDICAS

primeiros a merecer reconhecimento no âmbito internacional. Assim, esses dois movimentos burgueses são reconhecidamente importantes na medida em que serviram de inspiração para o estabelecimento formal das liberdades e dos direitos subjetivos, que, emanados dos ideais iluministas, limitam a atuação do Estado (na época considerado inimigo das liberdades públicas). No Brasil, a Constituição de 1988 registra as liberdades públicas, basicamente, em seu extenso art. 5º.

2ª dimensão (igualdade): dos direitos econômicos, sociais e culturais – Foram impulsionados, principalmente, pela Revolução Industrial e pelo fim da Primeira Guerra Mundial. Tal se deu porque os direitos anteriormente reconhecidos não puderam evitar a deterioração do quadro social. Nesse contexto, o mundo passou a repensar as relações sociais, sob o crivo das questões econômicas. Nessa linha, a Constituição alemã de 1919 (Constituição de Weimar), bem como o Tratado de Versalhes, do mesmo ano, são tidos como os precedentes históricos que levaram o mundo a definir condições jurídicas mínimas que assegurassem a independência social dos indivíduos.

A criação da Organização das Nações Unidas e o subsequente lançamento da Declaração Universal dos Direitos do Homem representam a afirmação total dos direitos humanos, no mundo contemporâneo. Nesse documento foram inseridos todos os conceitos de direitos humanos, tanto de primeira quanto de segunda dimensão, como veremos a seguir (os direitos humanos de terceira dimensão só foram introduzidos em 1979).

3ª dimensão (fraternidade): dos direitos de solidariedade – Fruto de sucessivas tratativas internacionais – principalmente no âmbito da ONU e da UNESCO –, muito ainda se questiona, na doutrina, acerca do conteúdo desta terceira dimensão. Em geral, é elencado um amplo rol de direitos que abrange: direito à paz, direito ao meio ambiente, direito à comunicação, direito ao desenvolvimento, direito à autodeterminação dos povos, direito ao patrimônio comum da humanidade. Percebe-se, portanto, que se trata de uma esfera de direitos que depende em grande parte de previsão e implementação na órbita internacional.

DIMENSÕES DOS DIREITOS HUMANOS / INSPIRAÇÃO			
1ª dimensão	Liberdade	Liberdades públicas (direitos civis e políticos).	Independência dos Estados Unidos da América (1776). Revolução Francesa (1789).
2ª dimensão	Igualdade	Direitos sociais, econômicos e culturais.	Fim da Primeira Guerra Mundial (1919). Tratado de Versalhes (1919). Constituição de Weimar (1919).
3ª dimensão	Fraternidade	Direitos de solidariedade.	Inúmeros documentos advindos de sucessivas reuniões de organismos internacionais (como ONU e UNESCO).

Analisaremos, a seguir, com maior profundidade, cada uma dessas dimensões de direitos humanos.

2.1. DIREITOS HUMANOS DE PRIMEIRA DIMENSÃO (LIBERDADE)

Os direitos humanos de primeira dimensão constituem, via de regra, a defesa do indivíduo diante do poder do Estado. Decorrem da proteção à liberdade, e definem as situações em que o Estado deve se abster de interferir em determinados aspectos da vida individual e social. São as chamadas liberdades públicas negativas ou direitos negativos (já que implicam a não interferência do Estado).

Direitos Humanos

Na tradição do constitucionalismo brasileiro, foram denominados direitos individuais (tendo em vista seu profundo caráter individualista) e constituem, segundo muitos, o núcleo dos direitos fundamentais.

Síntese histórica – Os direitos humanos de primeira dimensão tiveram por principal inspiração a Magna Carta, de 1215. Na Europa feudal, a população era dividida em três categorias: guerreiros, sacerdotes e trabalhadores.

Os guerreiros eram os nobres. Estes, como o próprio nome indica, promoviam a guerra; a pretexto de reparar injustiças ou espalhar a cristandade, invadiam países para anexar terras, pilhar os inimigos e saquear quem estivesse pelo caminho – como se vê, motivos econômicos levados ao extremo pela força. Os sacerdotes interpretavam a intenção da divindade, quase sempre emprestando aos deuses palavras que representavam aquilo que os governantes desejavam que eles tivessem dito. E os trabalhadores esfalfavam-se para sustentar os guerreiros e os sacerdotes.

Essa divisão de responsabilidades era, portanto, oficial. Chamava-se estamento e assemelhava-se a um estatuto jurídico, estabelecendo direitos e obrigações. Talvez a Idade Média tenha sido a mais completa era da desigualdade social oficial. Quem nascia em um estamento permanecia nele. Não havia ascensão social, como não havia descenso social.

Quem definiu os estamentos foram o clero e a nobreza, espertamente reservando para si algumas prerrogativas. Os representantes do clero mantinham-se constantemente ocupados em garantir a salvação das almas, mereciam ser sustentados e protegidos, sem precisar pagar impostos. Os representantes da nobreza, por sua vez, como passavam a vida ocupados em proteger a todos dos inimigos, também mereciam ser sustentados, não lhes competindo, igualmente, o pagamento de impostos. Quem restava, então, para sustentar o clero e a nobreza e pagar os impostos? O chamado Terceiro Estado: o povo.

Era muito clara a noção de que os homens não eram iguais entre si; portanto, não podiam ser regidos por leis iguais. Essa era, por exemplo, a situação em que vivia a Inglaterra no século XII.

Entretanto, um novo panorama social se avizinhava de tal forma a estabelecer as bases de novos contornos para a questão.

No ano de 1213, o papa Inocêncio III convocou o Quarto Concílio de Latrão para, entre outras medidas, combater a heresia de seitas politeístas – como a dos cátaros – e convidou, para isso, autoridades laicas. Presentes ao sínodo, os barões ingleses aproveitaram para debater as prerrogativas do rei João I. Apoiados pelo pontífice, exigiram que o rei renunciasse a direitos, os quais consideravam exagerados, que prometesse respeitar a lei e que admitisse que esta era mais forte do que a vontade do soberano. Os barões o ameaçaram, alertando-o para a possibilidade de os aldeões medievais exercerem o seu legítimo direito de rebelar-se, previsto no *pactum subjectionis*. Assim pressionado, João Sem-Terra foi obrigado a editar a Magna Carta em 1215, com o título solene de "Magna Charta Libertatum seu Concordiam inter regem Johannen at barones pro concessione libertatum ecclesiae et regni angliae" (Carta magna das liberdades, ou Concórdia entre o Rei João e os Barões para a outorga das liberdades da Igreja e do rei inglês).

Nicola Matteucci lembra que o princípio da primazia da lei – a afirmação de que todo poder político tem de ser legalmente limitado – é a maior contribuição da Idade Média para a história dos direitos humanos. "Contudo", diz ele, "na Idade Média, ele foi um simples princípio, muitas vezes pouco eficaz, porque faltava um instituto legítimo que controlasse, baseando-se no direito, o exercício do poder político e garantisse aos cidadãos o respeito à lei por parte dos órgãos do Governo."

Tinha razão o pesquisador italiano, porque o documento nunca pretendeu ser uma declaração duradoura de princípios legais. Foi apenas uma solução prática para uma crise política e serviu exclusivamente aos nobres e religiosos que queriam limitar o comportamento despótico do rei.

Eficaz ou não, a Magna Carta de 1215 foi um marco na história, tornando-se o início da monarquia constitucional inglesa e um primeiro passo para o constitucionalismo no mundo ocidental. Foi redigida em latim medieval (chamado latim bárbaro), em pergaminho, e outorgada no dia 15 de junho de 1215. Mas o documento que o rei João I selou com o sinete real na campina de Runnymede, no condado de Surrey, não foi a única cópia da Magna Carta. Ao contrário, os escribas, no gabinete real, imediatamente produziram pelo menos 13 cópias para serem distribuídas e, assim, divulgaram para todo o reino o que havia sido acordado. Hoje, apenas quatro dessas cópias ainda existem: duas delas estão na British Library, em Londres, uma em Lincoln e outra em Salisbury.

E durou muito. A declaração solene do rei João I da Inglaterra, dito João Sem-Terra, perante o alto clero, os condes e os barões do reino atravessou séculos. Foi confirmada seis vezes por Henrique III; três vezes por Eduardo I; catorze vezes por Eduardo III; seis vezes por Ricardo II; seis vezes por Henrique IV; uma vez por Henrique V; e uma vez por Henrique VI. Três das suas 63 cláusulas ainda vigoram na Inglaterra, com força de lei. Uma delas é a Cláusula n. 1, que assegura a liberdade e os direitos da Igreja inglesa. A outra é a Cláusula n. 13, que defende os costumes da cidade de Londres e de outras cidades. Mas a mais conhecida é a Cláusula n. 39:

"Nenhum homem livre será preso, encarcerado ou privado de uma propriedade, ou tornado fora da lei, ou exilado, ou de maneira alguma destruído, nem agiremos contra ele ou mandaremos alguém contra ele, a não ser por julgamento legal dos seus pares, ou pela lei da terra".

Essa cláusula significa que o rei devia julgar os indivíduos conforme a lei, seguindo o devido processo legal, e não segundo a sua vontade, até então absoluta. Temos aqui, então, o aparecimento da judicialidade como um dos princípios do Estado de Direito.

O art. 40 complementa essa intenção e interessa de perto aos propósitos deste livro, porque dispõe que "a ninguém venderemos, nem a ninguém recusaremos ou atrasaremos o direito ou a justiça".

Quase simultaneamente, os direitos humanos tiveram um momento especial nos primórdios do reino de Portugal. Dom Sancho I, segundo rei de Portugal, chamado o Povoador, dedicou-se à organização política, administrativa e econômica do reino. Incentivou a criação de indústrias e deu grande apoio aos comerciantes. Era a contramão da tendência da época. Enquanto a nobreza, no restante da Europa, mantinha o povo subjugado a contratos de servidão com seus senhorios, Sancho I concedeu várias cartas de foral. Eram os documentos reais que conferiam foro jurídico próprio aos habitantes medievais de um povoado que quisessem libertar-se do poder feudal. Com esse documento, ganhavam autonomia de município e podiam colocar-se sob domínio e jurisdição exclusivos da Coroa portuguesa. Além disso, o documento concedia terras baldias para uso coletivo da comunidade, regulava impostos, taxas, multas, bem como estabelecia direitos de proteção e obrigações militares para o serviço real.

A intenção de D. Sancho era povoar o território do reino, especialmente as localidades conquistadas dos muçulmanos. Em seu governo foram criados 34 dos atuais 308 municípios de Portugal. Seu filho D. Afonso III deu continuidade ao projeto e criou outros 88 municípios. As cartas régias de foral foram concedidas em Portugal entre os séculos XII e XVI.

O defeito do sistema foi que originou um estado fragmentário. Cada município tinha suas leis particulares, e o poder dos senhorios sobrepunha-se ao direito público, o que gerava arbitrariedades.

Em 1496, o rei D. João II determinou novo enquadramento legal dos municípios para organizá-los e eliminar conflitos. Em decorrência, haveria outro grande momento de conces-

Direitos Humanos

são de cartas forais, chamados forais novos, em 1514, no reinado de D. Manuel I, com a criação de 29 novos municípios. A reforma dos forais só terminou em 1920. Foi um dos mais importantes instrumentos unificadores do Estado português.

Como vimos, no início da Idade Média, as cidades eram patrocinadas pelos senhores feudais, que submetiam os habitantes à sua absoluta autoridade. Mas o comércio crescia, e a burguesia ficava fortalecida – e, por isso mesmo, ameaçadora. Os senhores não tiveram opção e, por motivos diferentes dos de D. Sancho I, passaram a vender cartas de franquia a alguns povoados que, com isso, ganhavam autonomia política e administrativa. Às vezes os senhorios outorgavam essas cartas como prêmio. Nesses documentos ficavam expressas as condições e os limites em que o senhor feudal poderia exigir tributos e serviços.

A importância, portanto, desses forais ou cartas de franquia está no fato de que, por meio deles, os senhores feudais faziam constar, por escrito, direitos concedidos (ou reconhecidos) aos membros do grupo beneficiado, a fim de que fossem conhecidos e respeitados.

A República das Duas Nações – Na última porção do século XII, toda a Europa setentrional repensava o absolutismo de seus governantes. O pedaço de terra conhecido hoje como Leste Europeu foi palco de uma experiência político-administrativa que serviria de modelo para muitos governantes. Dois países independentes, Polônia e Lituânia, resolveram tornar-se um, por meio do ato que se chamou União de Krewo. O objetivo, longe de primar pelo privilégio aos habitantes, tinha por base a satisfação de desejos pessoais. Jogaila, grão--duque da Lituânia, queria se casar com a rainha da Polônia, Jadwiga, então menor de idade. Para obter a união dinástica, Jogaila apresentou à Coroa polonesa uma série de promessas, na forma de um documento assinado na cidade de Krewa, no dia 14 de agosto de 1385.

Jadwiga, entretanto, estava prometida ao arquiduque Guilherme da Áustria. Para desfazer o noivado entre eles, Jogaila comprometeu-se a indenizar Guilherme com duzentos mil florins. Prometeu mais: devolver as terras polonesas que conquistara anteriormente, libertar os poloneses mantidos como prisioneiros de guerra e deixar a condição de pagão e converter-se ao catolicismo, o mesmo valendo para seus nobres.

Com a união dos dois países, iniciou-se um processo integrativo que culminaria na formação de uma República, em 1569 – uma das maiores e mais populosas jamais constituídas no planeta. Além da Lituânia e da Polônia, abrangia os territórios da Bielorrússia e da Letônia, grande parte dos territórios da Ucrânia e da Estônia e a parte oeste da atual Rússia. A República das Duas Nações, que passou para a história com o nome de Prússia, foi, possivelmente, a primeira federação experimentada no mundo.

O rei, à época da formação da República, em 1569, era Sigismundo II Augusto, último descendente de Jogaila. Depois daquele, o sistema passaria a ser o de monarquia eletiva, um exemplo de descentralização de poder que ia na contramão da tendência ocidental. Mas, a despeito desse avanço teórico, que incluía democracia, tolerância religiosa e pacifismo, os direitos humanos retrocederam séculos. Os camponeses foram devolvidos à condição de servidão e o sistema político acabou se transformando em oligarquia.

Com a instituição do sistema de monarquia eletiva, a República das Duas Nações implantaria, a partir de 1573, a necessidade de um compromisso formal pelo rei eleito de submissão a uma espécie de tábua de 21 mandamentos chamada Artigos do Rei Henrique. O nome se deveu ao primeiro rei polonês eleito, Henrique Walezy, de quem se exigiu assinar o compromisso que depois seria estendido a todos os reis, no momento de assumir o trono.

Os Artigos do Rei Henrique proclamavam que apenas pelo processo eletivo a Polônia teria um rei. Estabelecia também que a cada dois anos o conselho de nobres – denominado *sejm* –, uma espécie de parlamento, seria convocado pelo rei. Além disso, previa que não haveria elevação ou criação de tributos sem a autorização do conselho, que haveria liberdade religiosa e, ainda, que não haveria guerra – e que, em estado de guerra, não haveria paz – sem autorização do *sejm*.

No prosseguimento da liturgia do cargo, o rei devia assinar um acordo contratual em que se comprometia a respeitar as leis da República. Esse acordo, tornado obrigatório em 1583, era chamado de *pacta conventa*, que em latim – uma das línguas dominantes na Polônia da época – significa "condições convencionadas". Esse conjunto de promessas era submetido ao conselho dos nobres, e o rei só assumia o trono se aceitasse cumprir todas as suas cláusulas. Estas abordavam assuntos governativos prioritários, como relações exteriores, economia interna, tributação, postura militar do país, entre outros.

Inicialmente, a *pacta conventa* era um compromisso individual daquele rei, enquanto os Artigos do Rei Henrique funcionavam como uma espécie de constituição básica de acordo com a qual todos os reis deveriam governar. Com o passar do tempo, os dois documentos foram fundidos em um só.

A principal característica da República das Duas Nações, também chamada de Primeira República da Polônia, foi a redução gradual dos poderes do soberano, dando à nobreza o papel de controlar o poder legislativo. Também por isso o sistema político ficou conhecido como democracia dos nobres. A rigor, tratava-se de uma espécie de monarquia constitucional parlamentarista, na qual o rei funcionava mais como presidente do que como soberano. O mote da República era este: *Rex regnat sed non gubernat* ("O Rei reina, mas não governa").

Esse governo duraria até 1791, quando seria proclamada a Constituição, considerada a primeira da Europa e a segunda do mundo, depois da dos Estados Unidos da América. Com essa constituição, na Prússia, foi implantado um sistema político no qual se basearam muitas das atuais democracias ocidentais. Por exemplo, foi uma das primeiras a seguir o pensamento de Montesquieu ao definir a separação dos poderes executivo, legislativo e judiciário.

A Polônia e a Lituânia somente voltariam a ser reconhecidas como países independentes em 1918.

Mas os direitos humanos de primeira dimensão surgiram efetivamente com a doutrina liberal, no século XVIII, quando passaram a ser previstos em leis e em constituições.

O liberalismo tinha por base as ideias de John Locke, segundo as quais os homens não estavam condenados à imobilidade social por determinação de nascimento. Locke dizia que, se não era Deus quem definia a posição social, a estrutura social não precisava ser eterna, e o homem podia alterá-la.

A Magna Carta inglesa, de 1215, constitui, sem dúvidas, um grande marco no estabelecimento de direitos e garantias individuais, ainda que restritos a uma parcela da sociedade da época. Entretanto, merecem especial atenção as chamadas revoluções burguesas, especialmente a Revolução Francesa de 1789 (que levou à edição da Declaração dos Direitos do Homem e do Cidadão) e a Revolução Norte-americana de 1776, na luta pela independência da Inglaterra.

Revolução Norte-americana de 1776 – Iniciou-se como um movimento da burguesia colonial americana contra a Coroa inglesa, principalmente diante da enorme exploração das colônias para fazer frente aos vultosos gastos com a chamada Guerra dos Sete Anos (que a Inglaterra travou contra a França entre 1756 e 1763).

Em 12 de junho de 1776, o povo da colônia de Virgínia divulgou um documento, escrito por Thomas Jefferson, que seria precursor da Declaração de Independência – esta divulgada em 4 de julho seguinte, data em que se comemora o Dia da Independência dos Estados Unidos da América.

Nessa Declaração surge, pela primeira vez, a afirmação do "direito à vida", que só voltaria a aparecer, nos ordenamentos jurídicos, no século XX. Também está expressamente consignado, nesse documento, que o poder deve repousar sobre o consentimento dos governados.

É importante notar que a Declaração de Virgínia traz o reconhecimento de direitos inatos de toda pessoa humana e também o princípio de que todo poder emana do povo e que

Direitos Humanos

em seu nome é exercido. Afirma os princípios da igualdade de todos perante a lei, rejeitando privilégios e a hereditariedade dos cargos públicos.

A chamada Constituição norte-americana foi a primeira do mundo. As dez primeiras emendas feitas a ela são chamadas *Bill of Rights* (em referência expressa à *Bill of Rights* inglesa de 1689), pois enumeram os direitos básicos dos cidadãos norte-americanos perante o poder do Estado. Foi aprovada na Convenção Constitucional da Filadélfia e oficializada em 1789.

Interessante observar que a Declaração de Direitos norte-americana, de início, aplicava-se apenas aos homens brancos – apesar de não haver qualquer limitação expressa em seu texto. Somente mais tarde seus termos foram reinterpretados para abranger também negros, índígenas e mulheres.

Em suma, a Constituição norte-americana é o marco fundante do constitucionalismo moderno. Mas não se pode olvidar que, já na Magna Carta de 1215, estavam presentes elementos essenciais do constitucionalismo, como a limitação do poder do Estado e a declaração dos direitos fundamentais para a pessoa humana.

Revolução Francesa de 1789 – Inspirada na Revolução Norte-americana, bem como nos ideais iluministas, foi considerada o maior movimento político e social já ocorrido em todo o mundo. Estabeleceu um verdadeiro divisor de águas na história europeia: encerrou, definitivamente, a sociedade feudal e inaugurou a chamada Idade Contemporânea.

A Revolução almejava promover reformas políticas que melhorassem a condição econômica dos franceses, fazendo que todos fossem iguais perante a lei. Queria estabelecer a divisão dos poderes – como pregou Montesquieu no livro *O espírito das leis* –, submetendo o Executivo à fiscalização do Legislativo e ao crivo do Judiciário, ainda que todos fossem considerados independentes entre si. Ao mesmo tempo, o Estado, separado da Igreja, ofereceria educação, saúde e segurança para a população, que tomaria as decisões políticas por meio de representantes eleitos.

No dia 14 de julho de 1789, o povo se reuniu em manifestação diante da fortaleza da Bastilha – símbolo do poder monárquico. Com a queda da Bastilha, caiu, também, a monarquia francesa, encerrando, assim, o Antigo Regime vigente naquele país.

Em seguida, foi formada uma Assembleia Nacional Constituinte, para elaborar a Constituição. Uma comissão de deputados escreveu seu preâmbulo, sintetizando os ideais da Revolução. Esse texto foi aprovado em sessão da Assembleia Constituinte de 26 de agosto de 1789, e chamou-se Declaração dos Direitos do Homem e do Cidadão. Dentre tantas outras disposições, previa a garantia de direitos iguais para todos os cidadãos e permitia participação política ao povo. Tamanha foi a relevância desse texto que é considerado, até hoje, o documento básico de direitos humanos na história ocidental.

Em suma, os direitos fundamentais de primeira dimensão implicam, via de regra, a imposição de uma abstenção ao Estado e conferem aos indivíduos um direito de oposição contra os desmandos dos governantes. Temos aí, principalmente, os direitos à vida, à liberdade, à propriedade e à igualdade (perante a lei, e não na lei, ou seja, trata-se da igualdade meramente formal). Também integram essa dimensão os chamados direitos políticos, de modo que é praxe dizer que a primeira dimensão compreende os direitos civis e políticos, além de algumas garantias, como o direito de petição e os remédios constitucionais, como o *habeas corpus*.

SÍNTESE HISTÓRICA DOS DIREITOS HUMANOS DE PRIMEIRA DIMENSÃO (LIBERDADE)	
Controle sobre o rei	Magna Carta de 1215.
Direito à propriedade	Cartas régias forais de D. Sancho I, de Portugal.
Primeira eleição de soberano	Artigos do Rei Henrique, de 1385.
O rei é menor do que as leis	*Pacta conventa*, da República das Duas Nações (Prússia), de 1583.

Primeira constituição do mundo	Estados Unidos da América, em 1776.
Todos os homens são livres	Revolução Francesa, em 1789.
Primeira constituição da Europa	Prússia, em 1791.

Titularidade dos direitos de primeira dimensão na Constituição brasileira – O art. 5º, *caput*, da CF assegura os direitos individuais e coletivos apenas "aos brasileiros e estrangeiros residentes no País", deixando desprotegidos (em uma primeira e superficial leitura) os apátridas e os estrangeiros que não residam no Brasil (numa postura aparentemente incompatível com toda a evolução dos direitos humanos ao longo da história).

Por tal motivo, diverge a doutrina pátria acerca da real extensão dessa restrição.

Parte dos doutrinadores, como Manoel Gonçalves Ferreira Filho (*Curso de direito constitucional*. Barueri, SP: Forense, 2022, p. 140-141), afirma (a nosso ver, acertadamente) não caber, aqui, uma interpretação literal do texto constitucional, uma vez que as liberdades públicas devem ser reconhecidas a todos, independentemente da nacionalidade.

Em muitos julgados recentes, nosso Supremo Tribunal Federal referendou essa tese, afirmando que o referido dispositivo constitucional tem como destinatários (ainda que não expressos) os estrangeiros não residentes no Brasil e os apátridas.

Outra corrente, entretanto, encabeçada por José Afonso da Silva (*Curso de direito constitucional positivo*. 5. ed. São Paulo: Malheiros, 2007, p. 335-337), defende que a proteção do estrangeiro não residente decorre de tratados internacionais firmados pelo País e incorporados ao nosso ordenamento por força do disposto no art. 5º, § 2º, da CF. Essa proteção não resultaria, portanto, da aplicação direta do preceito constitucional em comento, sob pena de supressão do sentido expresso pela restrição ali mencionada.

Além disso, importante salientar que, em princípio, apenas as pessoas físicas são titulares dos direitos individuais. Entretanto, emana do texto constitucional que vários deles são também estendidos às pessoas jurídicas nacionais e estrangeiras que atuem no Brasil (por exemplo, os princípios da isonomia e da legalidade, bem como o direito de propriedade).

Diferença entre direitos e garantias fundamentais – A nossa Constituição, ao tratar "Dos direitos e garantias fundamentais", insta o questionamento sobre a natureza e a distinção entre direitos e garantias fundamentais.

Manoel Gonçalves Ferreira Filho (*Curso de direito constitucional*. Barueri, SP: Forense, 2022, p. 140-141) aduz que as garantias constituem direitos fundamentais, o que, a nosso ver, coloca em xeque a distinção teórica entre os conceitos considerados intercambiáveis – como, aliás, também aponta José Afonso da Silva (*Curso de direito constitucional positivo*. 5. ed. São Paulo: Malheiros, 2007, p. 335-337).

De qualquer forma, partindo da expressão literal utilizada pela Constituição, é possível estabelecer, doutrinariamente, a distinção conceitual entre direitos e garantias.

Nesse sentido, direitos seriam todos aqueles bens ou vantagens acolhidos e protegidos pelo texto constitucional. Já garantias seriam os instrumentos, também previstos na Constituição, para colocar em prática ou assegurar os direitos.

Ainda assim, não vislumbramos maior utilidade prática em aprofundar a análise dos elementos que compõem essa distinção. Apenas exporemos a seguir a síntese realizada por André de Carvalho Ramos (*Curso de direitos humanos*. São Paulo: Saraiva Jur, 2024, p. 25-28), a respeito da imprecisão terminológica para designar os direitos essenciais à vida digna, em seu *Curso de Direitos Humanos*.

Direitos Humanos

Quadro sinótico

TERMINOLOGIA: OS DIREITOS HUMANOS E OS DIREITOS FUNDAMENTAIS	
Direito natural	Opção pelo reconhecimento de que esses direitos são inerentes à natureza do homem. Conceito ultrapassado ante a constatação da historicidade desses direitos.
Direitos do homem	Retrata a mesma origem jusnaturalista da proteção de determinados direitos do indivíduo, no momento histórico de sua afirmação perante o Estado autocrático europeu, no seio das revoluções liberais.
Direitos individuais	Terminologia tida como excludente, pois só abarcaria o grupo de direitos denominados de primeira geração ou dimensão (como vimos), mas não os vários outros direitos, que não se amoldam nesse termo.
Liberdade pública	Terminologia tida como excludente, pois não englobaria os direitos econômicos e sociais.
Direitos públicos subjetivos	Termo cunhado pela escola alemã de Direito Público do século XIX, sugere direitos contra o Estado (conjunto de direitos que limita a ação estatal em benefício do indivíduo).
Direitos humanos e direitos fundamentais	Terminologias mais utilizadas. Costumam ser diferenciados da seguinte forma: – direitos humanos: matriz internacional, sem maior força vinculante; – direitos fundamentais: matriz constitucional, com força vinculante gerada pelo acesso ao Poder Judiciário.

ATENÇÃO

A distinção entre direitos humanos e direitos fundamentais, alerta André de Carvalho Ramos (*Curso de direitos humanos*. São Paulo: Saraiva Jur, 2024, p. 25-28), está defasada por dois fatores. O primeiro é a maior penetração dos direitos humanos no plano nacional, com a incorporação doméstica dos tratados, inclusive, no caso brasileiro, com a possibilidade de serem equivalentes à emenda constitucional (conforme prevê o art. 5º, § 3º: "Os tratados e convenções internacionais sobre direitos humanos que forem aprovados, em cada Casa do Congresso Nacional, em dois turnos, por três quintos dos votos dos respectivos membros, serão equivalentes às emendas constitucionais. (Incluído pela EC n. 45/2004)". O segundo fator é a força vinculante dos direitos humanos, graças ao reconhecimento da jurisdição de órgãos com a Corte Interamericana de Direitos Humanos.

2.2. DIREITOS HUMANOS DE SEGUNDA DIMENSÃO (IGUALDADE)

O marco para o surgimento dos direitos humanos de segunda dimensão foi a Revolução Industrial.

O mundo ocidental implantava métodos e procedimentos baseados na mecânica e na produção em série. Entretanto, as riquezas geradas pelo desenvolvimento do capitalismo a partir do século XVIII não se estenderam a todas as classes sociais. Pelo contrário, o sistema capitalista encetou em seus diversos ciclos a produção de um número cada vez maior de excluídos da sociedade. Com isso, a recém-formada classe dos trabalhadores passou a exigir direitos sociais que consolidassem o respeito à dignidade.

Costuma-se afirmar, portanto, que o reconhecimento dos direitos aqui mencionados se deu, principalmente, graças às reivindicações dos movimentos socialistas iniciadas na primeira metade do século XIX, destacadamente o anarquismo e o comunismo.

SINOPSES JURÍDICAS

Dica

Segundo Flávia Piovesan (*Direitos humanos e o direito constitucional internacional*. 22. ed. São Paulo: Saraiva Jur, 2024, p. 133 e *passim*), os primeiros precedentes do processo de internacionalização dos direitos humanos, depois da Segunda Guerra Mundial, foram o Direito Internacional Humanitário (que impõe limites à liberdade e à autonomia dos Estados, ainda que na hipótese de conflito armado), a Liga das Nações e a Organização Internacional do Trabalho. "Por meio desses institutos", diz Piovesan, "não mais se visava a proteger arranjos e concessões recíprocas entre os Estados; visava-se, sim, ao alcance de obrigações internacionais a serem garantidas ou implementadas coletivamente, que, por sua natureza, transcendiam os interesses exclusivos dos Estados contratantes".

Mas, em verdade, essa segunda dimensão ou geração é, em parte, consequência das limitações da primeira. Isso porque nem mesmo a reunião de todos os direitos de liberdade seria suficiente para a proteção integral do ser humano em uma sociedade desigual. O liberalismo, em sua acepção clássica, simplesmente ignora as particularidades de cada indivíduo para afirmar que a todos deve ser assegurada a igualdade perante a lei – uma igualdade tão somente formal.

Essa segunda dimensão de direitos fundamentais, ampliando esse postulado, visa a assegurar a igualdade real entre os seres humanos. Falamos aqui da chamada igualdade material. Destarte, tal finalidade implica, necessariamente, promover uma alteração essencial na postura do Estado perante os indivíduos. Passa-se a exigir que ele abandone a sua condição de inércia (antes exigida pelo pensamento iluminista) para assumir uma atuação direta no sentido de diminuir as desigualdades existentes e, também, de fomentar condições para que todos tenham as mesmas oportunidades e vivam em condições dignas.

Podemos citar como exemplos de direitos atinentes a essa dimensão os direitos à saúde, à assistência social, à educação, à moradia, ao transporte, ao trabalho, entre outros.

Nesse sentido, os direitos de segunda dimensão, justamente por possuírem uma conotação nitidamente positiva ou prestacional, são completamente distintos dos direitos de primeira dimensão – que constituem uma espécie de salvaguarda, um óbice, à intromissão do Estado na esfera individual; em outras palavras, implicam uma omissão estatal.

Acresça-se que a referida natureza jurídica dos direitos sociais e econômicos atribui ao titular o direito subjetivo de exigir uma prestação concreta por parte do Estado, mormente pela instituição dos serviços públicos.

Também fazem parte dessa geração ou dimensão as chamadas "liberdades sociais", como o direito de greve, a liberdade de sindicalização e os direitos dos trabalhadores (direito de férias, de descanso semanal remunerado etc.).

Ressalte-se ainda que, embora a conotação positiva ou prestacional seja a nota característica dos direitos dessa dimensão, nem todos a possuem – o que evidencia, uma vez mais, que a presente categorização possui cunho eminentemente didático.

Três marcos fundamentais são invocados para o estabelecimento dos direitos humanos de segunda geração: a Constituição Mexicana de 1917, a Revolução Russa de 1917 e a República de Weimar, em 1919.

Constituição mexicana de 1917 – Resultou da Revolução Mexicana, iniciada em 20 de novembro de 1910. Foi uma Constituição moderna para a época, pela especial abordagem aos temas sociais, religiosos e educacionais. Foi a primeira a contemplar a reforma agrária e um elenco de direitos do trabalhador. Dentre suas inúmeras normas fundamentais, destacam-se a proibição da escravidão, a liberdade de trabalho, um sistema de defesa da classe trabalhadora, a liberdade de imprensa, a liberdade de crença, além de garantias de direitos individuais a todas as pessoas, sem discriminação de classe social ou categoria econômica.

Direitos Humanos

Dado o seu caráter inovador, alguns consideram ser esse documento o marco inicial da nova dimensão dos direitos fundamentais. Entretanto, tendo em vista o panorama mundial da época (recém-encerrada a Primeira Guerra Mundial e a Rússia em plena revolução), a Constituição mexicana não alcançou grande repercussão mundial. Mesmo a América Latina parece ter tomado ciência de sua importância muitas décadas depois.

Revolução Russa de 1917 – É considerada tão importante para o século XX, no tocante aos direitos humanos, como a Revolução Francesa foi para o século XVIII.

O povo russo encontrava-se descontente com o sistema capitalista, que tornava a nobreza e a burguesia cada vez mais ricas, e os trabalhadores, mais pobres (80% da população, que à época era constituída de mais de 100 milhões de pessoas).

As ideias de Karl Marx e Friedrich Engels, no *Manifesto comunista*, publicado em 1848, apresentavam sugestões econômicas e políticas para uma nova configuração da sociedade. Em síntese, preconizavam a eliminação das classes sociais e o tratamento de todos com igualdade.

Consideravam que o capitalismo não era o sistema ideal, pois estava baseado na concentração de renda nas mãos de proprietários, do mesmo modo que os sistemas medievais. Por isso, pregavam a necessidade de implantação do que chamaram de "ditadura do proletariado".

Para chegar ao controle, o proletariado deveria gradualmente aumentar a sua participação na sociedade capitalista, por meio de sindicatos e de partidos operários, até chegar ao ponto de assumir o poder por meio da revolução.

Marx e Engels defendiam o fim do capital e o fim do lucro. Dessa maneira, a produção coletiva seria distribuída para todos os cidadãos, pelo Estado socialista. As bases do pensamento marxista foram detalhadas mais tarde no livro O *capital*.

O czar Nicolau II assumiu o trono em 1894, quando o socialismo atraía os operários, decepcionados com a exploração a que estavam submetidos. Depois de diversos conflitos sangrentos, finalmente, em 25 de outubro de 1917, o povo foi às ruas e proclamou um conselho de governo chamado Comissariado, chefiado por Lênin. Este criou o Partido Comunista, assumiu o governo e suspendeu a participação das tropas russas na Primeira Guerra Mundial.

No dia 17 de janeiro de 1918, foi promulgada a primeira Constituição soviética, que acabava com a propriedade privada e determinava a intervenção do Estado em todas as esferas.

Como introdução à Constituição, foi promulgada a Declaração Russa de Direitos do Povo Trabalhador e Explorado. Enunciava uma série de princípios (e não, propriamente, direitos), como a não participação dos "exploradores" no poder político, a expropriação das propriedades burguesas, a abolição da propriedade privada das terras etc.

Assim como a Declaração Mexicana de 1917, foi um documento inovador, mas que também não logrou grande repercussão no âmbito internacional.

A República de Weimar – Em 1890, o rei Guilherme II da Prússia colocou em marcha um plano para equiparar a Alemanha às grandes potências europeias. Estabeleceu colônias em Togo e Camarões, que passaram a se chamar África Oriental Alemã. Com isso, obteve recursos, e a Alemanha consolidou o sistema bancário, desenvolveu a indústria, implantou importante malha ferroviária e tornou-se centro de comércio exportador.

Os trabalhadores se organizaram em sindicatos e ganharam força, passando a exigir do rei Guilherme II que transformasse a Alemanha em potência mundial. O rei apostou no desenvolvimento e na produção de equipamentos militares e, com isso, atraiu a Áustria para a sua esfera de poder. Estava criada a República de Weimar, em honra à cidade da Saxônia, onde foi elaborada e assinada a Constituição.

SINOPSES JURÍDICAS

Weimar foi a primeira república alemã, e o texto constitucional assinado em 11 de agosto de 1919 tratou de organizá-la como uma verdadeira democracia. Apesar de delegar poderes quase ditatoriais ao presidente do *Reich*, apresentou grandes avanços, principalmente na esfera dos direitos sociais. Dentre tantas disposições, podemos destacar a previsão da criação de um "direito unificado do trabalho", o direito de sindicalização, a função social do trabalho e da propriedade, o direito da classe operária a "um mínimo geral de direitos sociais", além de direitos políticos (como o voto universal).

Em que pese o significativo avanço que o texto representa, a Constituição de Weimar teve vida curta (até 1933), tendo em vista a ascensão de Adolf Hitler ao posto de chanceler da Alemanha, representando o Partido Nacional-Socialista dos Trabalhadores Alemães, fato que culminaria com o advento da Segunda Guerra Mundial.

Para entender a origem dessa profunda alteração política, é necessário retroagir no tempo que se seguiu à Primeira Grande Guerra. A Alemanha, responsabilizada pelo conflito, foi forçada a assinar o afamado Tratado de Versalhes, em 28 de junho de 1919.

Apesar de todos os esforços empreendidos para a reconstrução do país, esse tratado foi tão severo com a Alemanha que gerou profunda desestabilização política e econômica. Tal panorama acabou por criar as condições necessárias à ascensão ao governo do partido nazista de Adolf Hitler e à consequente deflagração da Segunda Guerra Mundial, em 1939. Diante desse conjunto de fatores, a Constituição de Weimar, cunhada em princípios democráticos, não poderia mesmo sobreviver.

É desnecessário lembrar os horrores causados pelo radicalismo dos nazistas, mas fique registrado: foi com o final da Segunda Guerra Mundial que ocorreu o fenômeno da multiplicação e da universalização dos direitos do homem, consolidados na Declaração Universal proclamada pela ONU.

SÍNTESE HISTÓRICA DOS DIREITOS HUMANOS DE SEGUNDA DIMENSÃO (IGUALDADE)	
Igualdade de direitos para trabalhadores	Movimentos originados durante a Revolução Industrial e que surtiram efeito na primeira metade do século XIX.
Igualdades sociais, religiosas e educacionais	Constituição decorrente da Revolução Mexicana, de 1917.
Distribuição igualitária da produção para todos os cidadãos	Constituição decorrente da Revolução Russa, de 1917.
Igualdade no trabalho	Constituição da República de Weimar, de 1919.

2.3. DIREITOS HUMANOS DE TERCEIRA DIMENSÃO (FRATERNIDADE)

Conforme já afirmamos anteriormente, não existe, ainda hoje, na doutrina, unanimidade acerca da natureza ou mesmo da extensão do rol dos direitos que pertenceriam a essa terceira dimensão dos direitos humanos.

Em geral, incluem-se aqui aqueles direitos que foram reconhecidos, ao longo da história, em decorrência de gradativos processos de ampliação de consciência do homem ou mesmo de novos panoramas e desafios que se apresentaram.

Não há dúvidas de que o final da Segunda Guerra Mundial e a proclamação da Declaração Universal dos Direitos Humanos, em 10 de dezembro de 1948 (através da Resolução n. 217 A (III) da Assembleia Geral da ONU), simbolizaram um marco para uma nova ordem mundial e uma evolução sem precedentes para os direitos humanos.

Direitos Humanos

O natural sentimento de solidariedade e fraternidade que surgiu como reação aos abusos cometidos durante o período de guerra serviu para que fosse forjada, na consciência humana, toda uma nova ordem de direitos humanos voltada à proteção da humanidade como um todo.

Em sendo assim, integram essa chamada terceira o direito à paz, ao desenvolvimento, à autodeterminação dos povos, à comunicação, ao meio ambiente, ao patrimônio comum da humanidade, entre outros.

2.3.1. AS DUAS GUERRAS MUNDIAIS

No final do século XIX, a Alemanha estava descontente com a sua posição diante das outras nações europeias. França, Inglaterra e Espanha haviam estabelecido colônias ultramarinas, estavam ricas e contavam com armadas poderosas. Mesmo o pequeno Portugal fizera os seus avanços na conquista de territórios pelo mundo.

A partilha da Ásia e da África entre alguns países europeus havia deixado descontentes principalmente Alemanha e Itália, que não foram contempladas com territórios ultramarinos. França e Inglaterra, por sua vez, prosperavam com a exploração de recursos naturais e matérias-primas das suas colônias. Mais ainda, essas duas potências praticamente dominavam os mercados consumidores mais populosos e, sempre que possível, criavam barreiras para que outros países comercializassem em seus domínios. Havia mais um precedente perigoso. Em 1870, quando a Prússia, liderada por Otto von Bismarck, tentou unificar a Alemanha, o imperador francês Napoleão III temeu perder a supremacia na Europa, e o relacionamento entre os dois países se deteriorou. Um incidente deu início ao conflito – o trono espanhol, vago em razão da Revolução Espanhola de 1868, foi reivindicado pelo primo do rei Guilherme I da Prússia, Leopoldo, príncipe do estado de Hohenzollern-Sigmaringen, anteriormente um principado que a Prússia havia anexado em 1849. Napoleão assustou-se com a possibilidade de aliança entre Prússia e Espanha, então uma grande potência naval da Europa, e ameaçou os prussianos com a guerra. Ofendido, o chanceler prussiano Otto von Bismark aceitou o desafio, e a Guerra Franco-Prussiana foi declarada. Depois de dois anos de combates, os 200 mil soldados franceses foram expulsos por uma força de 400 mil soldados alemães. Napoleão III foi capturado e teve que assinar o humilhante Tratado de Frankfurt, que retirava dos franceses as províncias de Alsácia e Lorena, e ainda impunha pesada indenização que teria que ser paga em três anos. O Tratado de Frankfurt pôs fim não só à guerra, mas também à segunda república francesa – uma nova assembleia foi convocada e Adolphe Thiers foi eleito presidente da Terceira República.

O mundo estava nervoso, a França sonhava com uma revanche, e os países se armavam, nem tão silenciosamente assim. Um conflito parecia iminente.

O rei Guilherme II da Prússia pretendeu, então, equiparar a Alemanha às grandes potências europeias. Iniciou, a partir de 1890, um movimento de colonização, mas não obteve grande sucesso. Suas colônias restringiram-se a Togo, Camarões e alguns territórios que foram denominados África Oriental Alemã. Apesar de pequenas, eram colônias rentáveis, e a Alemanha conseguiu recursos para crescer. Em 1910, já contava com 61 milhões de habitantes, mais de 50% de aumento populacional em apenas uma geração. Com esse contingente de mão de obra, a indústria desenvolveu-se grandemente – sobretudo a siderúrgica e a química – e o país começou a exportar em larga escala. Com a implantação de linhas ferroviárias para todos os países vizinhos, tornou-se o centro do comércio da época, o que levou à consolidação do sistema bancário. Internamente, desenvolveu a agricultura. Com essa solidez financeira, os trabalhadores se organizaram em sindicatos e movimentavam-se em torno da democracia social, que, como vimos, era uma evolução do liberalismo. O rei Guilherme II via-se pressionado a intensificar a concorrência com a Grã-Bretanha para tornar a Alemanha uma potência mundial. Por isso, apostou no desenvolvimento da sua esquadra e na produção de equipamentos militares. Além disso, havia a França. E o temor do pangermanismo se espalhava, porque o rei prussiano tencionava unir todos os estados de origem germânica em um império. Seria a reedição do Sacro Império Romano-Germânico, instaurado pelo imperador Carlos Magno no ano 800, e que durou até o reinado de Francisco II, que dissolveu o império em 1806, durante as guerras napoleônicas. Dentro desse ideal, a proximidade política trouxe a Áustria (então império austro-húngaro) para a esfera de influência da Alemanha. A casa real austríaca estava às voltas com a insatisfação das minorias eslavas na Croácia, Bósnia, Sérvia e Eslovênia, que tentavam se organizar contra a dominação do império.

Do outro lado, a Grã-Bretanha não ignorava os preparativos da Alemanha e tratou de fazer aliança com a França e com a Rússia, antecipando possibilidade de conflito. O cenário, portanto, estava pronto. Faltava o pretexto.

O pretexto chegou, afinal. Para tentar amenizar os ânimos, o arquiduque Francisco Ferdinando, herdeiro do trono austro-húngaro, foi visitar Sarajevo, na Bósnia-Herzegovina. No dia 28 de junho de 1914, ele e a esposa foram assassinados pelo estudante servo-bósnio Gavrillo Princip, integrante do grupo separatista Mão Negra. A Áustria exigiu do governo sérvio repressão a todas as organizações antiaustríacas e autorização para que policiais austríacos investigassem o atentado. O governo sérvio negou as duas exigências, alegando que a sua soberania seria violada. A resposta da Áustria, exatamente um mês depois, foi a declaração de guerra contra a Sérvia, com apoio da Alemanha. Em socorro da Sérvia acorreram imediatamente Rússia, França e Inglaterra, que haviam formado, em 1907, a Tríplice Entente. O conflito seria ampliado, mais tarde, para outros países. Nos quatro anos de guerra, houve mais de 10 milhões de mortos e perto de 30 milhões de feridos.

2.3.1.1. O Tratado de Versalhes

Mesmo depois da capitulação, a Alemanha recusava-se a assinar o acordo internacional que determinava os termos da paz e que lhe foi apresentado em 7 de maio de 1919. O acordo era considerado extremamente rigoroso e elemento de humilhação para o derrotado. Foi necessário um embargo naval para que, afinal, em 28 de junho, o representante alemão comparecesse à Sala dos Espelhos do Palácio de Versalhes, na França, para assinar o documento de 440 artigos que se chamou Tratado de Versalhes. Esse tratado deu origem à Liga das Nações (ou Sociedade das Nações), que seria uma prefiguração do que hoje é a Organização das Nações Unidas.

Entre as principais penalidades impostas à Alemanha pelos países aliados, consubstanciadas nesse tratado, estavam a obrigação de desmontar a aviação militar e a marinha (esta só operaria navios mercantes de no máximo 10 mil toneladas) e de limitar o exército a um contingente máximo de 100 mil homens. Como indenização de guerra, devia pagar US$ 33 bilhões (equivalente a 270 milhões de marcos-ouro) aos países aliados.

A Alemanha foi punida pelo acordo com a perda de mais de 13% do seu território, porque teve que abrir mão das colônias na África e na Ásia, além de ser obrigada a devolver a Alsácia e a Lorena para a França, bem como o porto de Dantzig e a província de Posen para a Polônia (era o chamado corredor polonês). Também foi obrigada a reconhecer a independência da Áustria e perdeu territórios para Bélgica, Lituânia e Dinamarca.

A configuração mundial mudou muito com a assinatura do Tratado de Versalhes. O império austro-húngaro foi desmantelado e surgiram quatro países: Tchecoslováquia, Hungria, Polônia e Iugoslávia. Também os países aliados tiveram que renunciar aos protetorados,

Direitos Humanos

com o fim do império turco-otomano: o Iraque, a Jordânia e a Palestina deixaram de ser parte do poderio dos britânicos, e a Síria e o Líbano, dos franceses.

Há questões políticas decorrentes do Tratado de Versalhes que, ainda hoje, em nosso mundo contemporâneo, causam incômodos mais ou menos sérios em diversos países. Por exemplo, o conflito entre israelenses e árabes tem raízes nas decisões do tratado que definiram as respectivas fronteiras, com o realinhamento geográfico de países depois da extinção do império otomano.

É preciso fazer constar que o presidente norte-americano Woodrow Wilson apresentou, em janeiro de 1918, antes mesmo do fim da guerra, uma proposta de paz fundada em 14 pontos. Eram os seguintes:

1. Abolição da diplomacia secreta
2. Liberdade dos mares
3. Eliminação de barreiras econômicas alfandegárias
4. Redução dos armamentos em todos os países
5. Revisão da política colonialista, ouvindo as opiniões dos povos colonizados
6. Retirada dos exércitos de ocupação da Rússia
7. Restauração da independência da Bélgica
8. Restituição da Alsácia-Lorena à França
9. Reformulação das fronteiras italianas
10. Reconhecimento da autonomia dos povos da Áustria-Hungria
11. Restauração da Romênia, Sérvia e Montenegro, e direito da Sérvia de acesso ao mar
12. Reconhecimento de autonomia do povo da Turquia e abertura permanente dos estreitos que ligam o Mar Negro ao Mediterrâneo
13. Independência da Polônia
14. Criação da Liga das Nações

A história se encarregou de mostrar que a maior parte dessas sugestões não foi acatada.

2.3.1.2. Direitos humanos no período entre guerras

A sabedoria popular diz que a paz é um curto período entre guerras. Parece acertada a voz do povo, porque a guerra é o recurso dos poderosos para a dominação.

Logo após a Primeira Guerra Mundial, na Conferência de Paz realizada em Paris, em abril de 1919, redigiu-se o Tratado de Versalhes. A primeira parte desse tratado previa a criação da Liga das Nações, ou Sociedade das Nações. Foram 32 os primeiros países integrantes, e outros 13 convidados. Não puderam participar, no início, a Alemanha, a Turquia e a então União das Repúblicas Socialistas Soviéticas. Os Estados Unidos jamais participaram da Liga das Nações. Embora o presidente Woodrow Wilson tivesse feito esforços para que o país participasse, não conseguiu autorização do seu Congresso, sob o pretexto de que estaria se afastando da sua política internacional e abdicando de seu poder de decisão.

Embora a noção de proteção internacional dos direitos humanos não estivesse ainda na consciência das nações, por essa época, algumas previsões da Conferência de Paz apontavam para certos avanços nessa direção. O Direito Internacional dos Direitos Humanos começava a ganhar contornos, com iniciativas como o sistema de mandatos, o padrão internacional do trabalho e o sistema de minorias.

O sistema de mandatos, por exemplo, foi a determinação de tutelar, em caráter transitório, as populações de ex-colônias pertencentes aos países derrotados, até que tivessem condições materiais, morais e culturais para sua emancipação. O padrão internacional do trabalho foi a orientação sobre condições justas e humanas de trabalho para homens, mulheres e crianças, criando organizações internacionais para fiscalizar o cumprimento das determinações – foi a origem da Organização Internacional do Trabalho (OIT), atualmente uma agência da ONU. O sistema de minorias foi outro avanço no campo internacional, atendendo e impedindo a discriminação de novos Estados constituídos por variados grupos étnicos, linguísticos e religiosos.

Na década de 1920, a Liga das Nações ajudou a recuperar a economia austríaca e deu andamento a uma política internacional de desarmamento. E interveio em vários conflitos entre países, principalmente nos Bálcãs, onde duas guerras já haviam ocorrido entre a Liga Balcânica (Sérvia, Montenegro, Grécia e Bulgária) e o império otomano, este bastante enfraquecido na época. A Liga Balcânica conquistara as províncias europeias da Albânia, Macedônia e Trácia, remanescentes do reino turco, e crescia a possibilidade de novo confronto, que a Liga das Nações logrou prevenir. Mas as conjunturas da época não permitiram que a entidade tivesse sucesso em todas as intervenções.

Havia muito que ser reconstruído. Não apenas as cidades bombardeadas, mas os sistemas de saúde para contenção de epidemias, as estruturas agrícolas para a produção de alimentos e as próprias divisões internas dos países. Quem sofreu mais foi a Alemanha, submetida a pesados encargos e punições e obrigada a pagar indenizações incalculáveis, além de perder territórios e colônias. O país, degradado e derrotado, enfrentou, nas décadas seguintes, inflação galopante e desemprego. Emergiram revoltas e descontentamentos de vários grupos. A quebra da bolsa de Nova York, em 1929, precipitou efeitos devastadores sobre a economia alemã. Estava desenhado o cenário para o surgimento de grupos radicais e a consequente deflagração de um novo conflito.

Na década de 1930, o Japão agrediu a China, ocupando a Manchúria, a Itália invadiu e anexou a Etiópia, que na época se chamava Abissínia, e a Alemanha ocupou a Finlândia, que pretendia sua independência do império alemão. Todos esses conflitos contribuíram para originar a Segunda Guerra Mundial. A incapacidade da Liga das Nações em evitar a guerra revelou seu progressivo enfraquecimento. Aliás, durante todo o período do conflito, nem uma reunião sequer da entidade foi realizada. Havia ficado claro que a Liga das Nações era competente para resolver litígios entre potências menores, mas não conseguia lidar com a força dos países mais importantes.

Porém, o mundo reconhece o papel que a Liga das Nações desempenhou na assistência econômica a países atingidos pela guerra, na proteção a refugiados (só na Rússia, havia quase três milhões de ex-prisioneiros de guerra sem ter para onde voltar), no combate à escravatura, nas iniciativas de saúde pública – prevenindo, por exemplo, a epidemia de tifo na Rússia –, na supervisão do sistema de mandatos coloniais e na administração de territórios livres (como foi o caso da cidade de Dantzig, na Polônia, hoje chamada Gdansk, onde nasceu o partido Solidariedade, na década de 1980). Também já se preocupava com a questão das drogas, tendo implantado o Conselho Central Permanente do Ópio. E chegou a ter um comitê para estudar o Estatuto Jurídico da Mulher, que durou apenas meses e não teve resultado algum. Seu principal braço político foi o Tribunal de Justiça Internacional.

O Brasil participou da Liga das Nações entre 1919 e 1926. Como país signatário do Tratado de Versalhes, foi eleito membro rotativo do conselho executivo de organização da entidade por dois mandatos consecutivos. Os presidentes Delfim Moreira, brevemente, e Epitácio Pessoa foram os governantes que representaram o Brasil na Liga das Nações.

Artur Bernardes, eleito presidente do Brasil em 1922, perseverou na pretensão de que tivéssemos assento no Conselho de Segurança da Liga das Nações – desiderato que o país persegue sem sucesso desde então, mesmo com a mudança da Liga das Nações para Organização das Nações Unidas. Na verdade, Artur Bernardes pretendia obter uma vi-

Direitos Humanos

tória diplomática, no campo internacional, para ganhar prestígio no cenário doméstico. Não conseguiu.

A saída do Brasil da Liga das Nações teve razões fundadas na política externa do país. Em 1926, o Conselho da Liga pretendia acolher a Alemanha como membro permanente. O Brasil aproveitou o momento para se lançar candidato pelas Américas ao Conselho de Segurança, alegando ter sido o único país da América do Sul a participar da Primeira Guerra. O pleito causou irritação nos outros países do continente, principalmente os Estados Unidos, e o Brasil teve que abandonar a pretensão e a Liga das Nações para não piorar as relações diplomáticas e comerciais com os vizinhos.

Mas havia as questões internas, também. As decisões dos últimos presidentes da chamada República Velha eram, de certo modo, conduzidas pelos dois principais partidos estaduais – o Partido Republicano Paulista (PRP) e o Partido Republicano Mineiro (PRM) –, dominados pela elite cafeeira, os "senhores do café", e pelos grandes produtores de leite. O mundo do pós-guerra precisava dos produtos brasileiros, e os produtores abusaram da sua condição econômica privilegiada e mandavam e desmandavam na política, muitas vezes passando por cima da própria Constituição. Foi o período que na República Velha se chamou de "política do café com leite", que, por um lado positivo, levou ao desenvolvimento da indústria brasileira (Delfim Moreira e Epitácio Pessoa, por exemplo, eram membros do PRM, e Artur Bernardes e Washington Luís, do PRP).

O governo de Artur Bernardes enfrentou a instabilidade política desde o primeiro dia. Tomou posse e governou, até o último dia, com o país em estado de sítio. No Rio Grande do Sul, estalava a Revolução de 1923, entre chimangos e maragatos, uma verdadeira guerra civil na qual se destacou Borges de Medeiros, que seria candidato à Presidência da República, disputando e perdendo para Getúlio Vargas. A Revolta Paulista de 1924, chamada de Segunda Revolta Tenentista, liderada por Eduardo Gomes, foi o maior conflito armado na história da cidade de São Paulo – Artur Bernardes mandou bombardear a cidade, matando 503 pessoas e deixando quase 5 mil feridos. Além disso, a Coluna Prestes, entre 1925 e 1927, insatisfeita com a subserviência do presidente às oligarquias, enfrentou as tropas federais, numa marcha pelo Brasil. Toda a queixa se dirigia ao coronelismo, que manobrava as eleições por meio de "voto de cabresto" e que conseguia apoios com base na troca de favores. Enquanto isso, o povo enfrentava inflação, as férias remuneradas eram de apenas 15 dias e não havia políticas sociais.

Mas o mundo também enfrentava urgências. A França estava devastada. A Inglaterra, dona do império mais poderoso da época, perdia mercado por causa do crescimento dos Estados Unidos. Nos dois países, com a indústria destruída ou – o que restava dela – ociosa, a inflação e o desemprego eram altíssimos. Por outro lado, nos Estados Unidos, com a euforia da vitória e a grande aceleração econômica, houve uma superprodução agrícola e industrial. Suas iniciativas de proteção do mercado interno, por exemplo, com a Lei Smoot-Hawley de Tarifas de Importação, levaram a uma crise econômica sem precedentes – que explodiria em 1929, com a quebra da Bolsa de Valores de Nova York.

Ainda na Europa, o descontentamento das populações facilitou o caminho para a ascensão de regimes totalitários, como o comunismo na Espanha (que na década de 1930 daria lugar aos direitistas e mais tarde ao franquismo), o salazarismo em Portugal, o fascismo na Itália e o nazismo na Alemanha. O movimento de migração de grandes parcelas da população para países das Américas intensificou-se.

O Japão também tinha suas razões para desavenças. Primeiro, já vinha de uma guerra com a Rússia, entre 1904 e 1905. Segundo, tinha problemas com os países que havia anexado no final do século XIX, como Coreia e parte da China. Ademais, tendo participado da Primeira Guerra Mundial em defesa dos países aliados, tentou, em 1919, introduzir uma

SINOPSES JURÍDICAS

cláusula de igualdade racial na convenção da Liga das Nações. Os países do ocidente rejeitaram a proposta e não deram atenção ao pedido japonês. Por causa disso, o país suspendeu a Aliança Anglo-Japonesa em 1923 (isso explica, em parte, a decisão do Japão de apoiar a Alemanha, quando eclodiu a Segunda Guerra Mundial).

2.3.1.3. Cruz Vermelha. Primeira ação humanitária em guerras

Em 1859, as tropas austríacas do imperador Francisco José I invadiram Piemonte, na ilha da Sardenha, um estado-reino que fazia parte do conjunto de estados que o rei Vitório Emanuelle II queria unificar sob o nome de Itália. O rei italiano pediu o apoio da França de Napoleão III, e as forças conjuntas (que somavam 118 mil homens) esmagaram o exército austríaco, inferior em número (100 mil homens). O principal combate se deu no dia 21 de junho, na cidade de Solferino. Para registro, participou dessa batalha, liderando movimentos populares, o mesmo Giuseppe Garibaldi que lutou no Brasil, na Guerra dos Farrapos.

Um homem participou da Batalha de Solferino, contenda decisiva da Segunda Guerra de Independência Italiana. Era suíço e chamava-se Henri Dunant. Esse homem ficou horrorizado com os ferimentos que pôde testemunhar. Soldados rasgados por baionetas, furados de balas, feridos por coronhadas de rifles. De volta a casa, escreveu um livro comovente, chamado *Lembranças de Solferino*, publicado em 1892, em que descreveu os horrores que presenciou. O livro teve tamanho sucesso que incentivou Henri Dunant a iniciar uma campanha de sensibilização para a causa do atendimento humanitário aos feridos em combate. Em fevereiro de 1863, na cidade de Genebra, na Suíça, foi realizada a primeira reunião do grupo de cinco pessoas que se tornaria o Comitê Internacional da Cruz Vermelha. Esse Comitê, na realidade, foi a semente da Convenção de Genebra de 1864. Seu trabalho inicial foi convencer representantes de diferentes governos a criar uma sociedade de assistência que oferecesse serviços médicos a militares em combate. Afinal, em agosto de 1864, o Comitê conseguiu que alguns governos participassem da primeira Convenção de Genebra. Foi um tratado que obrigava os exércitos a cuidarem dos soldados feridos, independentemente do lado a que pertencessem. Trataremos dessa convenção mais detalhadamente adiante, por se tratar de um avanço extraordinário na implantação do Direito Internacional Humanitário.

Mas voltemos à Cruz Vermelha.

Inicialmente, o comitê internacional fez um trabalho de coordenação neutra entre governos, estabelecendo comitês em cada país. Mas, na medida em que se fazia necessário, atuava nos campos de batalha. Por essa época, já usava o logotipo da Cruz Vermelha sobre fundo branco para que os soldados em conflito reconhecessem os profissionais do serviço médico.

Durante a guerra entre a Rússia e a Turquia, os representantes da Cruz Vermelha local solicitaram usar o crescente vermelho, o sol vermelho e o leão vermelho no lugar da cruz, porque os soldados muçulmanos consideravam ofensivo o uso de um símbolo cristão. Dessa forma, muitas vezes a Cruz Vermelha é referida, nas áreas muçulmanas, como Crescente Vermelho.

Durante a Primeira Guerra Mundial, o Comitê Internacional da Cruz Vermelha criou uma Agência Central de Prisioneiros de Guerra, em Genebra, auxiliando soldados capturados a fazer contato com suas famílias. Também nesse conflito, em 1918, a atuação do comitê foi decisiva para proibir o uso de gás mostarda, arma de guerra que causava sofrimento extremo. E o movimento crescia, com participação de voluntários.

No período entre as duas guerras mundiais, envolveu-se nos conflitos que ocorreram na África, Ásia e Europa. Em 1929, recomendou nova edição da Convenção de Genebra, aumentando a proteção aos prisioneiros de guerra. Não conseguiu, porque os países demoraram

Direitos Humanos

a responder e a Segunda Guerra interrompeu as negociações. Durante a Segunda Guerra, por seu caráter de organização vinculada ao governo suíço, e respeitando a neutralidade da Suíça na guerra, não pôde atuar nos campos de batalha, mas continuou trabalhando para ajudar famílias de pessoas desaparecidas – civis e militares – nos cinco continentes. Mais de 50 delegações da Cruz Vermelha operaram, simultaneamente.

Depois do fim da Segunda Guerra Mundial e até o presente, o Comitê Internacional da Cruz Vermelha vem trabalhando para minimizar as consequências humanitárias de conflitos em todo o mundo.

Em 1949, os Estados apoiaram iniciativas do Comitê Internacional e realizaram a revisão das três Convenções de Genebra existentes até então. Em 1977, dois Protocolos foram adotados nas Convenções para contemplar também conflitos armados internos, representando importante avanço do Direito Internacional Humanitário.

2.3.1.4. Efeitos da Segunda Guerra Mundial sobre a concepção dos direitos humanos

O radical Adolf Hitler, assim que assumiu a função de chanceler, retirou a Alemanha da Liga das Nações, claramente para não ter que obedecer à política de desarmamento mundial defendida pela entidade. Em 1934, mandou executar centenas de desafetos do seu governo. Em 1935, criou a Força Aérea alemã, a Luftwaffe, e aumentou o efetivo do exército de 100 mil para 500 mil homens. Em 1936, apoiou com aviões e navios a ditadura de Francisco Franco na Espanha. Em 1938, anexou a Áustria e integrou as minorias germânicas que habitavam a Tchecoslováquia, um ano depois ocupando integralmente o país. Em seguida, ocupou o território de Dantzig, impedindo o acesso da Polônia ao mar. Afinal, invadiu a Polônia, em 1º de setembro de 1939, abrindo um corredor para invadir a Europa. E estava deflagrada a Segunda Guerra Mundial, porque formou-se uma aliança de países para defender a Polônia e que, durante seis anos, combateria o nazismo.

O governo do Brasil, inicialmente, apoiou os países do Eixo, por motivos internos. O próprio presidente era simpático ao modelo fascista. Além disso, a colônia germânica, instalada no sul do Brasil, e que fora a principal responsável pelo apoio a Getúlio Vargas, na Revolução de 1930, insistia que a Alemanha seria melhor parceira do que a Inglaterra para o desenvolvimento do Brasil. Da mesma forma, tinha influência a imensa colônia italiana que habitava a região sudeste. Mas o presidente teve que sucumbir à realidade de que navios brasileiros estavam sendo constantemente atacados por barcos alemães e, por fim, declarou guerra aos países do Eixo.

Foram tantas as atrocidades cometidas na Segunda Guerra Mundial que os países ajustaram em 1949 uma nova edição da Convenção de Genebra.

De todo modo, a Segunda Guerra Mundial constitui um marco na história dos direitos humanos. Ela deu início à formação do chamado Direito Internacional dos Direitos Humanos, com a criação de mecanismos e instituições, em âmbito internacional, para proteger e assegurar tais direitos contra violações promovidas pelos Estados.

É óbvio que a História foi marcada pelo domínio do vencedor sobre o vencido, com as mortes inerentes às guerras promovidas, mas o projeto de elevação da raça ariana, na forma e na magnitude como empreendido, representou algo inédito para nossa espécie.

Representou, é verdade, a negação peremptória da dignidade da pessoa humana na forma como construída ao longo de toda a história da filosofia. Foi o holocausto fruto da instrumentalização do ser humano pelo ser humano, com completa desconsideração da humanidade dos judeus. Estes foram tidos como inimigos do Estado, que, além de roubar-lhes, por meio do confisco, toda a riqueza, ainda ceifou-lhes a vida, muitas vezes após anos de trabalhos forçados nos campos de concentração.

SINOPSES JURÍDICAS

Dica

O ministro do STF, Luís Roberto Barroso, escreveu o livro A *dignidade da pessoa humana no direito constitucional contemporâneo*, em 2012. Afirma ele, em certo trecho (p. 64): "Como um valor fundamental que é também um princípio constitucional, a dignidade humana funciona tanto como justificação moral quanto como fundamento jurídico-normativo dos direitos fundamentais". E, à frente, comenta (p. 66): "a dignidade humana, em muitos países, é tida como aplicável tanto às relações entre indivíduos e governo quanto às relações privadas, o que corresponde à chamada eficácia horizontal dos direitos constitucionais (*drittwirkung*)".

Mas os Estados totalitários não trouxeram apenas o aviltamento da vida, cujo valor passou a ser atribuído pelo Estado tomando como parâmetro a contribuição do indivíduo para o projeto elaborado por ele próprio, Estado. O terror trazido pelo totalitarismo, em verdade, espraiou-se por toda a sociedade, na medida em que cada indivíduo poderia ser tido como suspeito, e cada ato poderia ser reputado como contravenção.

Nos totalitarismos, não havia um sistema fixo e geral de normas, mas apenas os extensos, complexos e detalhados regulamentos, cuja interpretação sujeitava-se ao alvitre dos agentes estatais. Ao cidadão comum, portanto, não era assegurada segurança jurídica alguma. A consequência direta desse estado de coisas era a restrição, quase absoluta, à autonomia privada.

Dica

O parágrafo acima está composto no tempo pretérito. Entretanto, o Índice de Democracia 2019, organizado pela Unidade de Inteligência do jornal inglês *The Economist* (*Economist Intelligence Unit*), mostra que o mundo ainda possui 54 regimes que podem ser considerados autoritários. Os mais conhecidos são Coreia do Norte, Arábia Saudita, Rússia, China, Irã, Sudão e Venezuela.

Mas como, afinal, os Estados totalitários do século XX vieram a existir? Quais suas origens? Quais os fatores que determinaram seu aparecimento no momento histórico em que se deu?

Fábio Konder Comparato, com esteio em Hannah Arendt, aponta duas razões para o surgimento em pleno século XX: o imperialismo capitalista e o antissemitismo, além dos ideologismos, racial e revolucionário, vigentes à época.

Segundo ele, o imperialismo capitalista, primeiro mercantil e, depois, industrial, consolidou "a convicção de que o jogo político democrático, sempre feito de desequilíbrios e incertezas, podia e devia ser proveitosamente substituído pelo regime de poder concentrado e incontrolado, ferramenta indispensável para um trabalho de engenharia social, que incluía a eliminação dos oponentes e mesmo dos grupos sociais considerados inferiores ou perniciosos, por meio de medidas radicais, como o genocídio (...)" (COMPARATO, Fabio Konder. *Ética*: direito, moral e religião no mundo moderno. São Paulo: Companhia das Letras, 2006, p. 377).

Com efeito, a extensão do capitalismo às colônias, com vistas a delas extrair riquezas naturais (capitalismo mercantil) ou a elas empurrar os excessos de produção das metrópoles, transformando-as em mercados consumidores (capitalismo industrial), não se fez acompanhar da transferência, para as colônias, dos mecanismos limitadores do poder existente na Europa, o que equivale a dizer que a forma de dominação exercida era já precursora do totalitarismo que estava por vir.

Por outro lado, temos o antissemitismo, cujas origens remotas podem ser vislumbradas já na Antiga Roma, época em que havia o mito do homem maldito, que encarnava todo o mal. Na Baixa Idade Média também encontramos traços dessa política totalitária de perseguição na Santa Inquisição. O propósito foi sempre o de "corrigir" quem estivesse em desa-

Direitos Humanos

cordo com o discurso oficial da Igreja, ou mesmo, se necessário, eliminar quem se negasse a se submeter àquele ideário.

Do ponto de vista ideológico, Comparato aponta a obra de Joseph Arthur de Gobineau, *Ensaio sobre a desigualdade das raças humanas*, como precursora da ideia de que a raça humana suprema seria a dos arianos. Os apontamentos dessa obra foram compilados na Alemanha por Houston Stewart Chamberlain, que publicou *Os fundamentos do século XIX*, em 1899. Em tal obra, foi expressamente consignado que os judeus eram responsáveis por toda a precariedade que pudesse existir na vida europeia.

Também a ideologia revolucionária do marxismo constitui, no dizer de Comparato, um fator predisponente para o surgimento dos totalitarismos do século XX. De fato, ao preconizar a "ditadura do proletariado" como modo de se chegar à mudança definitiva da realidade histórica (o comunismo), Marx criou o suporte teórico para o nazifascismo, que nada mais pretendeu senão revolucionar a sociedade então existente por meio de um Estado centralizador de todo o poder social.

Foi, por fim, a Primeira Guerra Mundial que permitiu a irrupção dos totalitarismos ao solapar por completo a estrutura socioeconômica de boa parte do mundo, quebrando paradigmas e valores construídos ao longo dos séculos. Aos países devastados, era necessária uma nova organização. Livre das amarras do passado, sem os entraves de uma sociedade civil vivaz e em harmonia, os totalitarismos encontraram vasto campo para se desenvolver.

2.3.1.5. A tutela internacional dos direitos humanos

Em suma, a Segunda Guerra Mundial evidenciou que a tutela dos direitos humanos não poderia ficar restrita ao âmbito nacional. Pior: que a soberania, fruto da unificação dos Estados ocorrida na Era Moderna, poderia servir de escudo para a prática de atrocidades inomináveis. A urgência da criação de mecanismos supraestatais de proteção do ser humano adveio daí. Como veremos adiante, tais mecanismos começaram a ser efetivamente construídos com a criação da Organização das Nações Unidas e a partir da Declaração Universal dos Direitos Humanos em 1948.

Nesse particular, avulta a importância do Tribunal de Nuremberg.

Instaurado pela Carta de Londres, logo após o término da Segunda Guerra Mundial, pelos países aliados – Inglaterra, França, Estados Unidos e União Soviética –, o Tribunal de Nuremberg teve como propósito julgar os crimes de guerra cometidos pelos chefes da Alemanha nazista contra populações civis, principalmente o holocausto dos judeus. Chamou-se Tribunal Militar Internacional e foi instalado no palácio da Justiça de Nuremberg, cidade-símbolo dos nazistas, mas houve deslocamento desse tribunal para outros países, como foi o caso de Israel – em Jerusalém foi julgado Adolf Eichmann.

O grande problema era que a maior parte das condutas levadas a efeito pelos líderes do partido e pelos oficiais militares não era tipificada como crime – seja em âmbito nacional, seja internacional – ao tempo em que foram cometidas. Qualquer punição, assim, encontraria óbice no princípio da irretroatividade da lei penal.

A solução encontrada foi aplicar o costume internacional, que, diferentemente dos tratados internacionais, tem eficácia *erga omnes*. O resultado foi a responsabilização, pela primeira vez, de um Estado em âmbito internacional, com a condenação de quem havia por ele atuado.

A importância do Tribunal de Nuremberg está bem delineada por Flávia Piovesan:

"O significado do Tribunal de Nuremberg para o processo de internacionalização dos direitos humanos é duplo: não apenas consolida a ideia de necessária limitação da soberania nacional como reconhece que os indivíduos têm direitos protegidos pelo Direito Internacional. Testemunha-se, desse modo, mudança significativa nas relações interestatais, o que vem a sinalizar transformações na compreensão dos direitos humanos, que, a partir daí, não mais poderiam ficar confinados à exclusiva jurisdição doméstica. São lançados, assim, os mais decisivos passos para a internacionalização dos direitos humanos" (PIOVESAN, Flávia. *Direitos humanos e o direito constitucional internacional.* 22. ed. São Paulo: Saraiva, 2024, p. 140-141).

2.3.1.6. Considerações sobre a terceira dimensão dos direitos humanos

Como se percebe, essa categoria de terceira dimensão de direitos diferencia-se das demais, principalmente do ponto de vista da titularidade, que, no caso, é coletiva – ao passo que os direitos civis e políticos, bem como os direitos sociais, econômicos e culturais, são titularizados por indivíduos ou grupos específicos de indivíduos.

A humanidade realmente alcançou um patamar tecnológico em que é possível a uma única nação, com a utilização de aparatos nucleares, extirpar toda a espécie humana da face da Terra. De outro lado, a população do planeta atingiu 7,2 bilhões de habitantes e, de acordo com as projeções de crescimento demográfico, deve chegar a 8,1 bilhões de pessoas em 2025, e 9,6 bilhões em 2050, segundo informa a ONU no estudo "Perspectiva de População Mundial", divulgado em 13 de junho de 2013. Para enfrentar esse desafio, o capitalismo, baseado na produção em massa, conduz progressivamente à extenuação do meio ambiente, colocando o próprio planeta em uma situação de risco.

Tais problemas, evidentemente, já não podem ser resolvidos sob o prisma individualista que norteou as grandes revoluções burguesas e toda a sistematização normativa que delas derivou.

Como se percebe, as situações de risco com as quais o homem se depara atualmente não decorrem mais de condutas individuais. Pelo contrário: é a repetição em massa e globalizada de determinados comportamentos que tem representado o maior risco para o meio ambiente e para a qualidade de vida dos seres humanos.

A solução, portanto, apenas poderia vir da generalização ou da abstração dos mecanismos de proteção até então existentes.

É essa a gênese dessa terceira dimensão de direitos, a qual, vale ressaltar, não se encontra, ainda, positivada em todas as constituições do mundo ocidental. Em sua grande parte, ainda depende de normatização internacional, como demonstra a crescente edição de tratados internacionais sobre o tema.

A terceira dimensão de direitos fundamentais na Constituição brasileira – No caso brasileiro, diversos desses direitos encontram proteção em âmbito constitucional, explícita ou implicitamente.

O direito à paz, por exemplo, foi previsto, implicitamente, em nossa Carta Magna, ao ser erigido como princípio da República Federativa do Brasil nas suas relações internacionais: a "defesa da paz" (art. 4º, VI), bem como a "solução pacífica dos conflitos" (art. 4º, VII).

Da mesma forma, o direito ao desenvolvimento pode ser encontrado, expressamente – no que diz respeito ao desenvolvimento nacional –, no inciso II do art. 3º e também implicitamente, quando faz referência ao princípio da "cooperação dos povos para o progresso da humanidade" (art. 4º, IX).

Em âmbito regional, a busca pela integração econômica, política, social e cultural dos povos da América Latina encontra-se também consagrada no parágrafo único do art. 4º.

O direito ao meio ambiente, por sua vez, ganhou destaque na Constituição Federal de 1988, sendo objeto de capítulo próprio no Título VIII (Da Ordem Social). O art. 225 faz referência ao direito difuso, titularizado por todos, a um meio ambiente "ecologica-

Direitos Humanos

mente equilibrado, bem de uso comum do povo e essencial à sadia qualidade de vida, sendo dever do Poder Público e da coletividade defendê-lo e preservá-lo para as presentes e futuras gerações".

Já o direito à comunicação encontra-se previsto em uma série de dispositivos em nosso texto constitucional. De fato, além de contar com um capítulo próprio na Constituição, intitulado "Da Comunicação Social" (Capítulo V do Título VIII), podemos encontrá-lo inserido entre as normas atinentes ao direito de informação (como os incisos XIV e XXXIII do art. 5º).

Parte da doutrina ainda inclui nessa terceira dimensão as garantias contra manipulações genéticas. Nesse sentido, dispõe o art. 225, § 1º, II, da CF que cabe ao Poder Público "preservar a diversidade e a integridade do patrimônio genético do País e fiscalizar as entidades dedicadas à pesquisa e manipulação de material genético", sem que por tal sejam impedidas as pesquisas científicas de manipulação genética, desde que submetidas a controle efetivo do governo. Tais disposições são complementadas pelos incisos IV e V do § 1º do art. 225 da CF, devidamente regulamentados pela redação atual da Lei n. 11.105/2005.

O direito de morrer com dignidade também se insere nessa terceira dimensão. No Brasil, ainda que o sistema jurídico não possua leis específicas tratando dessa temática, toda pessoa capaz de direitos e obrigações pela legislação civil pode registrar sua opção, por meio de Testamento Vital, por não receber determinados tratamentos quando se encontra em estado terminal. Nessa direção, em São Paulo, a Resolução n. 1.995/2012 do Conselho Federal de Medicina autoriza o paciente a avisar o médico de que quer morrer sem intervenção de aparelhos ou de tecnologia.

Sob a mesma vertente se enquadra o direito à mudança de sexo, através de cirurgia. A Resolução n. 1.652/2002 do Conselho Federal de Medicina regula o procedimento e, segundo dados do Ministério da Saúde, desde agosto de 2008, a transgenitalização começou a ser oferecida pelo Sistema Único de Saúde (SUS).

Argumenta-se, entretanto, que tais direitos estão intimamente ligados à dignidade da pessoa humana e, assim, ao direito à vida e à liberdade, constituindo, portanto, direitos típicos da primeira geração, cuja proteção se fez necessária, atualmente, em decorrência do desenvolvimento tecnológico.

Tendo em vista a singeleza e clareza com que o Ministro Celso de Mello, do Supremo Tribunal Federal, em lúcido voto proferido no MS 22.164-0/SP (j. 30-10-1995, DJ 17-11-1995), sintetiza essas categorias de direitos fundamentais, tomamos a liberdade de reproduzir, aqui, parte de seu texto:

"Enquanto os direitos de primeira geração (direitos civis e políticos) – que compreendem as liberdades clássicas, negativas ou formais – realçam o princípio da liberdade e os direitos de segunda geração (direitos econômicos, sociais e culturais) – que se identificam com as liberdades positivas, reais ou concretas – acentuam o princípio da igualdade, os direitos de terceira geração, que materializam poderes de titularidade coletiva atribuídos genericamente a todas as formações sociais, consagram o princípio da solidariedade e constituem um momento importante no processo de desenvolvimento, expansão e reconhecimento dos direitos humanos, caracterizados, enquanto valores fundamentais indisponíveis, pela nota de uma essencial inexauribilidade".

Quadro sinótico

DIMENSÕES DE DIREITOS HUMANOS / EXEMPLOS	
1ª dimensão (liberdade)	Direito à vida, direito à liberdade, direito à propriedade, direito à igualdade (perante a lei) etc.

| 2ª dimensão (igualdade) | Direito à saúde, direito à assistência social, direito à educação, direito ao trabalho, direito de greve, liberdade de sindicalização etc. |
| 3ª dimensão (fraternidade) | Direito ao meio ambiente, direito ao desenvolvimento, direito à paz, direito à autodeterminação dos povos, direito ao patrimônio comum da humanidade, direito à comunicação etc. |

2.4. AS "NOVAS" DIMENSÕES

Certamente que, com o passar dos tempos, as aspirações sociais e culturais continuam a evoluir, assim como continuam em constante e vertiginosa ascensão os conflitos e obstáculos que se apresentam ao ser humano em seu caminhar pela face da Terra.

Sendo assim, principalmente em decorrência do acelerado desenvolvimento tecnológico e do novo panorama representado pelos efeitos da globalização e pela sociedade de risco contemporânea, despertaram os juristas para a necessidade de previsão e proteção de novos direitos.

Nesse contexto, preconizam a incorporação de direitos como o pluralismo político, o direito à paz universal e, igualmente, os direitos ligados à área da cibernética (como a internet), além de todos os relacionados à área da genética (como a proteção ao patrimônio genético).

Em razão disso, fala-se, hoje, em diversas gerações ou dimensões de direitos fundamentais. Existem, inclusive, aqueles que pregam a existência de até sete distintas dimensões.

Entretanto, tal categorização é absolutamente desnecessária, além de equivocada. Primeiro, porque muitos dos elementos supracitados não podem ser considerados verdadeiros direitos. O jurista Valério Mazzuoli (*Direitos Humanos*. Rio de Janeiro: Forense, 2024, p. 19) registra a esperança como a quinta dimensão dos direitos humanos, fundada na concepção da paz no âmbito da normatividade jurídica.

A paz, por exemplo: sem receio de cometer equívocos, podemos afirmar que todo o trabalho de reconhecimento, implantação e amadurecimento dos direitos humanos no mundo tem como finalidade última e fundamental o estabelecimento de um mundo onde reina a paz. Constituindo, portanto, o próprio objetivo de todos os direitos humanos, com eles não se confunde.

Quanto aos demais "direitos" supramencionados, constata-se que corporificam pretensões de direitos, que ainda buscam reconhecimento na órbita internacional.

Além disso, ainda que fossem reconhecidos como "novos direitos", seriam facilmente alocados em alguma das dimensões anteriormente expostas, sem qualquer necessidade de criação de uma nova, específica para eles.

2.5. CRÍTICA À TEORIA DAS DIMENSÕES (OU GERAÇÕES)

Já mencionamos que, atualmente, há certo consenso quanto à conveniência do uso do termo "dimensões" em lugar de "gerações", uma vez que este implica ideia de superação, de negação de direitos anteriores pelos mais atuais. "Dimensões", por outro lado, expressaria, com maior acuidade, a necessária complementaridade entre todos os direitos fundamentais.

Nos últimos anos, todavia, setores consideráveis da doutrina vêm se insurgindo contra a categorização dos direitos fundamentais.

Direitos Humanos

Tem sido frequente, com efeito, a negação da distinção cabal entre as diferentes dimensões de direitos fundamentais, em especial entre os direitos civis e políticos e os direitos sociais, econômicos e culturais.

Tais dimensões, de fato, possuem diversos pontos de contato, o que mitiga, em boa medida, diferenciações estanques, na forma de uma verdadeira dicotomia – mesmo porque, além das semelhanças que apontaremos, certo é que direitos civis e políticos somente se realizam plenamente se os direitos sociais, econômicos e culturais estiverem assegurados.

Não obstante, é também comum a simplificação da distinção entre tais dimensões: a primeira diria respeito a direitos de abstenção, ao passo que a segunda expressaria direitos prestacionais, que envolvem a atuação efetiva do Estado. Em última análise, essa ordem de ideias pretende diferenciar as dimensões de direitos fundamentais tendo por foco o ônus que acarretam ao Estado para serem implementados. Ou seja, a segunda dimensão envolveria consideráveis gastos ao Poder Público, o que não ocorreria com a primeira.

A doutrina tem visto, nesse discurso, uma simplificação que desvirtua a realidade.

Por certo, mesmo a implementação de direitos civis e políticos ocasiona gastos ao Estado, como o financiamento de toda a estrutura para captação e apuração dos votos em uma eleição, ou mesmo com todo o sistema de segurança pública direcionado a tutelar, de modo minimamente razoável, a propriedade e a intimidade das pessoas. Por aí se vê que também direitos ditos de primeira dimensão exigem prestações positivas do Estado, o que evidencia, uma vez mais, a insuficiência dessa singular classificação das dimensões, não obstante sua importância didática.

Acrescente-se que há direitos sociais que são destituídos de maiores implicações econômico-financeiras do ponto de vista da implementação: são as chamadas liberdades sociais (como a liberdade sindical, por exemplo).

Portanto, reitere-se que a sustentação da diferença entre direitos de primeira e de segunda dimensão não se deve necessariamente – ao menos não na forma como tradicionalmente tratada a distinção – à postura estatal necessária à implementação do direito (fazer ou não fazer; prestação ou abstenção). A distinção baseia-se, isso sim, no dado fático e temporal da existência ou não de estrutura que permita a implementação por parte do Estado.

Assim é que, para aproveitarmos os exemplos dados anteriormente, já existe toda uma estrutura da Justiça Eleitoral para captação e apuração dos votos, ao passo que nossos sistemas educacionais e de saúde ainda estão, em boa medida, por construir.

2.6. A EFICÁCIA DAS NORMAS DAS DIFERENTES DIMENSÕES

Do ponto de vista da eficácia das normas, farta doutrina chegou a sustentar que as normas jurídicas sobre direitos civis e políticos seriam de eficácia plena, ou seja, aptas a produzir efeitos por si sós, sem qualquer necessidade de posterior intervenção legislativa. Direitos sociais, econômicos e culturais, ao contrário, seriam veiculados por normas de eficácia limitada, também denominadas programáticas, constituindo, em essência, meros projetos de concretização, cuja implementação dependeria inexoravelmente da atuação dos Poderes Legislativo e Executivo.

SIMPLIFICADAMENTE	
Direitos civis e políticos (1ª dimensão)	Normas de eficácia plena.
Direitos sociais, econômicos e culturais (2ª dimensão)	Normas de eficácia limitada.

Essa classificação, entretanto, peca pela superficialidade.

Primeiramente, importante salientar que não se encontra, no texto constitucional, qualquer diferenciação nesse sentido. Difícil enxergar na redação das normas constitucionais de uma ou outra dimensão de direitos fundamentais elementos que conduzam necessariamente à diferenciação apontada.

Trata-se, portanto, de construção teórica não necessariamente extraída da Constituição. Pelo contrário, o art. 5º, § 1º, da CF expressamente dispõe que as normas definidoras dos direitos e garantias fundamentais (como um todo, entenda-se) têm aplicação imediata.

Em segundo lugar, é preciso considerar que a aptidão genérica para produção de efeitos em muito se aproxima da possibilidade de aplicação da norma ao caso concreto, o que mitiga em boa medida a classificação posta.

Ainda que se busque diferenciar eficácia de aplicabilidade – o que, de fato, afigura-se relevante do ponto de vista da teoria do direito –, a proposta não é adequada quando se trata da implementação dos direitos fundamentais.

A dicotomia entre normas de eficácia plena e normas de eficácia limitada, no campo dos direitos fundamentais, centra-se, mais uma vez, na sustentada diferença de natureza entre os direitos: os civis e políticos implicariam, em essência, uma abstenção do Estado, ao passo que os sociais, econômicos e culturais, uma prestação positiva.

Segundo essa ótica, como acarretam ao Estado uma obrigação de não fazer, os direitos civis e políticos podem ser assegurados por normas que simplesmente estabeleçam a esfera jurídica de proteção dos particulares. Tais normas, então, não necessitariam de complementação alguma. Daí serem de eficácia plena. De outro lado, os direitos sociais, econômicos e culturais, implicando um fazer estatal, forçoso admitir que os delineamentos de tal conduta deveriam ser estabelecidos por posterior atividade legislativa. Assim, as normas respectivas seriam de eficácia limitada, pois estabeleceriam, sim, que o Estado deve agir (mas não como e em que medida).

Entretanto, atualmente, está pacificado o entendimento no sentido de que não se pode proceder a tal redução dos direitos fundamentais, restringindo cada qual a apenas uma função. Na verdade, qualquer direito fundamental possui ao menos duas funções, ou dois aspectos: um dito positivo, que diz com a necessidade de atuação do Estado para implementação do direito; outro negativo, relacionado com a vedação de violação do direito por parte do Estado e mesmo por particulares.

Fala-se aqui em dupla dimensão dos direitos fundamentais: uma objetiva (direitos fundamentais como ordem de valores a apontar as diretrizes a serem seguidas pelo Poder Público e a servir de parâmetro para interpretação das demais normas do ordenamento jurídico) e outra subjetiva (direitos fundamentais como direitos subjetivos de defesa do indivíduo).

3
EVOLUÇÃO HISTÓRICA DOS DIREITOS HUMANOS

Conforme já mencionado anteriormente, os direitos humanos não foram todos reconhecidos, positivados e respeitados de uma só vez, em um só momento. Ao contrário, trata-se de fruto de um longo caminhar histórico. Portanto, os valores e princípios que inspiraram seu surgimento e desenvolvimento estão, de certa forma, intimamente ligados com a evolução da própria sociedade.

Sendo assim, para uma compreensão mais completa e profunda da matéria, importante analisar os primórdios desse processo evolutivo, representado, principalmente, pelos documentos históricos que lançaram as bases para os futuros desenvolvimentos.

3.1. OS PRIMEIROS DOCUMENTOS HISTÓRICOS

Pesquisadores apontam indícios da preocupação com o tema já no famoso Código de Hamurabi, datado de aproximadamente 1800 a.C.

Nesse documento (aliás, um dos primeiros exemplos de lei escrita de que se tem notícia), está prevista a famosa forma de dosimetria de pena conhecida como "lei de talião" – ou "olho por olho, dente por dente". Embora rigorosa, é, em si, um grande avanço, pois representa o fim das penas arbitrárias. Além disso, o Código contém uma série de dispositivos próprios de direitos humanos, como o direito a uma espécie de salário mínimo por dia de trabalho, direito a alimentos à mãe e seus filhos diante do abandono do marido, questão de ajuda a fugitivos, entre outros.

Entretanto, no que diz respeito às marcas históricas e aos documentos que se mostraram mais importantes para a atual conformação dos direitos humanos no mundo, a história se inicia apenas alguns milênios mais tarde.

3.1.1. MAGNA CARTA (1215)

No ano de 1215, o rei João da Inglaterra foi obrigado a assinar um documento intitulado Magna Carta Libertatum (que, em latim, significa "Grande Carta das Liberdades"). Nesse importante instrumento, pela primeira vez, foram consignados direitos dos súditos em face da autoridade constituída.

Antecedentes históricos – A história começa quando o rei inglês Ricardo I, conhecido como Coração de Leão, seguiu para o Oriente, para combater nas Cruzadas. Com a morte de Ricardo, seu irmão mais novo, o príncipe João (conhecido como Sem-Terra justamente por não ter recebido a herança reservada ao primogênito), assume o trono. Após uma sucessão de fracassos políticos e militares, Londres foi invadida por um grupo de barões, burgueses e populares em busca do atendimento de suas reivindicações.

De fato, muitas medidas tomadas pelo rei desagradaram profundamente os seus aliados, principalmente os barões. Dentre elas, estava o fato de ter estabelecido para si mesmo numerosas e exorbitantes prerrogativas.

Entre essas prerrogativas estavam o chamado direito de nomeação, segundo o qual o soberano podia nomear bispos, abades e funcionários eclesiásticos, e o direito de veto, segundo o qual o soberano podia excluir pessoas de determinadas funções ou impedir que tomassem posse.

Quando o religioso Stephen Langton foi escolhido para a função de arcebispo da Cantuária, o rei João não o aceitou e usou contra ele o direito de veto. Acontece que o arcebispo Langton tinha sido indicado ao cargo pelo próprio papa Inocêncio III. A postura do rei, portanto, fez por iniciar uma grande revolta da Igreja, que colocou a Inglaterra em situação de interdição até que a indicação fosse aceita.

Aproveitando-se da situação, os barões que formavam a Corte Real apoiaram o pontífice, no sentido de que o rei renunciasse a direitos que consideravam exagerados. Com esse alinhamento, o movimento revoltoso ganhou força e passou a exigir que o rei admitisse a submissão de sua vontade à lei. Para tanto, os barões queriam um documento escrito e, para consegui-lo, ameaçaram liderar os aldeões medievais, no seu legítimo direito de rebelar-se, previsto no *pactum subjectionis*.

Em troca da renovação do voto de fidelidade dos barões, em 15 de julho de 1215, o rei concordou em assinar o documento, que ficou conhecido como Magna Carta.

Apesar de sua assinatura formal, a Magna Carta foi repudiada pelo soberano assim que o grupo revoltoso deixou Londres, o que fez com que a Inglaterra mergulhasse em uma alarmante guerra civil.

Entretanto, tal documento foi reiteradamente acolhido pelos seus sucessores, a ponto de tornar-se parte integrante e indissociável da tradição jurídica inglesa.

Para a história, foi um grande marco, que inspira o constitucionalismo no mundo ocidental até os dias atuais.

Os avanços registrados na Magna Carta – Certamente não se tratava de uma declaração duradoura de princípios legais, mas apenas de uma solução prática para limitar o comportamento despótico do rei João Sem-Terra. Mesmo assim, foi implantada a monarquia constitucional inglesa – modelo que praticamente todo o mundo ocidental, em pouco tempo, adotaria.

O artigo mais conhecido da Magna Carta é a cláusula 39, que determinava a observância do devido processo legal nos casos de prisão ou privação de uma propriedade, reduzindo, com isso, a arbitrariedade na aplicação das penas. Segundo seus termos:

"Nenhum homem livre será preso, encarcerado ou privado de seus direitos ou propriedades, ou tornado fora da lei, ou exilado, ou de maneira alguma destruído, nem agiremos contra ele ou mandaremos alguém contra ele, a não ser por julgamento legal dos seus pares, ou pela lei da terra".

Também de extrema relevância é o disposto no art. 40, que prega:

"A ninguém venderemos, nem a ninguém recusaremos ou atrasaremos direito ou justiça".

Reproduzimos, a seguir, uma versão da Carta, com seus primeiros vinte artigos:

"*Magna Charta Libertatum Concordiam inter regem Johannen at barones pro concessione libertatum ecclesiae et regni angliae* (Grande Carta das Liberdades, ou Concórdia entre o Rei João e os Barões para a outorga das liberdades da Igreja e do rei inglês)

João, pela graça de Deus rei da Inglaterra, senhor da Irlanda, duque da Normandia e da Aquitânia e conde de Anjou, aos arcebispos, bispos, abades, barões, juízes, couteiros, xerifes, prebostes, ministros, bailios e a todos os seus fiéis súditos.

Dica

Couteiros eram fiscais de áreas de reserva de caça, as coutadas. Prebostes eram juízes civis ou militares, funcionando como agentes do senhor feudal ou do rei para ministrar justiça. Bailios eram magistrados privados indicados pelo soberano para cumprir funções de xerife.

Sabei que, sob a inspiração de Deus, para a salvação da nossa alma e das almas dos nossos antecessores e dos nossos herdeiros, para a honra de Deus e exaltação da Santa Igreja e para

Direitos Humanos

o bem do reino, e a conselho dos veneráveis padres Estevão, arcebispo de Cantuária, primaz de Inglaterra e cardeal da Santa Igreja Romana e dos nobres senhores William Marshall, conde de Pembroke, oferecemos a Deus e confirmamos pela presente Carta, por nós e pelos nossos sucessores, para todo o sempre, o seguinte:

1. A Igreja de Inglaterra será livre e serão invioláveis todos os seus direitos e liberdades: e queremos que assim seja observado em tudo e, por isso, de novo asseguramos a liberdade de eleição, principal e indispensável liberdade da Igreja de Inglaterra, a qual já tínhamos reconhecido antes da desavença entre nós e os nossos barões [...].

2. Concedemos também a todos os homens livres do reino, por nós e por nossos herdeiros, para todo o sempre, todas as liberdades abaixo remuneradas, para serem gozadas e usufruídas por eles e seus herdeiros, para todo o sempre [...].

3. Não lançaremos taxas ou tributos sem o consentimento do conselho geral do reino (*commune concilium regni*), a não ser para resgate da nossa pessoa, para armar cavaleiro nosso filho mais velho e para celebrar, mas uma única vez, o casamento da nossa filha mais velha; e esses tributos não excederão limites razoáveis. De igual maneira se procederá quanto aos impostos da cidade de Londres.

4. E a cidade de Londres conservará todas as suas antigas liberdades e usos próprios, tanto por terra como por água; e também as outras cidades e burgos, vilas e portos conservarão todas as suas liberdades e usos próprios.

5. E, quando o conselho geral do reino tiver de reunir para se ocupar do lançamento dos impostos, exceto nos três casos indicados, e do lançamento de taxas, convocaremos por carta, individualmente, os arcebispos, abades, condes e os principais barões do reino; além disso, convocaremos para dia e lugar determinados, com a antecedência, pelo menos, de quarenta dias, por meio dos nossos xerifes e bailios, todas as outras pessoas que nos têm por suserano; e em todas as cartas de convocatória exporemos a causa da convocação; e proceder-se-á à deliberação do dia designado em conformidade com o conselho dos que estiverem presentes, ainda que não tenham comparecido todos os convocados.

6. Ninguém será obrigado a prestar algum serviço além do que for devido pelo seu feudo de cavaleiro ou pela sua terra livre.

7. A multa a pagar por um homem livre, pela prática de um pequeno delito, será proporcionada à gravidade do delito; e pela prática de um crime será proporcionada ao horror deste, sem prejuízo do necessário à subsistência e posição do infrator (*contenementum*); a mesma regra valerá para as multas a aplicar a um comerciante e a um vilão, ressalvando-se para aquele a sua mercadoria e para este a sua lavoura; e, em todos os casos, as multas serão fixadas por um júri de vizinhos honestos.

8. Não serão aplicadas multas aos condes e barões senão pelos pares e de harmonia com a gravidade do delito.

9. Nenhuma cidade e nenhum homem livre serão obrigados a construir pontes e diques, salvo se isso constar de um uso antigo e de direito.

10. Os xerifes e bailios só poderão adquirir colheitas e quaisquer outras coisas mediante pagamento imediato, exceto se o vendedor voluntariamente oferecer crédito.

11. Nenhum xerife ou bailio poderá servir-se dos cavalos ou dos carros de algum homem livre sem o seu consentimento.

12. Nem nós nem os nossos bailios nos apoderaremos das bolsas de alguém para serviço dos nossos castelos, contra a vontade do respectivo dono.

13. A ordem (*Writ*) de investigação da vida e dos membros será, para futuro, concedida gratuitamente e, em caso algum, negada.

14. Nenhum homem livre será detido ou sujeito à prisão, ou privado dos seus bens, ou colocado fora da lei, ou exilado, ou de qualquer modo molestado, e nós não procederemos nem mandaremos proceder contra ele senão mediante um julgamento regular pelos seus pares ou de harmonia com a lei do país.

15. Não venderemos, nem recusaremos, nem protelaremos o direito de qualquer pessoa a obter justiça.

16. Os mercadores terão plena liberdade para sair e entrar em Inglaterra, e para nela residir e a percorrer tanto por terra como por mar, comprando e vendendo quaisquer coisas, de acordo com os costumes antigos e consagrados, e sem terem de pagar tributos injustos, exceto em tempo de guerra ou quando pertencerem a alguma nação em guerra contra nós. E, se no começo da guerra, houver mercadores no nosso país, eles ficarão presos, embora sem dano para os seus corpos e os seus bens, até ser conhecido por nós ou pelas nossas autoridades judiciais, como são tratados os nossos mercadores na nação em guerra conosco; e, se os nossos não correrem perigo, também os outros não correrão perigo.

17. Daqui para diante será lícito a qualquer pessoa sair do reino e a ele voltar, em paz e segurança, por terra e por mar, sem prejuízo do dever de fidelidade para conosco; excetuam-se as situações de tempo de guerra, em que tal direito poderá ser restringido, por um curto período, para o bem geral do reino, e ainda prisioneiros e criminosos, à face da lei do país, e pessoas de países em guerra conosco e mercadores, sendo estes tratados conforme acima prescrevemos.

18. Só serão nomeados juízes, oficiais de justiça, xerifes ou bailios os que conheçam a lei do reino e se disponham a observá-la fielmente.

19. Todos os direitos e liberdades, que concedemos e que reconhecemos enquanto for nosso o reino, serão igualmente reconhecidos por todos, clérigos e leigos, àqueles que deles dependerem.

20. Considerando que foi para honra de Deus e bem do reino e para melhor aplanar o dissídio surgido entre nós e os nossos barões que outorgamos todas as coisas acabadas de referir; e querendo torná-las sólidas e duradouras, concedemos e aceitamos, para sua garantia, que os barões elejam livremente um conselho de vinte e cinco barões do reino, incumbidos de defender e observar e mandar observar a paz e as liberdades por nós reconhecidas e confirmadas pela presente Carta; e se nós, a nossa justiça, os nossos bailios ou algum dos nossos oficiais, em qualquer circunstância, deixarmos de respeitar essas liberdades em relação a qualquer pessoa ou violar alguma destas cláusulas de paz e segurança, e da ofensa for dada notícia a quatro barões escolhidos entre os vinte e cinco, para de tais fatos conhecerem, estes apelarão para nós ou, se estivermos ausentes do reino, para a nossa justiça, apontando as razões de queixa, e à petição será dada satisfação sem demora; e se por nós ou pela nossa justiça, no caso de estarmos fora do reino, a petição não for satisfeita dentro de quarenta dias, a contar do tempo em que foi exposta a ofensa, os mesmos quatro barões apresentarão o pleito aos restantes barões; e os vinte e cinco barões, juntamente com a comunidade de todo o reino (*comuna totiu terrae*), poderão embargar-nos e incomodar-nos, apoderando-se de nossos castelos, terras e propriedades e utilizando quaisquer outros meios ao seu alcance, até ser atendida a sua pretensão, mas sem ofenderem a nossa pessoa e as pessoas da nossa rainha e dos nossos filhos, e, logo que tenha havido reparação, eles obedecer-nos-ão como antes. E qualquer pessoa neste reino poderá jurar obedecer às ordens dos vinte e cinco barões e juntar-se a eles para nos atacar; e nós damos pública e plena liberdade a quem quer que seja para assim agir, e não impediremos ninguém de fazer

Direitos Humanos

idêntico juramento" (disponível em: http://www.direitoshumanos.usp.br/index.php/Documentos-anteriores%C3%A0-cria%C3%A7%C3%A3o-da-Sociedade-das-Na%C3%A7%C3%B5es-at%C3%A9-1919/magna-carta-1215-magna-charta-libertatum.html).

É possível citar, ainda, inúmeras e importantes previsões constantes desse histórico documento. Entre outras coisas, estabeleceu a liberdade da Igreja, desvinculando-a do poder central; previu a necessidade de uma proporcionalidade entre a gravidade do delito e a magnitude da pena a ser aplicada ao seu autor; previu a liberdade de locomoção bem como a liberdade de entrar e sair do país.

Além disso, consignou-se que toda e qualquer forma de tributação, para que fosse legítima, deveria passar pelo crivo do consentimento de todos, manifestado por ato do Parlamento.

Quadro sinótico

Nome original em latim	*Magna Charta Libertatum Concordiam inter regem Johannen at barones pro concessione libertatum ecclesiae et regni angliae.*	Tradução: Grande Carta das Liberdades, ou Concórdia entre o Rei João e os Barões para a outorga das liberdades da Igreja e do rei inglês.
Quem assinou	Rei João Sem-Terra, da Inglaterra.	Obs.: O rei foi forçado a assinar, sob ameaça dos barões de liderar uma revolta dos aldeões.
Origens	Fruto de uma série de fracassos políticos e militares do Rei João Sem-Terra, o que ocasionou a revolta de barões, burgueses e populares.	Obs.: Naquele tempo, vigorava o regime de monarquia absolutista – o rei comandava o Estado e a Igreja, e sua vontade era superior à lei.
Influências	Influenciou inúmeros outros documentos importantes para os direitos humanos, como a *Petition of Right* e, modernamente, a Declaração Universal dos Direitos Humanos.	Obs.: A partir do teor da Magna Carta, foi implantada a monarquia constitucional inglesa, que serviu de modelo para os regimes constitucionais do mundo ocidental.
Importância	Foi base para as constituições modernas.	Dentre suas principais previsões, podem-se citar: • o devido processo legal (cláusula 39); • a liberdade da Igreja; • a proporcionalidade entre a gravidade do delito e a magnitude da pena; • a liberdade de locomoção; • o direito de obter justiça; • a liberdade de entrar e sair do país.

3.1.2. *PETITION OF RIGHT* (1628)

A transformação da Inglaterra de monarquia absolutista em monarquia constitucionalista representou um avanço no sentido do reconhecimento dos direitos humanos e se deveu à chamada Petição de Direitos (*Petition of Right*), que constituiu a semente da chamada Revolução Inglesa.

SINOPSES JURÍDICAS

Até 1628, o lema das monarquias absolutistas era: "Um rei, uma fé, uma lei", como expoente da unidade política de um país, que tomava por base a unidade religiosa. Mas, com o advento de teorias liberais, especialmente as do inglês John Locke (com destaque especial para a sua obra *Dois tratados sobre o governo*, de 1689), a atitude dos povos diante do poder dos reis começou a mudar.

Como vimos, o autor preconizava o jusnaturalismo. Pregava que os homens são dotados de direitos inalienáveis, dentre eles a vida e a liberdade. Locke sustentava mais: apoiado na doutrina de Thomas Hobbes, acreditava na existência de um estado natural e de uma lei natural a determinar que nenhum homem deve prejudicar outro em sua vida, liberdade, saúde e propriedade.

Inspirados, ainda, na experiência da elaboração da Magna Carta (alguns séculos antes), surgiram movimentos no sentido de obter promessas escritas dos reis quanto ao respeito a esses direitos inatos e inalienáveis.

Na prática, os cidadãos buscavam uma lei maior, fundamental, que regulasse a vida coletiva, de maneira que não mais dependessem unicamente da vontade e do humor dos governantes.

Em outras palavras, ansiavam por aquilo que hoje conhecemos como Constituição.

Foi justamente a *Petition of Right* de 1628 o documento que, historicamente, marcou o início do movimento que se tornou conhecido como constitucionalismo moderno.

Com efeito, antes dele, os primeiros esforços de constitucionalização (como observado, por exemplo, com a Magna Carta) limitavam-se a declarar princípios costumeiros (ou enfatizar aqueles já positivados), que alicerçavam a sociedade nos moldes em que se apresentava. Em outras palavras, esse primeiro movimento, que recebeu o nome de constitucionalismo antigo, reafirmava os direitos de cada estamento social, trazendo apenas algumas limitações ao poder do monarca e a submissão expressa de sua vontade aos termos da lei.

O constitucionalismo moderno, ao contrário, passou a representar um movimento de profundo questionamento a todos os dogmas políticos, filosóficos e jurídicos tradicionais, buscando estabelecer uma nova forma de ordenar e fundar o poder político.

Do ponto de vista político, a *Petition of Right* constituiu uma resposta à decisão do rei Carlos I, da Inglaterra, de criar impostos sem consultar o parlamento. Os membros do Parlamento inglês, então, liderados por Sir Edward Coke, redigiram essa "petição dos direitos" e apresentaram-na ao rei, exigindo que ele a cumprisse.

Talvez a mais importante dessas exigências tenha sido a de que o rei deixasse para o parlamento o controle da política financeira e o controle do exército. Como veremos a seguir, a *Petition of Right* não apenas significou uma restrição dos poderes do soberano, como, também, consolidou uma verdadeira reordenação do sistema político vigente. Além disso, restou consignada, no documento, a oficialização dos direitos que os cidadãos edificaram como fundamentais ao homem.

Eis o texto integral da Petição de Direitos de 1628:

"Os lordes espirituais e temporais e os comuns, reunidos em parlamento, humildemente lembram ao rei, nosso soberano e senhor, que uma lei feita no reinado do rei Eduardo I, vulgarmente chamada *Statutum de tallagio non concedendo*, declarou e estabeleceu que nenhuma derrama ou tributo seria lançado ou cobrado neste reino pelo rei ou seus herdeiros sem o consentimento dos arcebispos, bispos, condes, barões, cavaleiros, burgueses e outros homens livres do povo deste reino; que, por autoridade do Parlamento, reunido no vigésimo quinto ano do reinado do rei Eduardo III, foi decretado e estabelecido que, daí em diante, ninguém poderia ser compelido a fazer nenhum empréstimo ao rei contra a sua vontade, porque tal empréstimo ofenderia a razão e as franquias do país; que outras leis do reino vieram preceituar que ninguém podia ser sujeito ao tributo ou imposto chamado *benevolence* ou a qualquer outro tributo semelhante, que os nossos súditos herdaram das leis atrás mencio-

Direitos Humanos

nadas e de outras boas leis e estatutos deste reino a liberdade de não serem obrigados a contribuir para qualquer taxa, derramo, tributo ou qualquer outro imposto que não tenha sido autorizado por todos, através do Parlamento.

E considerando também que na carta designada por 'Magna Carta das Liberdades de Inglaterra' se decretou e estabeleceu que nenhum homem livre podia ser detido ou preso ou privado dos seus bens, das suas liberdades e franquias, ou posto fora da lei e exilado ou de qualquer modo molestado, a não ser por virtude de sentença legal dos seus pares ou da lei do país.

E considerando também que foi decretado e estabelecido, por autoridade do Parlamento, no vigésimo oitavo ano do reinado do rei Eduardo III, que ninguém, fosse qual fosse a sua categoria ou condição, podia ser expulso das suas terras ou da sua morada, nem detido, preso, deserdado ou morto sem que lhe fosse dada a possibilidade de se defender em processo jurídico regular.

E considerando que ultimamente grandes contingentes de soldados e marinheiros têm sido destacados para diversos condados do reino, cujos habitantes têm sido obrigados, contra vontade, a acolhê-los e a aboletá-los nas suas casas, com ofensa das leis e costumes e para grande queixa e vexame do povo.

E considerando também que o Parlamento decretou e ordenou, no vigésimo quinto ano do reinado do rei Eduardo III, que ninguém podia ser condenado à morte ou à mutilação sem observância das formas da Magna Carta e do direito do país; e que, nos termos da mesma Magna Carta e de outras leis e provisões do vosso reino, ninguém pode ser condenado à morte senão em virtude de leis estabelecidas neste vosso reino ou de costumes do mesmo reino ou de atos do Parlamento; e que nenhum transgressor, seja qual for a sua classe, pode subtrair-se aos processos normais e às penas infligidas pelas leis e provisões deste vosso reino; e considerando que, todavia, nos últimos tempos, diversos diplomas, com o Grande Selo de Vossa Majestade, têm investido certos comissários de poder e autoridade para, no interior do país, aplicarem a lei marcial contra soldados e marinheiros e outras pessoas que a estes se tenham associado na prática de assassinatos, roubos, felonias, motins ou quaisquer crimes e transgressões, e para sumariamente os julgar, condenar e executar, quando culpados, segundo as formas da lei marcial e os usos dos exércitos em tempo de guerra. E, a pretexto disto, alguns dos súditos de Vossa Majestade têm sido punidos por estes comissários com a morte, quando é certo que, se eles tivessem merecido a morte em harmonia com as leis e provisões do país, também deveriam ter sido julgados e executados de acordo com estas mesmas leis e provisões e não de qualquer outro modo.

Por todas estas razões, os lordes espirituais e temporais e os comuns humildemente imploram a Vossa Majestade que, a partir de agora, ninguém seja obrigado a contribuir com qualquer dádiva, empréstimo ou *benevolence* e a pagar qualquer taxa ou imposto, sem o consentimento de todos, manifestado por ato do Parlamento; e que ninguém seja chamado a responder ou prestar juramento, ou a executar algum serviço, ou encarcerado, ou, de uma forma ou de outra molestado ou inquietado, por causa destes tributos ou da recusa em os pagar; e que nenhum homem livre fique sob prisão ou detido por qualquer das formas acima indicadas; e que Vossa Majestade haja por bem retirar os soldados e marinheiros e que, para futuro, o vosso povo não volte a ser sobrecarregado; e que as comissões para aplicação da lei marcial sejam revogadas e anuladas e que, doravante, ninguém mais possa ser incumbido de outras comissões semelhantes, a fim de nenhum súdito de Vossa Majestade sofrer ou ser morto, contrariamente às leis e franquias do país.

Tudo isto rogam os lordes espirituais e temporais e os comuns a Vossa Majestade como seus direitos e liberdades, em conformidade com as leis e provisões deste reino; assim como rogam a Vossa Majestade que se digne declarar que as sentenças, ações e processos, em detrimento do vosso povo, não terão consequências para futuro nem servirão de exemplo, e que ainda Vossa Majestade graciosamente haja por bem declarar, para alívio e segurança adicionais do vosso povo, que é vossa régia intenção e vontade que, a respeito das coisas aqui tratadas, todos os vossos oficiais e ministros servirão Vossa Majestade de acordo com as leis e a prosperidade deste reino" (disponível em: http://www.direitoshumanos.usp.br/index.php/Documentos-anteriores-%C3%A0-cria%C3%A7%C3%A3o-da-Sociedade-das-Na%C3%A7%C3%B5es-at%C3%A9-1919/peticao-de-direito-1628.html).

Destarte, pouco disposto a ter seu poder diminuído, o rei católico Carlos I dissolveu o Parlamento e governou com dura tirania durante onze anos. Mas a semente da revolução estava lançada. Tanto assim que os puritanos deflagraram, em 1642, uma guerra civil contra a Coroa que durou até 1688. Nesse ano, o rei Jaime II, líder dos católicos, foi expulso do poder e, em seu lugar, assumiu Maria Stuart, casada com Guilherme de Orange, que assumiria o trono como Guilherme III. Com a chegada dos puritanos ao trono, a coroa cedeu ao Parlamento muitas prerrogativas, que ainda hoje são mantidas na Inglaterra (como salientaremos mais adiante).

Podem ser apontadas, portanto, como principais contribuições da *Petition of Right*, de 1628, a submissão da vontade do rei à aprovação do Parlamento (no que se refere à instituição de tributos) e a proibição de prisões ilegais.

3.1.3. *HABEAS CORPUS ACT* (1679)

Em 1649, sete anos depois de iniciada a guerra civil inglesa, o rei Carlos I foi capturado e decapitado pelos puritanos vitoriosos. A Inglaterra ficou sem rei, e Oliver Cromwell, um militar e político, fervorosamente anticatólico, ocupou o trono interinamente durante cinco anos (de 1653 a 1658).

Em 1658, com a morte de Cromwell, seu filho Richard assumiu o poder, mas por pouco tempo. Logo o exército da Escócia derrubou-o e colocou, em seu lugar, o católico Carlos II.

A guerra continuava e, apesar de o rei não mais deter poderes ilimitados, o povo ainda via como necessária uma proteção legal para impedir desmandos das autoridades. Por isso, exigiu-se do rei Carlos II a edição da chamada Lei do *Habeas Corpus* (em inglês, *Habeas Corpus Act*), em 1679.

Esse instrumento, basicamente, resgatava uma importante prerrogativa de proteção aos direitos humanos. Ou seja, o direito conferido à pessoa detida de ser levada diante de um tribunal para que ali se decidisse sobre a legalidade de sua detenção.

Em realidade, a proibição de prisões ilegais ou arbitrárias já era prevista desde a Magna Carta de 1215. Sendo assim, durante séculos, existiu na Inglaterra a possibilidade de uma medida judicial (um *writ*) denominada *habeas corpus*, através da qual o tribunal real poderia solicitar a apresentação de determinadas pessoas para analisar a legalidade de sua prisão.

Tal *writ* foi reiterado pela já mencionada *Petition of Right* de 1628, mas foi apenas o *Habeas Corpus Act* de 1649 que estendeu a possibilidade de aplicação dessa medida judicial para todas as prisões, inclusive aquelas determinadas pelo próprio rei.

A Lei do *Habeas Corpus* é considerada, até hoje, um dos documentos mais importantes da história constitucional inglesa.

Vejamos, a seguir, parte de seu importante texto:

A Lei do *Habeas Corpus* de 1679

I – A reclamação ou requerimento escrito de algum indivíduo ou a favor de algum indivíduo detido ou acusado da prática de um crime (exceto tratando-se de traição ou felonia, assim decla-

Direitos Humanos

rada no mandato respectivo, ou de cumplicidade ou de suspeita de cumplicidade, no passado, em qualquer traição ou felonia, também declarada no mandato, e salvo o caso de formação de culpa ou incriminação em processo legal), o lorde-chanceler ou, em tempo de férias, algum juiz dos tribunais superiores, depois de terem visto cópia do mandato ou o certificado de que a cópia foi recusada, concederão providência de *habeas corpus* (exceto se o próprio indivíduo tiver negligenciado, por dois períodos, em pedir a sua libertação) em benefício do preso, a qual será imediatamente executória perante o mesmo lorde-chanceler ou o juiz; e, se afiançável, o indivíduo será solto, durante a execução da providência, comprometendo-se a comparecer e a responder à acusação no tribunal competente.

II – A providência será decretada em referência à presente lei e será assinada por quem a tiver concedido.

III – A providência será executada e o preso apresentado no tribunal, em curto prazo, conforme a distância, e que não deve exceder em caso algum vinte dias.

IV – Os oficiais e os guardas que deixaram de praticar os atos de execução devidos, ou que não entregarem ao preso ou ao seu representante, nas seis horas que se seguirem à formulação do pedido, uma cópia autêntica do mandato de captura, ou que mudarem o preso de um local para outro, sem suficiente razão ou autoridade, pagarão 100 libras, no primeiro caso, e 200 libras, no segundo caso, ao queixoso, além de perderem o cargo.

V – Quem tiver obtido providência de *habeas corpus* não poderá voltar a ser capturado pelo mesmo fato sob pena de multa de 500 libras ao infrator.

VI – Quem estiver preso, por traição ou felonia, poderá se o requerer, conhecer a acusação, na primeira semana do período judicial seguinte ou no primeiro dia da sessão, ou obter caução, exceto se a prova invocada pela Coroa não se puder produzir nessa altura; e, se absolvido ou se não tiver sido formulada a acusação e se for submetido de novo a julgamento em novo período ou sessão, ficará sem efeito pelo direito imputado; porém, se no condado se efetuar sessão do tribunal superior, ninguém sairá em liberdade por virtude de *habeas corpus* até acabar a sessão, ficando então confiado à justiça desse tribunal (disponível em: http://www.direitoshumanos.usp.br/index.php/Documentos-anteriores-%C3%A0-cria%C3%A7%C3%A3o-da-Sociedade-das-Na%C3%A7%C3%B5es-at%C3%A9-1919/a-lei-de-qhabeas-corpusq-1679.html).

Adoção do *habeas corpus* no Brasil – O chamado "remédio constitucional" do *habeas corpus* foi instituído, pela primeira vez, no Brasil, pelo Código de Processo Penal do Império, em 1832. Nessa época, poderia ser impetrado contra prisão ou constrangimento ilegal, mas apenas em favor de brasileiros. Somente em 1871, a lei estenderia o direito também para os estrangeiros.

Foi apenas em 1891 que o *writ* ganhou *status* constitucional. Além de não mais limitar o direito apenas aos brasileiros, o texto constitucional foi redigido de maneira bastante ampla. Segundo o parágrafo 22 do art. 72: "Dar-se-á *habeas corpus*, sempre que o indivíduo sofrer ou se achar em iminente perigo de sofrer violência ou coação por ilegalidade ou abuso de poder".

Tendo em vista que ainda inexistia o remédio hoje conhecido como mandado de segurança, o *habeas corpus* foi interpretado (tanto pela doutrina como pela jurisprudência) como medida passível de ser invocada contra violações a qualquer direito, desde que tivesse, como pano de fundo, a liberdade de ir e vir. Tal interpretação ficou conhecida como "teoria brasileira do *habeas corpus*".

Mais tarde, a reforma constitucional de 1926 limitou seu âmbito de aplicação apenas para violações ao direito de locomoção. Entretanto, o mandado de segurança só viria a ser instituído em 1934, com a nova Constituição.

Por fim, a Constituição de 1988 passou a prever o *habeas corpus* no art. 5º, LXVIII. Segundo seus termos: "conceder-se-á *habeas corpus* sempre que alguém sofrer ou se achar ameaçado de sofrer violência ou coação em sua liberdade de locomoção, por ilegalidade ou abuso de poder".

3.1.4. *BILL OF RIGHTS* INGLESA (1689)

Maria Stuart e o marido Guilherme de Orange assumiram o trono, mas sob estrito controle do Parlamento inglês. Em 1689, no ano seguinte à sua coroação, tiveram que aceitar e promulgar a Declaração de Direitos (conhecida como *Bill of Rights*). Essa Declaração foi o documento mais importante na história ocidental, no sentido da limitação dos poderes reais.

A história mostra, no entanto, que não basta limitar os poderes dos governantes para garantir os direitos humanos. No texto da Declaração dos Direitos da Inglaterra pode-se observar que o povo não participava do processo.

Declaração de Direitos da Inglaterra de 1689

Os Lordes espirituais e temporais e os membros da Câmara dos Comuns declaram, desde logo, o seguinte:

que é ilegal a faculdade que se atribui à autoridade real para suspender as leis ou seu cumprimento;

que, do mesmo modo, é ilegal a faculdade que se atribui à autoridade real para dispensar as leis ou o seu cumprimento, como anteriormente se tem verificado, por meio de uma usurpação notória;

que tanto a Comissão para formar o último Tribunal, para as coisas eclesiásticas, como qualquer outra Comissão do Tribunal da mesma classe são ilegais ou perniciosas;

que é ilegal toda cobrança de impostos para a Coroa sem o concurso do Parlamento, sob pretexto de prerrogativa, ou em época e modo diferentes dos designados por ele próprio;

que os súditos têm direitos de apresentar petições ao Rei, sendo ilegais as prisões e vexações de qualquer espécie que sofram por esta causa;

que o ato de levantar e manter dentro do país um exército em tempo de paz é contrário à lei, se não proceder autorização do Parlamento;

que os súditos protestantes podem ter, para a sua defesa, as armas necessárias à sua condição e permitidas por lei;

que devem ser livres as eleições dos membros do Parlamento;

que os discursos pronunciados nos debates do Parlamento não devem ser examinados senão por ele mesmo, e não em outro Tribunal ou sítio algum;

que não se exigirão fianças exorbitantes, impostos excessivos, nem se imporão penas demasiado severas;

que a lista dos Jurados eleitos deverá fazer-se em devida forma e ser notificada; que os jurados que decidem sobre a sorte das pessoas nas questões de alta traição deverão ser livres proprietários de terras;

que são contrárias às leis e, portanto, nulas todas as concessões ou promessas de dar a outros os bens confiscados a pessoas acusadas, antes de se acharem estas convictas ou convencidas;

que é indispensável convocar com frequência os Parlamentos para satisfazer os agravos, assim como para corrigir, afirmar e conservar as leis.

Reclamam e pedem, com repetidas instâncias, todo o mencionado, considerando-o como um conjunto de direitos e liberdades incontestáveis, como, também, que para o futuro não se firmem precedentes nem se deduza consequência alguma em prejuízo do povo.

A esta petição de seus direitos fomos estimulados, particularmente, pela declaração de S. A. o Príncipe de Orange, que levará a termo a liberdade do país, que se acha tão adiantada, e esperamos que não permitirá sejam desconhecidos os direitos que acabamos de recordar, nem que se reproduzam os atentados contra a sua religião, direitos e liberdades.

De toda maneira, diversas foram as conquistas contidas no *Bill of Rights* de 1689. Dentre elas, podemos destacar o fortalecimento do princípio da legalidade, ao prever que a suspen-

Direitos Humanos

são da lei ou de sua execução pelo rei depende do consentimento do Parlamento. Além disso, consta dessa declaração a previsão, de forma inédita, do chamado direito de petição. Pode-se ainda mencionar a liberdade de eleição dos membros do Parlamento, a imunidade parlamentar (no que toca às palavras e manifestações proferidas no próprio Parlamento), a vedação de fianças exorbitantes, de impostos excessivos, bem como de penas severas.

O *Bill of Rights* foi seguido pelo *Act of Settlement*, de 1701, que também assegurava a submissão dos reis à lei. Previa, ainda, o *impeachment* de magistrados e a autonomia e independência dos órgãos jurisdicionais.

3.1.5. *BILL OF RIGHTS* AMERICANA (1789)

Houve uma segunda Declaração de Direitos, exatos cem anos depois da inglesa, nos Estados Unidos da América. Inspirado na primeira, James Cameron apresentou ao Primeiro Congresso dos Estados Unidos da América uma Carta de Direitos, consubstanciada em uma série de artigos.

Tais artigos foram inseridos na Constituição daquele país (de 1787 – a primeira do mundo) através de dez emendas constitucionais.

É justamente esse conjunto das dez primeiras emendas que hoje é conhecido como a *Bill of Rights* americana – uma verdadeira Declaração de Direitos, pois define os direitos básicos dos cidadãos norte-americanos perante o Estado.

Segue o texto da *Bill of Rights* dos Estados Unidos.

Bill of Rights dos Estados Unidos

O Congresso dos Estados Unidos, reunido na cidade de Nova York, na quarta-feira, 4 de março do ano de mil, setecentos e oitenta e nove.

Convencionais de um número de Estados, tendo adotado a Constituição, expressaram desejo, no sentido de prevenir interpretação errônea ou abuso dos seus poderes, que outras cláusulas declaratórias e restritivas serão acrescentadas, que, estendendo a base da confiança pública no Governo, melhor assegurarão os fins benéficos desta Constituição.

Resolvem o Senado e a Câmara dos Deputados dos Estados Unidos da América, reunidos em Congresso, presentes dois terços de cada Casa, que os seguintes artigos são propostos à Legislatura dos diversos Estados como emendas à Constituição dos Estados Unidos, sendo válidos todos ou quaisquer de tais artigos, quando ratificados por três quartos de ditas Legislaturas, para todos os propósitos pretendidos, como parte da dita Constituição, a saber:

Os artigos serão acrescentados como emendas à Constituição dos Estados Unidos da América, propostos ao Congresso e ratificados pelos diversos Estados, de acordo com a quinta emenda da Constituição original.

Primeira emenda

O Congresso não fará leis que estabeleçam religião ou que proíbam o seu livre exercício; ou que reduzam a liberdade de expressão ou de imprensa; ou que cerceiem o direito das pessoas de se reunir pacificamente ou de apresentar queixas ao Governo.

Segunda emenda

Uma bem regulada milícia, sendo necessário para a segurança de um Estado livre o direito do povo de manter e portar armas, não será desrespeitada.

Terceira emenda

Nenhum soldado se aquartelará em qualquer casa, em tempo de paz, sem o consentimento do proprietário, nem em tempo de guerra num modo que não esteja previsto em lei.

Quarta emenda

O direito do povo de segurança das suas pessoas, documentos e efeitos contra busca e apreensão não razoáveis não será violado, e nenhum mandado será emitido, a não ser por causa provável

SINOPSES JURÍDICAS

apoiada em juramento e afirmação, descrevendo particularmente o local a ser revistado e as pessoas ou coisas a serem apreendidas.

Quinta emenda

Nenhuma pessoa será detida para responder por um crime capital ou infame sem ter sido indiciada pelo Grande Júri, exceto em casos em que esteja atuando em forças de terra ou de mar, ou da Milícia, quando em real serviço de guerra ou de risco público; nenhuma pessoa será submetida a ter a vida colocada em risco ou amputação pelo mesmo crime; nenhuma pessoa será compelida, num caso criminal, a ser testemunha contra si mesmo, nem ser privado da vida, liberdade ou propriedade, sem o devido processo legal; nem será a propriedade privada tomada para uso público sem a justa compensação.

Sexta emenda

Em todos os processos criminais, o acusado desfrutará o direito de um julgamento público rápido, por um júri imparcial do Estado e do distrito onde o crime tiver sido cometido, tal distrito confirmado previamente pela lei, e de ser informado da natureza e da causa da acusação; de ser confrontado com as testemunhas de acusação; de ter processo compulsório de obtenção de testemunhas de defesa, e de ter assistência de um advogado para a sua defesa.

Sétima emenda

Em processos da lei comum, em que o valor da controvérsia exceder vinte dólares, o direito de julgamento pelo júri será preservado, e nenhum fato examinado por um júri será reexaminado por qualquer tribunal dos Estados Unidos, a não ser de acordo com a lei comum.

Oitava emenda

Fiança excessiva não será requerida, nem multas excessivas impostas, nem punições cruéis e incomuns infligidas.

Nona emenda

A enumeração, na Constituição, de certos direitos, não será interpretada para negar ou depreciar outros direitos guardados pelo povo.

Décima emenda

Os poderes não delegados aos Estados Unidos pela Constituição, nem proibidos aos Estados, são reservados aos Estados respectivamente, ou ao povo (disponível em: http://www.billofrightsinstitute.org/founding-documents/bill-of-rights/).

3.1.6. A PRIMEIRA DECLARAÇÃO DOS DIREITOS DO HOMEM

A Revolução Francesa foi o mais importante movimento social do mundo moderno. Marcou o fim do chamado Antigo Regime, absolutista e aristocrático, na Europa. Seus princípios foram consolidados na Declaração dos Direitos do Homem e do Cidadão, promulgada pela Assembleia Nacional francesa, em 1789, após a derrubada da monarquia.

A Declaração estabeleceu reformas políticas que davam aos cidadãos o direito à liberdade e a serem tratados igualmente perante a lei, o que seria alcançado pela tripartição dos poderes em Executivo, Legislativo e Judiciário, independentes entre si, de modo que não interferisse um no outro.

Essa divisão, que hoje em dia nos parece corriqueira, foi à época uma novidade notável. Deveu-se às ideias de Montesquieu, no livro *O espírito das leis*, publicado em 1748.

A Declaração também estabeleceu separação entre Estado e Igreja. Caberia ao Estado a obrigação de oferecer educação, saúde e segurança para toda a população. O povo, por sua vez, participaria de eleições, escolhendo representantes para tomarem decisão em seu nome.

Dada a importância histórica dessa Declaração, segue a íntegra de seu texto.

Dica

O Brasil se tornou um Estado laico por um decreto do primeiro governo republicano, o Decreto n. 119-A, de 7 de janeiro de 1890. O jurista Rulian Emmerick, no seu artigo de 2010, "As relações

Direitos Humanos

igreja/estado no direito constitucional brasileiro" (disponível em: https://www.e-publicacoes.uerj.br/SexualidadSaludySociedad/article/view/383), lembra que "em boa parte da história da sociedade brasileira (...) o direito do Estado confundia-se com o direito divino, isto é, o direito ditado pela Igreja Católica".

Declaração dos Direitos do Homem e do Cidadão

I – Os homens nascem e permanecem livres e iguais em direitos; as distinções sociais não podem ser fundadas senão sobre a utilidade comum.

II – O objetivo de toda associação política é a conservação dos direitos naturais e imprescritíveis do homem; esses direitos são a liberdade, a propriedade, a segurança e a resistência à opressão.

III – O princípio de toda a soberania reside essencialmente na razão; nenhum corpo, nenhum indivíduo pode exercer autoridade que dela não emane diretamente.

IV – A liberdade consiste em poder fazer tudo que não prejudique a outrem. Assim, o exercício dos direitos naturais do homem não tem limites senão aqueles que asseguram aos outros membros da sociedade o gozo desses mesmos direitos; seus limites não podem ser determinados senão pela lei.

V – A lei não tem o direito de impedir senão as ações nocivas à sociedade. Tudo o que não é negado pela lei não pode ser impedido e ninguém pode ser constrangido a fazer o que ela não ordenar.

VI – A lei é a expressão da vontade geral; todos os cidadãos têm o direito de concorrer, pessoalmente ou por seus representantes, à sua formação; ela deve ser a mesma para todos, seja protegendo, seja punindo. Todos os cidadãos, sendo iguais a seus olhos, são igualmente admissíveis a todas as dignidades, lugares e empregos públicos, segundo sua capacidade e sem outras distinções que as de suas virtudes e de seus talentos.

VII – Nenhum homem pode ser acusado, detido ou preso, senão em caso determinado por lei, e segundo as formas por ela prescritas. Aqueles que solicitam, expedem ou fazem executar ordens arbitrárias, devem ser punidos; mas todo cidadão, chamado ou preso em virtude de lei, deve obedecer em seguida; torna-se culpado se resistir.

VIII – A lei não deve estabelecer senão penas estritamente necessárias, e ninguém pode ser punido senão em virtude de uma lei estabelecida e promulgada ao delito e legalmente aplicada.

IX – Todo homem é tido como inocente até o momento em que seja declarado culpado; se for julgado indispensável para a segurança de sua pessoa, deve ser severamente reprimido pela lei.

X – Ninguém pode ser inquietado por suas opiniões, mesmo religiosas, contanto que suas manifestações não perturbem a ordem pública estabelecida em lei.

XI – A livre comunicação dos pensamentos e opiniões é um dos direitos mais preciosos do homem; todo o cidadão pode, pois, falar, escrever e imprimir livremente; salvo a responsabilidade do abuso dessa liberdade nos casos determinados pela lei.

XII – A garantia dos direitos do homem e do cidadão necessita de uma força pública; essa força é então instituída para vantagem de todos e não para a utilidade particular daqueles a quem ela for confiada.

XIII – Para a manutenção da força pública e para as despesas de administração, uma contribuição comum é indispensável; ela deve ser igualmente repartida entre todos os cidadãos, em razão de suas faculdades.

XIV – Os cidadãos têm o direito de constatar, por si mesmos ou por seus representantes, a necessidade da contribuição pública, de consenti-la livremente e de vigiar seu emprego, de determinar sua quota, lançamento, recuperação e duração.

XV – A sociedade tem o direito de pedir contas de sua administração a todos os agentes do poder público.

XVI – Toda sociedade na qual a garantia dos direitos não é assegurada, nem a separação dos poderes determinada, não tem Constituição.

SINOPSES JURÍDICAS

XVII – A propriedade, sendo um direito inviolável e sagrado, ninguém pode ser dela privado senão quando a necessidade pública, legalmente constatada, o exija evidentemente, e sob a condição de uma justa e prévia indenização (disponível em: http://pfdc.pgr.mpf.mp.br/atuacao-e-conteudos-de-apoio/legislacao/direitos-humanos/declar_dir_homem_cidadao.pdf).

A Declaração constitui, na Era Moderna, o primeiro marco normativo dos direitos humanos ao consagrar, entre outros, os princípios da igualdade, liberdade, propriedade, segurança, resistência à opressão, legalidade, presunção de inocência, liberdade religiosa e de manifestação de pensamento.

3.1.7. AS CONVENÇÕES DE GENEBRA

Com as sucessivas guerras entre nações, o mundo enfrentou conflitos étnicos, sociais e comerciais, o que forçou até mesmo a reconfiguração geográfica, com o surgimento e o desaparecimento de países.

O número de mortos e feridos evidenciou a necessidade de se consolidar regras a serem respeitadas em tempos de guerra, mormente para preservar a população civil e os feridos em combate. Foi o suíço Henry Dunant o responsável pela ideia de reunir representantes de todos os países para discutir um tratado a respeito. Como já vimos, esse homem, durante a batalha de Solferino, em 1859, entre os exércitos austríacos e franco-piemonteses, teve a iniciativa de organizar um serviço voluntário de pronto-socorro para soldados feridos de ambos os lados, que viria a se tornar a Cruz Vermelha.

Em Genebra, na Suíça, em 22 de agosto de 1864, foi assinado o primeiro de uma série de tratados internacionais voltados ao desenvolvimento do direito humanitário internacional que receberam o nome de Convenções de Genebra. O objetivo era tentar amenizar os efeitos das guerras, principalmente sobre a população civil.

A primeira Convenção de Genebra, assinada em 1864, cuidou de aliviar a sorte dos militares feridos dos exércitos em campanha.

Posteriormente, novos tratados foram firmados, com vistas a incluir novas questões que pudessem atentar contra a humanidade.

Em 1907, em Haia, na Holanda, foi realizada a II Convenção de Genebra, na qual se decidiu estender os princípios da Convenção anterior para conflitos marítimos (não previstos originalmente), para proteger os doentes, feridos ou náufragos de forças armadas no mar.

Em 1925, a III Convenção de Genebra promoveu nova revisão, determinando o tratamento humanitário a ser dado a prisioneiros de guerra.

Em 1939, a invasão da Polônia pelas tropas alemãs deu início a uma nova espécie de guerra, com potencialidade letal ainda não vista. Tudo por causa do uso inédito de tanques blindados que atiravam em quem estivesse em sua frente, e aviões carregados de bombas cegas que não enxergavam se os alvos eram militares ou civis.

Ironicamente, os horrores de brutalidade praticados contra civis, pelas tropas de ocupação do Eixo, foram mais tarde imitados pelas próprias tropas aliadas. Em países como Itália e Grécia, que os soldados ingleses e americanos ocuparam em setembro de 1943, foram registrados roubos, assassinatos e estupros por parte dos soldados que deviam ser os libertadores. Pessoas foram separadas de suas famílias e residências civis foram saqueadas. Não havia solidariedade.

O bombardeio das cidades japonesas de Hiroshima e Nagasaki, pelos norte-americanos, em agosto de 1945, marcou o maior massacre de populações civis do mundo contemporâneo.

Direitos Humanos

O mundo estava atônito com a ameaça nuclear. Era preciso negociar a paz duradoura, a qualquer custo. Ou a humanidade inteira poderia perecer.

Uma revisão mais abrangente foi acordada em 12 de agosto de 1949, um ano depois da criação da ONU, entre os países que participaram da Segunda Guerra Mundial. A intenção era definir o escopo de proteção às populações civis e realizar uma atualização de todos os principais instrumentos aplicáveis em caso de conflito armado internacional. Foi a IV Convenção de Genebra. E, assim, a Convenção de Genebra deu origem ao Direito Internacional Humanitário e ao Direito Internacional dos Direitos Humanos. Atualmente, continua em vigor a IV Convenção de Genebra, e seus princípios são aplicados mesmo quando não há declaração formal de guerra.

Os termos da Convenção de Genebra não se aplicam, modernamente, apenas a conflitos armados em guerras declaradas. Há casos em que operações militares de um país, dentro do território de outro país (por exemplo, no caso das tropas brasileiras apoiando a população do Haiti depois do terremoto), exigem regulamentação para o eventual uso de força em caso de saques ou motins. Também é o caso das forças multinacionais deslocadas para prevenir conflitos ou manter e consolidar a paz. Do mesmo modo, existem casos de países que não têm condições próprias de atender sua população civil, e a ajuda de tropas estrangeiras pode ser necessária para ações humanitárias. Revoltas e insurreições de grupos armados hostis aos governos também são situações que podem demandar interferência externa.

Em 1977, foram aprovados dois protocolos adicionais às Convenções de Genebra. O Protocolo I ampliou a definição de vítimas de conflitos armados internacionais para incluir as vítimas de guerras de libertação nacional. O Protocolo II reforçou a proteção das pessoas afetadas por conflitos armados internos.

Em 1980, a ONU propôs uma convenção para limitar o uso de algumas armas convencionais. E, em 1996, houve nova atualização proibindo o uso indiscriminado de minas terrestres e proibindo as armas de raios *laser* que provocam cegueira.

Há, ainda, os casos não catalogados. Exemplo é o pretexto de chamar de "terrorista" qualquer atitude que vá contra conceitos ou políticas de um país. É o que os Estados Unidos têm feito seguidamente, após o trágico evento de 11 de setembro de 2001.

Atualmente, 194 países fazem parte das Convenções de Genebra.

3.2. O PAPEL DA RELIGIÃO NA PROTEÇÃO DOS DIREITOS HUMANOS

Já vimos que, na origem, as instituições religiosas funcionaram em muitas ocasiões como locais invioláveis de refúgio para pessoas perseguidas por causa de sua origem, sua raça e suas convicções políticas.

De modo geral, dado o fato de que Igreja e Estado se confundiam como poderes dominantes, o sucesso do refúgio devia-se mais ao caráter sagrado desses locais do que às convenções políticas.

Sem desconsiderar eventos anteriores, é preciso reconhecer uma iniciativa importante na direção da proteção aos direitos humanos. Trata-se da Bula *Sublimis Deus*, de Paulo III (1537), que condena a escravidão. Foi a primeira intervenção oficial e efetiva da Igreja contra o desrespeito à dignidade humana – o documento reconhecia que os indígenas eram seres racionais dotados de alma humana.

De certa maneira, a bula papal reconhecia o erro de escravizar povos vencidos, como denunciara, em 1511, o frei Antonio de Montesinos, em seu famoso sermão proferido na América:

"Todos vós estais em pecado mortal. Nele viveis e nele morrereis, devido à crueldade e tiranias que usais com estas gentes inocentes. Dizei-me, com que direito e baseados em que justiça, mantendes em tão cruel e horrível servidão os índios? Com que autoridade fizestes estas detestáveis guerras a estes povos que estavam em suas terras mansas e pacíficas e tão numerosas e os consumistes com mortes e destruições inauditas? Como os tendes tão oprimidos e fatigados, sem dar-lhes de comer e curá-los em suas enfermidades? Os excessivos trabalhos que lhes impondes, os fazem morrer, ou melhor dizendo, vós os matais para poder arrancar e adquirir ouro cada dia... Não são eles acaso homens? Não têm almas racionais? Vós não sois obrigados a amá-los como a vós mesmos? Será que não entendeis isso? Não o podeis sentir?" (disponível em: http://www.direitoshumanos.usp.br/index.php/Documentos-anteriores-%C3%A0-cria%C3%A7%C3%A3o-da-Sociedade-das-Na%C3%A7%C3%B5es-at%C3%A9-1919/frei-antonio-de-montesinos-sermao-do-4o-domingo-do-advento-de-1511.html).

O sermão estimularia, no ano seguinte, a edição das chamadas Leis de Burgos, pelo rei da Espanha. Era um conjunto de 35 leis que servia de código de comportamento em relação aos indígenas, proibindo maus-tratos e escravidão (mas que permitia trabalhos forçados, de modo que, na prática, a situação permaneceu inalterada).

Nessa época atuou o frade dominicano espanhol Bartolomé de Las Casas, que ficou famoso como defensor dos direitos dos indígenas americanos. Foi o primeiro sacerdote ordenado na América. Ficou conhecido por denunciar os conquistadores espanhóis por seus abusos contra os indígenas do novo mundo. Chegou à América como membro das tropas que vinham ocupar o continente, mas indignou-se com as atrocidades cometidas pelos soldados contra os nativos e viajou de volta para a Espanha para denunciar os conquistadores. O imperador Carlos V mandou-o regressar à América, em 1517, para fundar uma comunidade que integrasse espanhóis e indígenas em convivência civilizada. A comunidade foi criada em Cumaná, onde hoje fica a Venezuela, mas não perdurou, porque nem espanhóis nem indígenas acreditavam que pudesse haver tal convivência. Tentou iniciativa semelhante no Golfo Dulce, atual Costa Rica. Em 1540 voltou à Espanha e obteve do imperador a promulgação de uma lei que restituía liberdade a indígenas depois que passassem uma geração como escravizados nas propriedades dos espanhóis. Foi nomeado bispo de Chiapas, na Guatemala, e proibiu que os sacerdotes dessem a absolvição aos proprietários de terra espanhóis. Com isso, foi detestado e teve que regressar à Espanha, em 1547. Internou-se no convento de Nossa Senhora de Atocha, em Madri, e de lá manteve debate acalorado com Juan Ginés de Sepúlveda, um intelectual da época que defendia a escravidão dos indígenas. Sua principal obra é de 1542. O livro, chamado *Brevísima relación de la destrucción de las Indias*, relata a destruição da cultura e da dignidade dos indígenas da América espanhola.

Três anos depois da publicação desse livro, os conquistadores espanhóis, liderados pelo capitão Juan de Villarroel, alcançaram a localidade de Potosí, na Bolívia, onde havia opulentas minas de prata, e iniciaram uma campanha de guerra que terminaria com o holocausto de mais de oito milhões de indígenas.

Ainda como conquistas religiosas no campo dos direitos humanos, é necessário mencionar o Édito de Nantes, do rei francês Henrique IV. Com efeito, em 13 de abril de 1598, o rei decide estabelecer a tolerância religiosa para pôr fim a uma guerra civil de 36 anos entre

Direitos Humanos

católicos e protestantes. Como mandatário supremo da Igreja e do Estado, elaborou um Código com 92 artigos, concedendo liberdade de consciência, de religião e de ensino. Foi o primeiro aceno na direção da tolerância religiosa, mas não chegou a permitir totalmente a liberdade de culto.

Apenas dois anos depois do Édito de Nantes, todavia, a própria Igreja, pelo seu braço radical conhecido como a Santa Inquisição, queima vivo, em Roma, o filósofo dominicano Giordano Bruno. O astrônomo italiano Galileu Galilei também foi perseguido pela Inquisição por afirmar que a Terra não seria o centro do Universo. Foi ameaçado de ser queimado vivo, caso não se retratasse.

Dica

Galileu, interrogado pela Inquisição e ameaçado de morte caso não renegasse a sua afirmação de que a Terra não era estacionária, e girava em torno do Sol, aceitou retratar-se, para não morrer. Mas, logo depois de negar a sua teoria, teria murmurado a frase: *E pur, se muove* (e no entanto, se move).

Embora, ao longo da história, a Igreja Católica tenha passado ao largo das conquistas de direitos humanos, muitas vezes quedando-se inerte (esta, aliás, é a grande queixa dos judeus, por exemplo, quanto à quase infindável demora na manifestação do papa a respeito do holocausto da Segunda Guerra Mundial), alguns pontífices escreveram documentos importantes que, realmente, marcaram a história.

Um dos mais destacados é a Encíclica *Rerum Novarum* ("Das Coisas Novas"), do papa Leão XIII, em 1891, que trata da situação dos trabalhadores. Preconizava uma justiça econômica e social, melhor distribuição de renda, direitos sociais, intervenção do Estado na economia, entre outras tantas questões relevantes.

Em 1931, o papa Pio IX editou a Encíclica *Quadragesimo Anno* ("No Quadragésimo Ano" – em comemoração aos 40 anos da Encíclica *Rerum Novarum*), sobre a reconstrução da ordem social. Dentre os principais pontos previstos nesse importante documento, um se destaca pela sua profunda relação com os direitos humanos: reconhece a importância do trabalho e do capital e diz que o enriquecimento é lícito desde que sejam protegidos e respeitados "os sagrados direitos do operário, provenientes da sua dignidade de homem e de cristão". Em outras palavras, afirma a necessidade de reconhecimento e proteção de direitos naturais aos seres humanos enquanto tais, que, em suas palavras, envolveriam "a alma, a saúde, as forças, a família, as casas, as oficinas, o salário, (...) os acidentes de trabalho, numa palavra, tudo aquilo que interessa à classe trabalhadora, principalmente as mulheres e crianças".

Em seguida, no período que coincide com a eclosão da Segunda Guerra e suas sequelas, houve um lamentável silêncio da Igreja, quebrado apenas trinta anos depois, em 1961, com a Encíclica *Mater et Magistra* ("A Mãe e Mestra"), do papa João XXIII, sobre cristianismo e progresso social. Trata de inúmeros problemas próprios do mundo atual, como a superpopulação, o superdesenvolvimento, questões nucleares, a condição de vida dos trabalhadores rurais etc.

João XXIII ainda escreveria a Encíclica *Pacem in Terris* ("Paz na Terra"), em 1963, um ano antes de morrer. Dividido em cinco partes, este é, sem dúvidas, um dos documentos mais relevantes já publicados pela Igreja no tema direitos humanos.

A primeira parte da Encíclica é nada menos que uma verdadeira carta de direitos do homem, defendendo direitos que vão desde a vida, a liberdade de culto e manifestação, até

SINOPSES JURÍDICAS

direitos econômicos, políticos e sociais, bem como os direitos à paz, à justiça etc. Em outras palavras, prevê direitos atinentes às três dimensões que anteriormente mencionamos.

Nas partes que se seguem, aborda diversas questões específicas. Na segunda parte trata das relações entre o Poder Público e os indivíduos, no que se refere ao respeito e à implementação de seus direitos. Na parte seguinte adentra questões internacionais, tratando de princípios atinentes às relações entre as diversas comunidades políticas. Assim, na quarta parte trata das relações entre os seres humanos e as comunidades políticas internacionais. Em sua última parte, sob o título "Diretrizes Pastorais", trata da aplicação dos princípios cristãos no cotidiano dos cidadãos e da política.

Posteriormente, o papa Paulo VI ensaiou algo, em 1965, ao promover o Concílio Vaticano II (*Gaudium et Spes* – "Alegria e Esperança" – A Igreja no Mundo Atual). Dois anos depois, em 1967, publicou a Encíclica *Populorum Progressio* ("O Progresso dos Povos"). Mas, novamente, a Igreja silenciou acerca de questões relacionadas com os direitos humanos, até a publicação, em 1981, da Encíclica *Laborem Exercens* ("Sobre o Trabalho Humano"), do papa João Paulo II.

O documento mais recente da Igreja Católica sobre temas sociais é de 1987 – a Encíclica *Sollicitudo Rei Socialis* ("A Solicitude Social da Igreja"), também de João Paulo II.

No ano de 2009, o papa Bento XVI editou a Encíclica *Caritas in Veritate*, sobre o desenvolvimento humano integral na caridade e na verdade, que não teve a repercussão do documento do antecessor João Paulo II. Do mesmo modo, a primeira encíclica produzida pelo papa Francisco, em junho de 2013 (*Lumen Fidei* – ou a Luz da Fé), referindo-se às relações sociais e respeito à natureza, passou ao largo das questões fundamentais dos direitos humanos.

3.3. RESUMO HISTÓRICO DA AFIRMAÇÃO DOS DIREITOS HUMANOS

A seguir, em ordem cronológica, os acontecimentos principais que contribuíram, a partir da Idade Moderna, para a afirmação dos direitos humanos ao redor do mundo.

Principais marcos históricos

1215 – *Magna Charta Libertatum* (Inglaterra)

1628 – Petição de Direitos (Inglaterra) – *Petition of Right*

1679 – Lei do *Habeas Corpus* (Inglaterra) – *Habeas Corpus Act*

1689 – Declaração de Direitos (Inglaterra) – *Bill of Rights*

1690 – Publicação do *Segundo tratado sobre o governo*, de John Locke

1701 – Ato de Estabelecimento (Inglaterra) – *Act of Settlement*

1712 – Rebelião dos escravizados em Nova York, Estados Unidos

1748 – Publicação do livro *O espírito das leis*, de Montesquieu

1755 – Publicação do livro *Discurso sobre a origem e os fundamentos da desigualdade entre os homens*, de Jean-Jacques Rousseau

1762 – Publicação do livro *Do contrato social*, de Jean-Jacques Rousseau

1763 – Publicação do livro *Tratado da tolerância*, de Voltaire

1776 – Declaração de Direitos do Bom Povo da Virgínia (EUA)

1776 – Declaração de Independência dos Estados Unidos da América

1787 – Constituição dos Estados Unidos da América

1789 – Declaração de Direitos (EUA) – *Bill of Rights*

Obs.: composto pelas 10 primeiras emendas à Constituição

Direitos Humanos

1789 – Declaração dos Direitos do Homem e do Cidadão (França)
1792 – Abolição do tráfico de escravos (Dinamarca)
1794 – Abolição da escravidão no Haiti (primeiro país da América Latina)
1804 – Código Napoleônico
1807 – Proibição do tráfico de escravos (Grã-Bretanha)
1808 – Proibição do tráfico de escravos (Estados Unidos)
1821 – Abolição da escravidão na Colômbia
1826 – Abolição da escravidão na Bolívia
1827 – Abolição da escravidão no Peru e na Guatemala
1828 – Abolição da escravidão no México
1833 – Abolição da escravidão em todo o território do Império Britânico
1858 – Abolição da escravidão na Rússia
1864 – Primeira Convenção de Genebra (sobre os militares feridos em campanha)
1865 – Abolição da escravidão nos Estados Unidos
1873 – Abolição da escravidão em Porto Rico
1888 – Abolição da escravidão no Brasil
1890 – Conferência de Bruxelas sobre a repressão ao tráfico de escravos africanos
1891 – Encíclica *Rerum Novarum*
1907 – Segunda Convenção de Genebra (sobre conflitos marítimos)
1907 – Conferência da Paz em Haia, na Holanda (Rui Barbosa é o delegado do Brasil)
1917 – Promulgada a Constituição mexicana
1918 – Declaração dos Direitos do Povo Trabalhador e Explorado (Rússia)
1919 – Constituição da República de Weimar (Alemanha)
1919 – Imposição do Tratado de Versalhes
1919 – Criação da Organização Internacional do Trabalho – OIT
1920 – Criação da Liga das Nações
1923 – Abolição da escravidão no Afeganistão
1924 – Abolição da escravidão no Iraque
1925 – Terceira Convenção de Genebra (sobre o tratamento aos prisioneiros de guerra)
1926 – Convenção de Genebra sobre a Escravatura (aprovada pela Assembleia da Liga das Nações, após o fim da Primeira Guerra Mundial)
1926 – Abolição da escravidão no Nepal
1929 – Abolição da escravidão na Pérsia (atual Irã)
1937 – Abolição da escravidão em Bahrein
1943 – Levante do Gueto de Varsóvia, contra a ocupação nazista e o genocídio
1945 – Criação da Organização das Nações Unidas (ONU)
1945 – Criação do Tribunal de Haia (Corte Internacional de Justiça)
1948 – Declaração Universal dos Direitos Humanos (pela Resolução n. 217 A (III) da Assembleia Geral da ONU)
1948 – Assinatura da Carta Constitutiva da Organização dos Estados Americanos – OEA (em Bogotá)
1948 – Declaração Americana dos Direitos e Deveres do Homem

1948 – Convenção da ONU sobre a Prevenção e Repressão do Crime de Genocídio

1949 – Quarta Convenção de Genebra (sobre a Proteção das Vítimas de Conflitos Bélicos)

1950 – Convenção Europeia dos Direitos Humanos

1950 – Convenção da ONU para a Repressão do Tráfico de Pessoas e do Lenocínio e Protocolo Final

1950 – Estatuto do Alto Comissariado das Nações Unidas para os Refugiados

1955 – Convenção para a Proteção dos Direitos do Homem e das Liberdades Fundamentais (Sistema Europeu)

1956 – Convenção Suplementar da ONU sobre a Abolição da Escravatura, do Tráfico de Escravos e das Instituições e Práticas Análogas à Escravatura

1957 – Convenção da ONU sobre Abolição do Trabalho Forçado

1958 – Convenção n. 111 da OIT, sobre a Discriminação em Matéria de Emprego e Profissão

1959 – Declaração Universal dos Direitos da Criança (ONU)

1960 – Convenção da UNESCO relativa à Luta contra a Discriminação no Campo do Ensino

1961 – Criação da Anistia Internacional (Londres), visando à defesa dos presos por motivos políticos, religiosos, étnicos, ideológicos ou raciais

1965 – Convenção da ONU relativa à Escravatura

1965 – Convenção Internacional da ONU sobre a Eliminação de Todas as Formas de Discriminação Racial

1966 – Pacto Internacional sobre os Direitos Econômicos, Sociais e Culturais

1966 – Pacto Internacional sobre os Direitos Civis e Políticos

1966 – Protocolo sobre o Estatuto dos Refugiados

1967 – Declaração sobre Asilo Territorial (ONU)

1968 – Assassinato de Martin Luther King

1968 – I Conferência Internacional de Direitos Humanos (Teerã)

1968 – Conferência de Medellín (Colômbia)

1968 – Convenção da ONU sobre a Imprescritibilidade dos Crimes de Guerra e dos Crimes contra a Humanidade

1969 – Convenção Americana sobre Direitos Humanos (Pacto de São José da Costa Rica)

1971 – Convenção da ONU sobre a Redução de Casos de Apátridas

1971 – Convenção da ONU relativa ao Estatuto dos Refugiados

1971 – Declaração da ONU dos Direitos do Deficiente Mental

1972 – Conferência sobre o Meio Ambiente Humano (Estocolmo)

1972 – Convenção para a Proteção do Patrimônio Mundial, Cultural e Natural

1974 – Conferência Mundial sobre Alimentação

1974 – Declaração sobre a Erradicação da Fome e da Desnutrição

1974 – Declaração da ONU sobre a Proteção da Mulher e da Criança em Estados de Emergência e de Conflito Armado

1975 – Declaração dos Direitos das Pessoas Deficientes

1975 – Declaração da ONU sobre a Proteção de Todas as Pessoas contra Tortura e Outros Tratamentos Cruéis, Desumanos ou Degradantes

1976 – Declaração Universal dos Direitos dos Povos

Direitos Humanos

1977 – Protocolos adicionais às Convenções de Genebra

1977 – Convenção para a Proteção dos Direitos do Homem e da Dignidade do Ser Humano face às Aplicações da Biologia e da Medicina – Sistema Europeu

1978 – Declaração da ONU sobre a Raça e os Preconceitos Raciais

1978 – Declaração da ONU sobre os princípios fundamentais relativos à contribuição dos meios de comunicação de massa para o fortalecimento da paz e da compreensão internacional para a promoção dos direitos humanos e a luta contra o racismo, o *apartheid* e o incitamento à guerra

1978 – Terceira Conferência Geral do Episcopado Latino-Americano (em Puebla de los Angeles, México)

1979 – Convenção Internacional da ONU sobre a Eliminação de Todas as Formas de Discriminação contra as Mulheres

1979 – Convenção Internacional da ONU contra a Tomada de Reféns

1979 – Tribunal Permanente dos Povos

1979 – Princípios da ONU de Ética Médica aplicáveis à função do pessoal de saúde, especialmente aos médicos, na proteção de prisioneiros ou detidos contra a tortura e outros tratamentos ou penas cruéis, desumanos ou degradantes

1981 – Declaração Islâmica Universal dos Direitos Humanos

1981 – Declaração da ONU sobre a eliminação de todas as formas de intolerância e discriminação fundadas na religião ou nas convicções

1981 – Carta Africana dos Direitos Humanos e dos Povos – Carta de Banjul

1981 – Declaração da ONU sobre os Direitos das Pessoas Pertencentes a Minorias Nacionais ou Étnicas, Religiosas e Linguísticas

1982 – Convenção da ONU sobre o Direito do Mar

1983 – Convenção n. 159 da OIT sobre Reabilitação Profissional e Emprego de Pessoas Deficientes

1984 – Convenção da ONU contra a Tortura e outros Tratamentos ou Penas Cruéis, Desumanos ou Degradantes

1985 – Convenção Interamericana para Prevenir e Punir a Tortura

1987 – Convenção Europeia para a Prevenção da Tortura e das Penas ou Tratamentos Desumanos ou Degradantes

1988 – Conjunto de Princípios da ONU para a Proteção de Todas as Pessoas Sujeitas a Qualquer Forma de Detenção ou Prisão

1988 – Constituição da República Federativa do Brasil

1988 – Protocolo Adicional à Convenção Americana sobre Direitos Humanos em Matéria de Direitos Econômicos, Sociais e Culturais

1989 – Convenção Interamericana para Prevenir e Punir a Tortura

1989 – Segundo Protocolo Adicional ao Pacto Internacional sobre os Direitos Civis e Políticos com vista à Abolição da Pena de Morte (Resolução n. 44/128 da Assembleia Geral da ONU)

1989 – Queda do Muro de Berlim

1989 – Massacre da Praça da Paz Celestial (China)

1989 – Convenção da ONU sobre os Direitos das Crianças

1989 – Princípios da ONU relativos a uma Eficaz Prevenção e Investigação de Execuções Extralegais, Arbitrárias e Sumárias

1990 – Protocolo à Convenção Americana sobre Direitos Humanos referente à Abolição da Pena de Morte

1990 – Convenção de Proteção dos Direitos de Todos os Trabalhadores Migrantes

1990 – Declaração Mundial da ONU sobre Educação para Todos (Jomtien)

1990 – Regras Mínimas das Nações Unidas para a Proteção dos Jovens Privados de Liberdade

1990 – Declaração Mundial sobre a Sobrevivência, Proteção e Desenvolvimento da Criança nos Anos 90

1990 – Diretrizes das Nações Unidas para a Prevenção da Delinquência Juvenil (Riad)

1991 – Fim das leis do *apartheid* na África do Sul

1992 – Conferência sobre o Meio Ambiente e Desenvolvimento (Rio de Janeiro)

1992 – Declaração da ONU sobre a Proteção de Todas as Pessoas contra os Desaparecimentos Forçados

1992 – Princípios de Paris (relacionados com o *status* de instituições nacionais de direitos humanos)

1993 – Regras Gerais sobre a Igualdade de Oportunidades para Pessoas com Deficiências (Resolução n. 48/96) da ONU

1993 – II Conferência Internacional de Direitos Humanos (Viena)

1993 – Convenção de Viena (Declaração de Direitos e Programa de Ação)

1995 – IV Conferência Mundial sobre a Mulher – Pequim (China)

1995 – Declaração da ONU de Princípios sobre a Tolerância

1995 – Regras Mínimas das Nações Unidas para a Administração da Justiça da Infância e da Juventude (Regras de Pequim)

1995 – Convenção da ONU sobre Cooperação Internacional e Proteção de Crianças e Adolescentes em Matéria de Adoção Internacional (Haia)

1996 – Primeiro Programa Nacional de Direitos Humanos (Brasil) – PNDH-1

1996 – Austrália é o primeiro país a lançar o Plano Nacional de Direitos Humanos

1996 – Filipinas é o segundo país a lançar o Plano Nacional de Direitos Humanos

1996 – Brasil é o terceiro país a lançar o Plano Nacional de Direitos Humanos

1997 – Assinatura do Protocolo de Kyoto

1997 – Convenção para a Proteção dos Direitos do Homem e da Dignidade do Ser Humano face às Aplicações da Biologia e da Medicina – Sistema Europeu

1998 – Criação do Estatuto do Tribunal Penal Internacional – TPI

1998 – Declaração sobre os Defensores de Direitos Humanos

1998 – Princípios da ONU para Proteção de Pessoas Sujeitas a Qualquer Forma de Detenção ou Prisão

2000 – Declaração da OEA de Princípios sobre a Liberdade de Expressão

2000 – Carta dos Direitos Fundamentais da União Europeia

2001 – I Fórum Social Mundial (Porto Alegre)

2001 – Carta Democrática Interamericana

2001 – Conferência Mundial sobre o Racismo (Durbham)

2002 – Segundo Programa Nacional de Direitos Humanos (Brasil) – PNDH-2

2002 – II Fórum Social Mundial (Porto Alegre)

2002 – Resolução sobre as Diretrizes e Medidas para a Proibição e Prevenção contra a Tortura e Penas ou Tratamentos Cruéis, Desumanos ou Degradantes na África (Robben Island)

2003 – III Fórum Social Mundial (Porto Alegre)

Direitos Humanos

2004 – IV Fórum Social Mundial (Mumbai)
2005 – V Fórum Social Mundial (Porto Alegre)
2006 – VI Fórum Social Mundial (Caracas)
2007 – VII Fórum Social Mundial (Nairobi)
2007 – Tribunal Permanente dos Povos para Multinacionais, Recursos Naturais e Guerra Suja
2010 – Terceiro Programa Nacional de Direitos Humanos (Brasil) – PNDH-3

ATENÇÃO

Segundo nota pública do Ministério dos Direitos Humanos, de junho de 2024, a quarta edição do Programa Nacional de Direitos Humanos está em desenvolvimento. Informação disponível em: https://www.gov.br/mdh/pt-br/assuntos/noticias/2024/junho/nota-publica-plano-nacional-de-direitos-humanos-para-profissionais-da-seguranca-publica#:~:text=A%20proposta%20em%20desenvolvimento%20ter%C3%A1,e%20enfrentamento%20%C3%A0%20viol%-C3%AAncia%20institucional.

3.3.1. CONSIDERAÇÕES SOBRE A ESCRAVIDÃO

Embora estejamos acostumados a pensar que é coisa do passado, a escravidão perdura até hoje, e não apenas na forma de trabalho em condições análogas à de escravizado. Existe escravidão comprovada em vários países – segundo cálculos da ONU, são pelo menos 27 milhões de escravizados pelo mundo, acorrentados à prostituição infantil e adulta, ao tráfico de entorpecentes e de órgãos, à exploração de imigrantes ilegais e à servidão por dívida.

Até há muito pouco tempo, a Mauritânia, por exemplo, considerava legal a escravidão – a abolição só ocorreu em 1981; foi o último país a tomar a iniciativa.

Dica

> Segundo a organização de defesa dos direitos humanos Anti-Slavery, a escravidão moderna, apesar de proibida, persiste em vários países. Cinquenta milhões de pessoas são exploradas por outras para ganhos pessoais ou comerciais, e perdem sua liberdade, seja por manipulação, coerção ou força. A situação ocorre na África, em países como Mauritânia, Níger, Mali, Chade e Sudão, mas também, de maneira oculta, na Coreia do Norte, Índia, Paquistão, Nigéria, Arábia Saudita, Turquia e outros. Informações obtidas neste endereço eletrônico: https://www.antislavery.org/slavery-today/modern-slavery/.

Na Antiguidade, quando os conquistadores levavam povos inteiros para servir de lacaios, o próprio Aristóteles, como já vimos, considerava a escravidão uma consequência natural da relação dominação-submissão e definia o escravizado como uma "posse viva". Um discurso de todo contraditório no contexto do seu pensamento filosófico.

O Direito Romano, mais tarde, também não se referiria ao escravizado como pessoa, mas apenas como instrumento dos objetivos do senhor.

A escravidão, especialmente a praticada pelos europeus na Idade Média, encontrava leniência no discurso religioso. Diziam os poderosos que a escravidão era uma forma de retirar pessoas do barbarismo, porque eram trazidas para uma cultura superior e favorecidas pela salvação da Igreja (não foram colocadas aspas em todas as palavras e expressões aqui mencionadas apenas para não tornar este parágrafo mais ridículo). Por mais absolutamente irracional que possa parecer, havia senhores, nos Estados Unidos, em pleno século XX, que defendiam até a ideia da inferioridade biológica dos escravizados.

O início da Idade Moderna marcou a Europa com uma série de conflitos e de aventuras de longo curso. Naquele cenário, os governantes escolheram ser duros. Não houve rei da

SINOPSES JURÍDICAS

época que encontrasse a serenidade para preocupar-se com os súditos. Tanto era essa a menor das preocupações, que foi no século XV que a Europa iniciou o tráfico de pessoas para servirem como escravizadas nas colônias, por exemplo nos Estados Unidos.

3.3.1.1. A escravidão no Brasil

O Ministério do Trabalho e Emprego conseguiu resgatar quase 40 mil trabalhadores mantidos em regime análogo ao de escravidão, entre 1995 e 2010. Segundo dados da Confederação Nacional dos Trabalhadores na Agricultura (Contag), a pecuária e o desmatamento são responsáveis por mais de 70% desses casos denunciados.

Desde 2003, o governo federal constituiu uma comissão para executar o Plano Nacional para Erradicação do Trabalho Escravo.

No Brasil, os primeiros contingentes de negros foram trazidos possivelmente a partir de 1538, num processo de tráfico que duraria três séculos inteiros e que somaria um vergonhoso número de mais de 6 milhões de pessoas contrabandeadas para o País até 1860. Os dados são de Darcy Ribeiro (2005), citando pesquisa de M. Buescu. Em 1888, quando a Lei Áurea aboliu a escravidão no Brasil, os negros representavam 13% da população, e os mestiços representavam 40%. As teorias racistas baseavam-se na crença da inferioridade biológica da raça negra. De acordo com essas teorias, os mestiços também seriam inferiores.

O núcleo de pesquisa histórica da Unicamp relata, em artigo disponível na internet, que o francês François Bernier, em 1684, publicou o ensaio *Nouvelle division de la terre par les différentes espèces ou races qui l'habitent*, dividindo a Europa em cinco raças, sendo a última delas a dos lapões, considerada de indivíduos que eram "animais infames". Carlos Lineu, por volta de 1750, colocava os europeus como indivíduos inteligentes, inventivos e gentis, enquanto os africanos não conseguiriam escapar à lassidão e à preguiça. O naturalista francês Buffon, na mesma época, defendeu que havia uma degeneração das espécies. Segundo ele, "(...) o negro estaria para o homem como o asno para o cavalo, ou antes, se o branco fosse homem, o negro não seria mais homem, seria um animal à parte como o macaco..." (POLIAKOV, Léon. *O Mito Ariano*: ensaio sobre as fontes do racismo e dos nacionalismos. São Paulo: Perspectiva/Editora da USP, 1974, p. 142).

Essas e outras teorias racistas, como a eugenia e a teoria lombrosiana, não colocaram em dúvida a unidade da espécie humana, mas pregaram a degeneração das raças pelo ambiente ou pela miscigenação. E os povos dominadores se aproveitaram grandemente dessas teorias para escravizar os povos tidos como primitivos ou inferiores pela ciência da época.

A Constituição Federal veda o trabalho análogo ao de escravizado, ao elencar, dentre os princípios fundamentais da nação (art. 1º, III e IV), a inviolabilidade do direito à vida, à liberdade e à igualdade; a segurança de que não haverá penas de trabalhos forçados e cruéis; a proibição da privação da liberdade ou de bens sem o devido processo legal.

Complementarmente, o art. 149 do Código Penal, por sua vez, define e pune com reclusão de dois a oito anos e multa, além da pena correspondente à violência, o crime de redução à condição análoga à de escravizado.

JURISPRUDÊNCIA

"RECURSO EXTRAORDINÁRIO. DIREITO PENAL. REDUÇÃO A CONDIÇÃO ANÁLOGA À DE ESCRAVO. ARTIGO 149 DO CÓDIGO PENAL. TIPICIDADE. *STANDARD* PROBATÓRIO. CONDIÇÕES DE TRABALHO DEGRADANTE. REALIDADES DO TRABALHO RURAL E DO TRABALHO URBANO. DIGNIDADE DA PESSOA HUMANA. REDUÇÃO DAS DESIGUALDADES. VALORES SOCIAIS DO TRABALHO. RELEVÂNCIA DA QUESTÃO CONSTITUCIONAL. MANIFESTAÇÃO PELA EXISTÊNCIA DE REPERCUSSÃO GERAL.

Direitos Humanos

MANIFESTAÇÃO: Trata-se de recurso extraordinário interposto pelo Ministério Público Federal, com arrimo na alínea *a* do permissivo constitucional, contra acórdão proferido pela Quarta Turma do Tribunal Regional Federal da 1ª Região, assim ementado:

PENAL E PROCESSUAL PENAL. REDUÇÃO A CONDIÇÃO ANÁLOGA À DE ESCRAVO. TRABALHO DEGRADANTE. NÃO CONFIGURAÇÃO. RELATÓRIOS DE FISCALIZAÇÃO DO MINISTÉRIO DO TRABALHO E EMPREGO. NECESSIDADE DE JURISDICIONALIZAÇÃO. INSUFICIÊNCIA DE PROVAS PARA A CONDENAÇÃO.

1. De acordo com a denúncia, o relatório apresentado pela fiscalização do Ministério do Trabalho e Emprego – MTE, a partir de fiscalização nas Fazendas São Marcos I, II e III, no município de Abel Figueiredo/PA, de propriedade do acusado, no período de 26/04 a 05/05/2005, deu conta de que foram aliciados 52 trabalhadores para executar serviços rurais em condição de trabalho degradante (art. 149 CP), tendo a sentença acolhido a pretensão em relação a 43 trabalhadores cujas rescisões constam dos autos.

'A escravidão moderna é mais sutil do que a do século XIX e o cerceamento da liberdade pode decorrer de diversos constrangimentos econômicos e não necessariamente físicos. Priva-se alguém de sua liberdade e de sua dignidade tratando-o como coisa e não como pessoa humana, o que pode ser feito não só mediante coação, mas também pela violação intensa e persistente de seus direitos básicos, inclusive do direito ao trabalho digno. A violação do direito ao trabalho digno impacta a capacidade da vítima de realizar escolhas segundo a sua livre determinação. Isso também significa reduzir alguém a condição análoga à de escravo. (...)

Não é qualquer violação dos direitos trabalhistas que configura trabalho escravo. Se a violação aos direitos do trabalho é intensa e persistente, se atinge níveis gritantes e se os trabalhadores são submetidos a trabalhos forçados, jornadas exaustivas ou a condições degradantes de trabalho, é possível, em tese, o enquadramento no crime do art. 149 do Código Penal, pois os trabalhadores estão recebendo o tratamento análogo ao de escravos, sendo privados de sua liberdade e de sua dignidade.'

No mesmo sentido: Inq 3.564, Rel. Min. Ricardo Lewandowski, Segunda Turma, *DJe* de 17/10/2014 e RE 1.279.023-AgR, Rel. Min. Edson Fachin, Segunda Turma, julgado em 11/5/2021 (acórdão pendente de publicação).

Ex positis, nos termos do artigo 1.035 do Código de Processo Civil de 2015 e artigo 323 do Regimento Interno do Supremo Tribunal Federal, manifesto-me pela EXISTÊNCIA DE REPERCUSSÃO GERAL DA QUESTÃO SUSCITADA e submeto o tema à apreciação dos demais Ministros da Corte.

Brasília, 18 de junho de 2021.

Ministro LUIZ FUX

Presidente"

(Disponível em: https://portal.stf.jus.br/jurisprudenciaRepercussao/verPronunciamento.asp? pronunciamento=9492984).

3.3.1.2. A escravidão na América do Norte

A escravidão nos Estados Unidos, iniciada em 1619, com a importação dos primeiros negros africanos, perdurou por quase 350 anos. Só seria abolida por Abraham Lincoln, em 1863, por meio das Emendas n. 13, 14 e 15 à Constituição – o que custou ao país uma guerra civil sangrenta e inglória entre o sul agrícola e escravagista e o norte industrial e abolicionista.

A Emenda XIII, ratificada em 6 de dezembro de 1865: Seção 1.

"Não haverá, nos Estados Unidos ou em qualquer lugar sujeito a sua jurisdição, nem escravidão, nem trabalhos forçados, salvo como punição por um crime pelo qual o réu tenha sido devidamente condenado."

A Emenda XIV, ratificada em 9 de julho de 1868: Seção 1.

"Todas as pessoas nascidas ou naturalizadas nos Estados Unidos, e sujeitas a sua jurisdição, são cidadãos dos Estados Unidos e do Estado onde tiverem residência."

SINOPSES JURÍDICAS

A Emenda XV, ratificada em 3 de fevereiro de 1870: Seção 1.

"O direito de voto dos cidadãos dos Estados Unidos não poderá ser negado ou cerceado pelos Estados Unidos, nem por qualquer Estado, por motivo de raça, cor ou de prévio estado de servidão."

(Disponível em: https://www.senate.gov/civics/constitution_item/constitution.htm).

Os primeiros africanos tinham sido levados para a colônia da Virgínia, na condição de servos por contrato – a mesma prática a que eram obrigados os imigrantes ingleses, que aceitavam trabalhar sem salário por vários anos para pagar os custos da passagem para a América. Mas não demorou muito para que a ganância de donos de terra, especialmente os plantadores de tabaco, levasse os contratados a serem mantidos subjugados como escravizados. Mesmo depois da abolição, os negros passariam mais um século aprisionados em guetos e vilas, como seres de segunda classe. Vários escritores denunciaram com veemência o abuso sofrido pelos negros, livres, mas atacados perenemente pelo preconceito da maioria da população dita branca. Em defesa dos miseráveis, principalmente ex-escravizados, acorreram autores como Erskine Caldwell, John Steinbeck e William Faulkner. Somente em 1964, a Lei dos Direitos Civis veio tornar ilegais algumas atitudes contra negros e mulheres.

> **ATENÇÃO**
>
> A mesma exploração se deu nos Estados Unidos com imigrantes chineses, recrutados durante a diáspora causada pela fome, na China, para trabalhar principalmente na construção de ferrovias, na Costa Oeste norte-americana. Eram mantidos em guetos (bairros como a Chinatown de San Francisco) e não constavam de qualquer lista oficial de residentes em território norte-americano.

A Lei dos Direitos Civis resultou do chamado Movimento pelos Direitos Civis, luta dos negros americanos para ter direitos de cidadão, nas décadas de 1950 e 1960. Foi uma luta de resistência a grupos radicais, como a organização Ku Klux Klan, que perseguiam e matavam negros sob os mais variados pretextos, mas especialmente para impedir que votassem. Os atos discriminatórios eram mais frequentes no sul do país, onde governos baixavam leis segregacionistas, como as que proibiam crianças negras de estudar nas mesmas escolas que crianças brancas ou aquelas que definiam lugares nos assentos da frente de ônibus para brancos e assentos nos fundos para negros.

A Ku Klux Klan (nome que vem do grego *kuklós*, que significa círculo), de horrorosa memória, era uma organização clandestina formada por veteranos da Confederação Sulista em 1866, logo após o fim da Guerra da Secessão. Atuou principalmente no estado do Alabama. Alguns dos líderes foram identificados e são conhecidos da história, como Calvin Jones, Frank McCord, Richard Reed, John Lester e James Crowe. Muitos jovens brancos se uniram à organização, que tomou feição de milícias de cangaceiros. A intenção declarada era manter os ex-escravizados na ignorância e sem direitos civis, para que um dia fosse possível fazer voltar o regime escravocrata. Em 1871, o presidente Ulysses Grant declarou o grupo ilegal e a organização criminosa foi desfeita. Mas outros grupos de atitudes semelhantes surgiram, como a White League, a Shot Gun Plan e o Rifle Club. Calcula-se que mais de cinco milhões de homens participaram de quadrilhas como essas. E, com o decorrer do tempo, esses malfeitores passaram a ameaçar e perseguir não apenas negros, mas também brancos que mantinham amizade ou relações sociais com negros. Embora a polícia trabalhe para desbaratar essas organizações, ainda hoje, em pleno século XXI, existem nos Estados Unidos grupos radicais que pregam a superioridade da raça ariana sobre as outras etnias.

> **ATENÇÃO**
>
> Embora se pense que a Ku Klux Klan – ou KKK – é coisa do passado, há registros relatados pela ADL – *Anti-Defamation League*, organização não governamental judaica com sede nos Estados Unidos, de que, em 2016, ocorreram atentados por grupos identificados com a Ku Klux Klan nos estados

Direitos Humanos

da Pensilvânia e da Virgínia. O conflito mais cruel foi na cidade de Charlottesville, na Virgínia, em 2017, entre grupos antirracismo e supremacistas brancos (como se costuma designar hoje os defensores das ideias da Ku Klux Klan) (Informações disponíveis em: https://www.adl.org/overcoming-extremism).

E note-se que houve tentativas de organizar capítulos da KKK fora dos Estados Unidos – Alemanha, Austrália, Canadá e Reino Unido – entre 1990 e 2012. Ou seja, a KKK continua, disfarçada e com outros nomes, mas ativa.

Em 1876, iniciava-se a chamada Era Jim Crow, com a edição de leis nos estados do sul dos Estados Unidos, que mandavam que escolas públicas, trens e ônibus tivessem instalações diferentes para brancos e negros. Por incrível que pareça, essas leis só foram revogadas em 1965, no governo do presidente John F. Kennedy.

O primeiro líder negro a organizar movimentos de resistência aos radicais foi William Edward Burghardt, que usava o pseudônimo W. E. B. Du Bois. Autor e editor, ele foi o primeiro negro americano a obter grau de doutorado. Sociólogo, ensinou na Universidade de Atlanta, na Geórgia. Em 1909, criou a Associação Nacional para o Progresso das Pessoas de Cor (ANAPC), entidade que buscava aplicar todos os recursos legais para promover os direitos civis para os negros. Foi uma luta de poucos resultados. Somente em 1954, o Movimento dos Direitos Civis obteve uma sentença favorável da Suprema Corte dos Estados Unidos, decisão que impulsionou os avanços dos direitos dos negros. Foi o caso Brows x Conselho de Educação da cidade de Topeka, no estado do Kansas; a Alta Corte decidiu que escolas separadas para brancos e negros eram desiguais e violavam a Constituição. Foi a primeira vitória importante.

JURISPRUDÊNCIA

Decisão unânime da Suprema Corte dos Estados Unidos declarou a inconstitucionalidade das normas vigentes, e com força de lei, em 24 estados, permitindo a segregação racial nas escolas – brancos e negros estudavam em escolas separadas. A sentença foi lida em 17 de maio de 1954 pelo presidente da corte, Earl Warren: "Concluímos que no terreno da educação pública não cabe a doutrina de 'separados mas iguais'. As instalações educacionais separadas são inerentemente desiguais. Portanto, sustentamos que os demandantes e outros em situação similar em cujo nome foram interpostas as ações foram privados da igual proteção das leis garantida pela 14ª Emenda".

O processo integral pode ser acessado neste endereço eletrônico: https://supreme.justia.com/cases/federal/us/349/294/#tab-opinion-1940989.

Um ano depois, em 1955, na cidade sulista de Montgomery, no estado do Alabama, uma mulher negra chamada Rosa Parks foi presa por haver se recusado a dar seu assento, num ônibus, para uma pessoa branca. Os negros, em protesto contra a prisão, boicotaram o sistema de ônibus. O problema perdurou por vários meses, até que, em 1956, a Suprema Corte decidiu que era inconstitucional o hábito da segregação no transporte público norte-americano. Do boicote emergia um novo líder, um jovem pastor chamado Martin Luther King Jr., que pouco tempo depois coordenaria a Conferência da Liderança Sul-Cristã, um grupo pacifista que reivindicava direitos civis igualitários. Mas ainda haveria empecilhos. Em 1957, alunos brancos de uma escola na capital do estado do Arkansas ocuparam uma escola para impedir que os primeiros alunos negros matriculados frequentassem as aulas. Foi preciso que o governo do presidente Dwight D. Eisenhower enviasse soldados para restaurar a ordem.

No ano de 1960, inspirado pelo ativista indiano Mahatma Gandhi, o líder da resistência não violenta aos dominadores britânicos, Luther King inaugurou nova maneira de protestar. Grupos de negros entravam em lanchonetes ou restaurantes que sabidamente não atendiam pessoas negras, sentavam-se no chão e não saíam enquanto a polícia não chegava para enxotá-los. O comportamento pacífico, mas insistente, dos participantes do grupo chamou a atenção da imprensa, e muita gente, inclusive brancos, decidiu apoiá-los. Estudantes juntaram-se ao grupo e o Movimento pelos Direitos Civis cresceu, com excursões pelos estados do sul dos Estados Unidos (Flórida, Geórgia, Carolina do Norte, Carolina do Sul, Alabama, Mississippi, Louisiana, Texas), para pregar a igualdade racial, no que chamavam de "Viagens de Liberdade". As atividades eram reprimidas pela polícia e pelos opositores, mas continuaram. O ponto alto das manifestações ocorreu em agosto de 1963, quando Martin Luther King Jr. conseguiu reunir perto de 250 mil pessoas no espaço diante do monumento a Lincoln, em Washington. A Marcha sobre Washington por Trabalho e Liberdade pretendia pressionar o congresso a aprovar a Lei dos Direitos Civis, que eliminava a segregação racial. Foi nesse ato que Martin Luther King Jr. pronunciou o famoso discurso "Eu tenho um sonho". Ao lado do líder negro, pessoas de grande influência, na época, prestigiaram o evento. Os atores Marlon Brando, Sidney Poitier e Charlton Heston, por exemplo, os cantores Harry Belafonte, Joan Baez e Bob Dylan e o escritor James Baldwin, além de autoridades como o arcebispo de Washington, Patrick O'Boyle. A repercussão foi tamanha que a lei foi aprovada em 1964 (e naquele ano Luther King recebeu o prêmio Nobel da Paz). No ano seguinte, outra lei aprovada autorizou o direito de voto para os negros. Mas o Movimento pelos Direitos Civis foi interrompido, em 1968, quando Martin Luther King Jr. foi assassinado por determinação de segregacionistas na cidade de Memphis, no estado do Tennessee. Assinada pelo presidente Ronald Reagan, em 1983, uma lei estabelece que a terceira segunda-feira do mês de janeiro é feriado nos Estados Unidos – mas só começou a ser observada três anos depois, em 1986. É o chamado "Dia de Martin Luther King Jr.".

4
DIREITOS HUMANOS E DIREITO INTERNACIONAL

4.1. SOBRE TRATADOS

Para que se possa bem compreender o tema dos direitos humanos na órbita internacional, necessário se faz um breve esclarecimento de alguns pontos conceituais básicos acerca do direito internacional e da teoria geral dos tratados internacionais.

Tratados são acordos internacionais concluídos por escrito entre sujeitos de direito internacional e regidos pelo direito internacional, quer constem de um instrumento único, quer de dois ou mais instrumentos anexos, qualquer que seja sua denominação específica. Constituem a principal fonte de obrigação do direito internacional.

Perceba-se que não só os Estados possuem personalidade jurídica no âmbito internacional, não sendo, portanto, os únicos entes com a prerrogativa de firmar tratados.

Também são considerados sujeitos de direito internacional – além dos Estados – as Organizações Internacionais, a Santa Sé, as chamadas Coletividades Não Estatais (insurgentes, beligerantes e Movimentos de Libertação Nacional), a Cruz Vermelha, a Ordem de Malta e, por fim, o indivíduo. Importante salientar, entretanto, que o reconhecimento dos insurgentes como sujeitos de direito internacional é questionável.

Dos sujeitos supracitados, todos, exceto os três últimos, têm capacidade para firmar tratados.

O termo Tratado, em verdade, é um gênero que abrange diversas espécies. São elas: pactos, convenções, declarações, cartas, estatutos, acordos, atos, compromissos, concordatas, convênios e protocolos. Em outras palavras, são nomenclaturas utilizadas para designar determinadas espécies de tratados.

Os termos Tratado e Pacto, por exemplo, costumam ser aplicados para intitular acordos solenes. Convenção costuma designar um tratado sobre normas gerais acerca de um determinado assunto. Já o termo Declaração é reservado para os tratados que versam sobre princípios ou atitudes políticas comuns. O termo Carta costuma ser aplicado aos documentos que instituem Organizações Internacionais ou que estabeleçam deveres e obrigações. Estatuto já é nomenclatura normalmente utilizada em tratados multilaterais que regulamentam os tribunais internacionais. O termo Acordo é normalmente utilizado quando o tratado versa sobre assuntos de natureza econômica, financeira, comercial ou cultural. O título Convênio costuma designar um tratado cultural ou sobre transportes. Os termos Ato ou Ata são utilizados em tratados que versam sobre regras gerais de direito (sendo que o termo Ata costuma ser mais utilizado quando ele não tem efeitos jurídicos, mas sim políticos e morais, como a Ata de Helsinki, de 1975). Designam-se como Compromisso, normalmente, os acordos relativos a litígios submetidos a arbitragem. Já o termo Concordata é utilizado para designar os tratados realizados pela Santa Sé (normalmente acerca da relação entre a Igreja e o Estado). Protocolo, por fim, é o termo que costuma designar os tratados suplementares a algum outro já anteriormente firmado.

Para além dos tratados, outra importante fonte do direito internacional são os costumes internacionais, cujas diretrizes principais são, por vezes, codificadas em tratados. A codificação de costumes, no direito internacional, entretanto, é totalmente desnecessária, uma vez que, diferentemente do que acontece no plano interno, no internacional não existe hierarquia entre costumes e tratados – o que se pode constatar, por exemplo, através da previsão do art. 38 do Estatuto da Corte Internacional de Justiça. Em outras palavras, um "simples" costume internacional posterior pode revogar um tratado solene anteriormente firmado, e vice-versa.

A mesma regra ora exposta vale para os chamados princípios gerais de direito internacional. Ou seja, princípios gerais, basilares do sistema jurídico, reconhecidos e positivados pela maioria dos ordenamentos jurídicos internos mundo afora, ganham força cogente no âmbito internacional, independentemente de sua positivação em um tratado internacional.

Sendo assim, os tratados, os costumes e os princípios gerais do direito internacional são as chamadas fontes primárias do direito internacional.

Em relação aos tratados, é importante salientar, ainda, algumas de suas principais características. Quanto ao número de partes, podem ser bilaterais ou multilaterais, conforme dele participem duas ou mais partes, respectivamente. Quanto à sua duração no tempo, eles podem ser temporários ou perpétuos. Quanto ao seu conteúdo, podem ser gerais ou específicos, conforme tratem de vários temas ou de apenas um. Por fim, quanto à possibilidade de adesão de outros membros, os tratados podem ser abertos – quando qualquer sujeito internacional puder aderir a eles de forma livre; semiabertos – quando esta adesão se der apenas quando cumpridos determinados requisitos; ou fechados – quando não houver possibilidade de participação de nenhum outro membro que não os contratantes originais.

Um dos primeiros tratados internacionais da história de que se tem notícia foi assinado treze séculos antes de Cristo, entre o reino da Anatólia (atual Turquia) e o Egito. O acordo colocava fim a uma guerra entre o rei Hatusil III e o faraó Ramsés II, curiosamente travada dentro do território de um terceiro país, a Síria.

No início da Idade Moderna, foi celebrado o famoso Tratado de Tordesilhas (1494), que dividia o continente americano entre Espanha e Portugal.

Dica

O Tratado de Tordesilhas foi extinto em 1580, quando Filipe II anexou Portugal ao reino da Espanha. Depois do retorno de Portugal à condição de país autônomo, em 1680, houve seguidas disputas entre as duas nações ibéricas. As negociações para nova divisão de limites marítimos e terrestres de cada coroa sobre as colônias na América só tiveram sucesso 70 anos depois, com o Tratado de Madri. Um acordo que não durou muito. Em 1761, foi realizado um novo acordo que resultou no Tratado de El Pardo, em vigor a partir de 1778.

O processo de formação dos tratados internacionais está regulado por duas Convenções de Viena a respeito do assunto. Uma de 1969, que, assinada pelo Brasil, só foi ratificada em 2009 (40 anos após sua edição), e outra de 1986, que o Brasil até hoje não ratificou. Esta última ainda não entrou em vigor internacionalmente, justamente porque ainda não atingiu o número mínimo de 35 ratificações necessárias.

Entretanto, por se tratar de uma codificação geral do direito costumeiro internacional, tem-se entendido que as Convenções de Viena supracitadas se aplicam mesmo aos Estados e outros sujeitos de direito que dela não sejam signatários.

Não obstante, de acordo com o texto expresso das Convenções, os tratados aplicam-se apenas aos sujeitos de direito internacional que neles figuram como partes e devem ser por eles cumpridos de boa-fé. Isso significa, entre outras coisas, que os contratantes não poderão invocar disposições de seu direito interno como justificativa para o não cumprimento do tratado (conforme o art. 27 da Convenção de Viena).

O acordo internacional não necessariamente deve ser aceito pelo contratante em sua integralidade. A Convenção de Viena, em seu art. 19, prevê a possibilidade de formulação de reservas, que seriam, nos termos daquele documento, uma declaração unilateral feita pelo

Direitos Humanos

contratante, ao assinar, ratificar, aceitar ou aprovar um tratado, ou a ele aderir, com o propósito de excluir ou modificar o efeito jurídico de algumas de suas previsões. A reserva pode ser feita desde que não seja incompatível com o objeto e o fim do tratado, e desde que este não estabeleça a proibição de sua formulação. Importante salientar que, segundo parte largamente majoritária da doutrina internacional, os tratados que versem sobre direitos humanos não deveriam comportar reservas, uma vez que absolutamente incompatíveis com sua natureza e objeto.

4.1.1. DA FORMAÇÃO E INCORPORAÇÃO DOS TRATADOS

Os modos pelos quais os tratados podem ser admitidos pelo ordenamento nacional variam de país para país. Cada qual, exercendo sua soberania, estabelece os requisitos para a celebração e a incorporação dos tratados internacionais. No Brasil, as regras pertinentes encontram-se na Constituição: arts. 49, I, e 84, VIII.

> Art. 49. É da competência exclusiva do Congresso Nacional: I – resolver definitivamente sobre tratados, acordos ou atos internacionais que acarretem encargos ou compromissos gravosos ao patrimônio nacional (...).
>
> Art. 84. Compete privativamente ao Presidente da República: (...) VIII – celebrar tratados, convenções e atos internacionais, sujeitos a referendo do Congresso Nacional (...).

Em geral, o processo de formação tem início com atos de negociação, conclusão e assinatura do tratado, de competência privativa do presidente da República. Tal competência, entretanto, pode ser delegada a alguns representantes, quais sejam os Ministros das Relações Exteriores, Chefes de Missões Diplomáticas, Representantes Oficiais do País em Organizações ou Convenções Internacionais ou mesmo outros indivíduos denominados plenipotenciários (nome dado àqueles que recebem a "carta de plenos poderes" para representar o Estado internacionalmente).

O ato de assinatura, entretanto, geralmente constitui aceite precário, sem efeitos jurídicos vinculantes. Todavia, mais do que mera formalidade, a assinatura representa uma importante etapa das tratativas internacionais. Ou seja, serve para assegurar a imutabilidade do texto que se assina, além de vincular o Estado a não adotar qualquer medida contrária ao texto que foi assinado (a não ser que manifeste não ratificação ou desistência).

A assinatura pode se caracterizar como um ato definitivo, dispensando qualquer manifestação posterior, quando isso for alvo de expressa negociação entre as partes ou estiver previsto na carta de plenos poderes. Nesses casos, as tratativas costumam receber o nome de "acordos executivos".

Havendo, entretanto, necessidade de um ato posterior, à assinatura sucede a apreciação e aprovação do texto pelo Poder Legislativo interno de cada Estado-parte, conforme os requisitos e procedimentos de seu próprio ordenamento jurídico. Por fim, após essa aprovação, tem-se o ato de ratificação pelo Poder Executivo, que é o ato pelo qual o Estado-parte se obriga pelo tratado em âmbito internacional.

A ratificação é ato externo e discricionário de governo, de cunho político, que deve ser manifestado de forma expressa, irretratável e irretroativa. Assim que ratificado um tratado por uma de suas partes, as cartas de ratificação devem ser trocadas ou depositadas (conforme se trate de tratados bilaterais ou multilaterais, respectivamente), a fim de que os demais membros tomem ciência do ato.

Após a ratificação, restam ainda alguns importantes passos a serem concluídos.

SINOPSES JURÍDICAS

O primeiro é a promulgação. Trata-se de um ato jurídico interno que confere executoriedade ao tratado no ordenamento jurídico do Estado-parte (além de declarar a regularidade do processo executivo). No Brasil, tal ato se exterioriza através de um Decreto Presidencial.

O segundo é a publicação. Outro ato jurídico interno que tem a função de conferir aplicabilidade ao tratado no âmbito nacional. No Brasil, manifesta-se através de um Decreto Legislativo.

Por fim, temos o ato de registro do tratado perante o Secretariado da ONU, conforme previsão do art. 102 da Carta das Nações Unidas. Segundo esse artigo, todo e qualquer tratado concluído por qualquer membro da ONU deverá ser registrado e publicado pelo Secretariado, sob pena de não poder ser invocado perante nenhum órgão daquela organização. Tal disposição tem como finalidade garantir a transparência nas tratativas internacionais, evitando, assim, as diplomacias secretas tão comuns no período entre guerras.

Quadro sinótico

FASES	CARACTERÍSTICAS
Negociações e assinatura	Competência do Presidente da República ou representantes. Não vincula, exceto se expresso nas tratativas ou previsto na carta de plenos poderes.
Deliberação e aprovação interna	Competência do Poder Legislativo.
Ratificação	Competência do Presidente da República ou representantes (após aprovação legislativa). Vincula o Estado-parte internacionalmente.
Promulgação	Por Decreto Presidencial. Confere executoriedade.
Publicação	Por Decreto Legislativo. Confere aplicabilidade.
Registro	Feito junto ao Secretariado da ONU, conforme exigência do art. 102 da Carta das Nações Unidas.

Como vimos, no Brasil, a sistemática de incorporação de tratados internacionais resulta de um ato complexo integrado pelas vontades do Presidente da República e do Congresso Nacional.

Com efeito, da leitura sistemática do art. 84, VIII, e do art. 49, I, resulta, em síntese, que órgão do Poder Executivo é responsável pela celebração e assinatura do tratado, que vai a referendo do Congresso Nacional. Este o aprova por meio de decreto legislativo, encaminhando-o ao Presidente da República, a quem cabe a ratificação, ato final pelo qual o tratado é incorporado ao nosso sistema jurídico. Aqui, a ratificação é veiculada por meio de decreto, que promulga o texto do acordo, publicando-o na língua portuguesa em órgão da Imprensa Oficial.

Como mencionado, o regramento constitucional se restringe a apenas dois dispositivos. É, portanto, bastante sucinto. Não prevê, por exemplo, prazos para as diferentes etapas, o que gera verdadeiros absurdos, como, aliás, ocorre com a própria Convenção de Viena de 1969 sobre direito dos tratados, assinada pelo Brasil naquele mesmo ano, mas só ratificada 40 anos mais tarde, ou a Convenção de 1986 – assinada no mesmo ano e ainda hoje não ratificada.

Direitos Humanos

4.2. *STATUS* NORMATIVO DOS TRATADOS DE DIREITOS HUMANOS

4.2.1. ANTES DA EC N. 45/2004

Muito se discutiu, na doutrina e na jurisprudência, sobre a hierarquia dos tratados internacionais referentes a direitos humanos no ordenamento jurídico brasileiro.

Antes da EC n. 45 – que, como veremos, alterou substancialmente o panorama da questão –, a controvérsia era dada pelo que dispõem os arts. 5º, § 2º, e 102, III, *b*, ambos da CF.

Diz o art. 5º, § 2º: "Os direitos e garantias expressos nesta Constituição não excluem outros decorrentes do regime e dos princípios por ela adotados, ou dos tratados internacionais em que a República Federativa do Brasil seja parte".

O dispositivo constitucional afirma, pois, categoricamente: direitos e garantias consagrados em tratados internacionais firmados pelo Brasil integram o catálogo de direitos fundamentais do texto constitucional. Ainda assim, uma questão ensejava discussões: integram de que forma?

Como a norma em questão não faz nenhuma ressalva, e os direitos fundamentais têm natureza materialmente constitucional (quanto a isso há praticamente unanimidade na doutrina), conclui-se que os tratados internacionais de direitos humanos, à luz deste art. 5º, § 2º, da CF, possuíam hierarquia constitucional.

Também não se pode olvidar que os direitos humanos integram o chamado *jus cogens* internacional, conjunto de normas imperativas de direito internacional geral, insuscetíveis de qualquer derrogação.

A cláusula aberta do art. 5º, § 2º, da CF permite, portanto, a formação de um "bloco de constitucionalidade" composto pelos direitos previstos em tratados internacionais. Isso significa que tais direitos não restam incorporados propriamente no texto da Constituição, mas complementam o rol ali inscrito.

Por outro lado, estabelece o art. 102, III, *b*, da CF ser competência do Supremo Tribunal Federal julgar, mediante recurso extraordinário, as causas decididas em única ou última instância, quando a decisão recorrida declarar a inconstitucionalidade de tratado ou lei federal. Por esse dispositivo se vê que os tratados internacionais estão sujeitos a controle de constitucionalidade, o que implica atribuir a eles *status* infraconstitucional.

Deve-se adotar, aqui, uma interpretação sistemática da Constituição Federal, compatibilizando as referidas normas. A natureza dos tratados que versam sobre direitos humanos é peculiar em sua essência, pois recepcionam um princípio tido como fundamental por nossa Constituição, ou seja, o princípio da dignidade da pessoa humana (art. 1º, III). Para tal espécie de tratados, ademais, há previsão constitucional expressa, como vimos (art. 5º, § 2º). Demais disso, veiculam normas materialmente constitucionais que, diferentemente dos tratados comuns, não estabelecem meros compromissos recíprocos entre Estados pactuantes, mas verdadeiras salvaguardas ao ser humano.

A norma prevista no art. 102, III, *b*, da CF, portanto, não abrange os tratados internacionais de direitos humanos, visto que possuem o *status* de norma constitucional. Quanto aos demais, em decorrência do princípio da boa-fé vigente no direito internacional, possuem hierarquia infraconstitucional e estão, portanto, sujeitos ao controle de constitucionalidade pelo STF.

Em suma, tínhamos, em face do regramento constitucional antes da EC n. 45, a seguinte situação: os tratados internacionais de direitos humanos teriam hierarquia constitucional. Já todos os demais tratados internacionais assumiriam hierarquia supralegal.

SINOPSES JURÍDICAS

O posicionamento do STF antes da EC n. 45/2004 – Tal entendimento, todavia, não era o que prevalecia em nossa jurisprudência.

Ao julgar o Recurso Extraordinário 80.004, em 1977, o Supremo Tribunal Federal criou um precedente que iria influenciar fortemente a jurisprudência a partir de então.

Naquele julgamento, o STF deixou assentado que os tratados internacionais possuíam a mesma hierarquia que as leis federais. Como consequência, lei posterior poderia afastar a aplicação de tratado a ela anterior e com ela incompatível, independentemente dos reflexos internacionais que pudessem ser gerados pelo descumprimento do tratado.

Tal posicionamento violava frontalmente o referido art. 27 da Convenção de Viena sobre Direito dos Tratados (1969), que, como visto, consagra o princípio da boa-fé no direito internacional (cabe ao Estado promover o cumprimento dos tratados firmados, não podendo a eles opor disposições de seu direito interno).

Conforme as regras do direito internacional, o Estado-parte somente pode desvincular--se dos termos de um tratado pela denúncia – ato unilateral do Estado pelo qual manifesta seu intento de não mais se submeter aos ditames do acordo – ou pela superveniência de outra fonte de direito internacional que venha a revogar o tratado anteriormente firmado. Até que um desses fatores sobrevenha, o Estado continua responsável pelo cumprimento das disposições ali contidas.

O supracitado entendimento do STF foi assentado anteriormente à promulgação da Constituição Federal de 1988, mas já sob a vigência desta foi reiterado no julgamento do HC 72.131/RJ, que versava sobre a prisão civil por dívida, vedada pelo Pacto de São José da Costa Rica (a menos que se trate de alimentos). Naquela oportunidade, restou vencedora a tese de que "a ordem constitucional vigente no Brasil não pode sofrer interpretação que conduza ao reconhecimento de que o Estado brasileiro, mediante convenção internacional, ter-se-ia interditado a possibilidade de exercer, no plano interno, a competência institucional que lhe foi outorgada expressamente pela própria Constituição da República" (trecho do voto do Ministro Celso de Mello).

Assentou-se, assim, que, não podendo o Pacto de São José da Costa Rica restringir as hipóteses constitucionais de prisão civil por dívida, permanecia vigente a regra que estabelecia a prisão civil do devedor em alienação fiduciária (depositário infiel).

Em suma, para o STF, independentemente de qual fosse a matéria versada em tratado internacional, seu *status*, em nosso ordenamento, seria sempre o de lei federal.

JURISPRUDÊNCIA

"'Habeas corpus'. Alienação fiduciária em garantia. Prisão civil do devedor como depositário infiel. – Sendo o devedor, na alienação fiduciária em garantia, depositário necessário por força de determinação legal que não desfigura essa caracterização, sua prisão civil, em caso de infidelidade, se enquadra na ressalva contida na parte final do artigo 5º, LXVII da Constituição de 1988. – Nada interfere na questão do depositário infiel, em matéria de alienação fiduciária o disposto no § 7º do artigo 7º da Convenção de San José da Costa Rica.
'Habeas corpus' indeferido, cassada a liminar concedida.
'Com efeito, é pacífico na jurisprudência desta Corte que os tratados internacionais ingressam em nosso ordenamento jurídico tão somente com força de lei ordinária (...), não se lhes aplicando quando tendo eles integrado nossa ordem jurídica posteriormente à Constituição de 1988, o disposto no artigo 5º, § 2º, pela singela razão de que não se admite emenda constitucional realizada por meio de ratificação de tratado'" (HC 72.131, voto do Rel. p/ o ac. Min. Moreira Alves, Plenário, j. 23-11-1995, *DJ* de 1º-8-2003).

Direitos Humanos

Argumentos doutrinários para o *status* legal dos tratados de direitos humanos – Em sede doutrinária, como defesa do *status* de lei ordinária dos tratados internacionais de direitos humanos, apontavam-se ainda outros dois argumentos.

Por primeiro, alegava-se que, nos termos do art. 60 da CF, seria necessário rito especial para que a Constituição fosse alterada. De outro lado, para os tratados vigora regra simplificada de incorporação ao ordenamento interno (conforme visto anteriormente).

Em segundo lugar, salientava-se que, nos termos do que dispõe o art. 60, § 4º, da CF, direitos e garantias individuais não podem ser retirados da Constituição. Tal regra não alcançara os tratados internacionais de direitos humanos, que poderiam ser simplesmente denunciados. Diante dessas incompatibilidades, resultaria clara a impertinência em se sustentar o *status* constitucional dessa espécie de tratados.

Tais argumentos, entretanto, são de fácil refutação. Com efeito, o fato de o rito para incorporação dos tratados ser diverso do estabelecido para as emendas constitucionais em nada prejudica o seu *status* constitucional. Tal se dá porque os direitos fundamentais ou humanos são materialmente constitucionais, e a legitimidade para sua incorporação ao Texto Maior advém de seu processo de criação, diverso, mas não menos complexo que o das emendas constitucionais.

Do mesmo modo, no que se refere às cláusulas pétreas (art. 60, § 4º, da CF), não há nenhuma incompatibilidade de atribuir *status* constitucional às normas de direitos humanos veiculadas por tratados internacionais, ainda que possam ser denunciados a qualquer tempo. Trata-se tão somente de aplicação de regime jurídico especial. Demais disso, por não terem sido formalmente veiculados por meio de emenda constitucional, os direitos humanos previstos em tratados internacionais podem ser denunciados expressamente pelo Estado.

ATENÇÃO

Vejamos as palavras de Valério de Oliveira Mazzuoli (*Direitos humanos na jurisprudência internacional*. Rio de Janeiro: Forense/São Paulo: Método, 2019, p. 2): "(...) é relevantíssimo o papel da jurisprudência internacional de direitos humanos e seu conhecimento pelos Estados e operadores do Direito, uma vez que o *corpus juris* jurisprudencial causa direto impacto nas ordens domésticas, tanto a título de *res judicata* (para os Estados internacionalmente condenados) quanto a título de *res interpretata* (para todos os demais Estados-partes). Daí o entendimento de que as sentenças internacionais devem ser observadas por todos os Estados-partes do sistema de proteção do qual provieram, ainda que não diretamente relacionadas a um determinado Estado".

Devemos lembrar que o Brasil é parte da Convenção Americana sobre Direitos Humanos desde 1992, tendo aceitado a competência contenciosa da Corte Interamericana de Direitos Humanos.

Outras correntes sobre o *status* dos tratados internacionais de direitos humanos – Além dessas correntes (*status* constitucional e *status* legal), que existiam antes da EC n. 45/2004, outras duas se destacavam: *a*) tratados de direitos humanos com *status* supraconstitucional; *b*) tratados de direitos humanos com *status* infraconstitucional, mas supralegal.

A primeira – relativa à força supraconstitucional dos tratados de direitos humanos – parte do pressuposto de que o ordenamento internacional ocupa posição de superioridade em relação aos diversos ordenamentos nacionais, o que, no caso brasileiro, estaria claro a partir da redação do art. 5º, § 2º, da CF – que não permite ao constituinte originário excluir direitos humanos consagrados em âmbito internacional. Em outras palavras, o referido dispositivo demonstraria a submissão da Constituição ao sistema internacional de proteção dos direitos humanos.

A segunda corrente doutrinária preconizava que os tratados de direitos humanos possuíam *status* infraconstitucional, mas supralegal, ou seja, procurando compatibilizar a supremacia da Constituição (lei máxima da sociedade) com a disciplina internacional dos tratados. Segundo esta, os tratados, uma vez ratificados, só podem deixar de ser aplicados mediante denúncia ou revogação por outra fonte de direito internacional (e nunca com base em simples revogação por lei interna posterior – o que, como já repisado, contrariaria o princípio da boa-fé internacional).

Em suma, segundo esse entendimento, no ordenamento jurídico interno dos Estados-partes, os tratados internacionais de direitos humanos estariam acima das leis.

4.2.2. A EC N. 45/2004

A EC n. 45, de 8 de dezembro de 2004, entre outras grandes mudanças, inovou a matéria ao acrescentar o § 3º ao art. 5º da CF, com a seguinte redação: "Os tratados e convenções internacionais sobre direitos humanos que forem aprovados, em cada Casa do Congresso Nacional, em dois turnos, por três quintos dos votos dos respectivos membros, serão equivalentes às emendas constitucionais".

Quis o constituinte derivado resolver a celeuma doutrinária e jurisprudencial, não logrando, todavia, êxito.

Com efeito, pela norma ali inscrita, caso os tratados de direitos humanos se sujeitem ao processo legislativo das emendas constitucionais, serão a elas equivalentes, ou seja, terão *status* constitucional. O dispositivo não esclarece, todavia, que *status* possuirão esses tratados se não tramitarem da forma ali prevista. A *contrario sensu*, aliás, permite entender que os tratados de direitos humanos simplesmente referendados pelo Congresso e ratificados pelo Presidente da República seriam equivalentes à lei federal, como já vinha sustentando o STF.

Ousamos, entretanto, discordar frontalmente de tais conclusões.

Conforme já antes afirmamos, o *status* constitucional dos tratados internacionais de direitos humanos é extraído prontamente do § 2º do art. 5º da CF, pouco importando o rito de aprovação. É dizer: tais tratados são, e sempre serão, materialmente constitucionais e compõem o chamado "bloco de constitucionalidade".

Nesse sentido, a aprovação por *quorum* qualificado apenas propicia uma "constitucionalização formal" dos tratados de direitos humanos no âmbito jurídico interno. Esse raciocínio aplica-se aos tratados já aprovados antes da EC n. 45/2004, muitos dos quais com *quorum* muito superior ao previsto pela emenda, não obstante não em dois turnos, haja vista que tal procedimento não era previsto à época.

Em síntese, os tratados internacionais de direitos humanos, por força do art. 5º, § 2º, possuirão sempre *status* jurídico de norma constitucional. São materialmente constitucionais, não importando se foram ratificados antes ou depois da EC n. 45. A inovação trazida pelo § 3º do dispositivo mencionado diz respeito apenas à possibilidade de atribuição de um *status* formalmente constitucional aos tratados, visto que equiparados em sua formação às emendas constitucionais.

TRATADO EQUIVALENTE A EMENDAS CONSTITUCIONAIS	
Decreto n. 6.949, de 25 de agosto de 2009 (publicado no *DOU* de 25-8-2009)	Promulga a Convenção Internacional sobre os Direitos das Pessoas com Deficiência e seu Protocolo Facultativo, assinados em Nova York, em 30 de março de 2007.

Direitos Humanos

Dois regimes jurídicos distintos – Como consequência das conclusões que acabamos de expor, o regime jurídico há de ser diverso em uma e em outra hipótese, caso contrário, a inovação trazida pela emenda não teria sentido. E, de fato, há profunda diversidade no que diz respeito à retirada do tratado de direitos humanos do ordenamento jurídico pátrio.

No caso de tratado de direitos humanos apenas materialmente constitucional, basta, para sua retirada, a mera denúncia – ato unilateral do Estado, que surte efeitos no âmbito internacional. Isso decorre do regime jurídico do direito internacional público. Por outro lado, se o tratado de direitos humanos for também formalmente constitucional, será insuscetível de denúncia, visto que, equiparado expressamente a emenda constitucional, passará a constituir cláusula pétrea, protegida pelo art. 60, § 4º, IV, da CF. É dizer: tratado de direitos humanos formalmente constitucional não pode mais ser retirado do ordenamento pátrio, ainda que o próprio tratado preveja a possibilidade de denúncia.

A título de curiosidade, salientamos que os primeiros tratados a integrarem formalmente nossa Constituição foram a Convenção sobre os Direitos das Pessoas com Deficiência e seu Protocolo Facultativo, uma vez que seguiram o trâmite previsto no art. 5º, § 3º, da CF, sendo aprovados por meio do Decreto Legislativo n. 186, de 10 de julho de 2008.

PRIMAZIA DOS TRATADOS

Na América do Sul, pelo menos cinco países têm legislação semelhante à brasileira, em que os tratados que envolvem direitos humanos têm hierarquia constitucional. É o caso das Constituições da Argentina (art. 75, inciso 22), Paraguai (art. 145), Peru (art. 105), Uruguai (art. 7º) e Venezuela (art. 23).

Na Europa, o direito internacional tem primazia sobre o direito interno na Constituição de vários países: Alemanha (art. 25), França (art. 55), Grécia (art. 28, § 1º) e Espanha (art. 9.2).

De maneira *sui generis*, a Constituição dos Estados Unidos, no art. VI, estabelece: "Esta Constituição e as Leis complementares e todos os Tratados já celebrados constituirão a Lei suprema do País".

4.2.3. A ATUAL POSIÇÃO DO STF

Em decisão emblemática proferida em 3 de dezembro de 2008, os ministros, por unanimidade, negaram provimento ao Recurso Extraordinário 466.343, que versava sobre a possibilidade da prisão civil do devedor como depositário infiel em alienação fiduciária em garantia (veja-se, *supra*, o *Habeas Corpus* 72.131-1).

A decisão veio alicerçada pelos termos do art. 7º, § 7º, da Convenção Americana de Direitos Humanos (Pacto de São José da Costa Rica), que, como já ressaltado, proíbe a prisão civil por dívida, ressalvando o caso de inadimplemento de obrigação alimentícia. Ou seja, invocou-se o estatuto internacional ainda que a Constituição Federal preveja duas ressalvas à regra da proibição da prisão por dívida: a do responsável pelo inadimplemento voluntário e inescusável de obrigação alimentícia e a do depositário infiel (art. 5º, LXVII, da CF). Em suma, a adoção do tratado internacional de direitos humanos, no caso, restringiu as exceções constitucionais. Demais disso, em âmbito infraconstitucional, o art. 4º do Decreto-lei n. 911, de 1º de outubro de 1969, previa a legitimidade passiva *ad causam* do devedor fiduciante em ação de depósito. Era a constitucionalidade desse dispositivo que se discutia no RE 466.343.

Para o Ministro Gilmar Mendes, diante da tendência contemporânea do constitucionalismo mundial, tratava-se de uma revisão crítica da jurisprudência do STF.

Isso porque, entre outras razões, a tese que atribui o mesmo *status* das leis ordinárias aos tratados de direitos humanos conflita com o art. 27 da Convenção de Viena (princípio da boa-fé no direito internacional), ao dar margem ao descumprimento do acordo por ato unilateral do Estado (revogação do tratado por lei a ele posterior e com ele conflitante).

Em sendo assim, a tese do Ministro Gilmar Mendes saiu vitoriosa, ao preconizar a supralegalidade dos tratados de direitos humanos. Portanto, lhes foi conferido *status* infraconstitucional, mas acima das leis ordinárias, o que seria compatível com o princípio da supremacia da Constituição, e a especial relevância dos direitos humanos nos planos internacional e nacional. Trata-se de concepção expressamente consagrada pelas Constituições da Alemanha, da França e da Grécia.

Com base nesse entendimento, conclui o Ministro: "(...) a previsão constitucional da prisão civil do depositário infiel (art. 5º, inciso LXVII) não foi revogada pelo ato de adesão do Brasil ao Pacto Internacional dos Direitos Civis e Políticos (art. 11) e à Convenção Americana dos Direitos Humanos – Pacto de São José da Costa Rica (art. 7º, 7), mas deixou de ter aplicabilidade diante do efeito paralisante desses tratados em relação à legislação infraconstitucional que disciplina a matéria, incluído o art. 1.287 do Código Civil de 1916 e o Decreto-lei n. 911, de 1º de outubro de 1969" (disponível em: http://redir.stf.jus.br/paginadorpub/paginador.jsp?docTP=AC&docID=595444).

Esta, portanto, a atual posição predominante no STF: tratados internacionais de direitos humanos possuem *status* supralegal – abaixo da Constituição Federal, mas acima das demais leis.

Por fim, apenas a título de nota, salientamos que, ainda que o Brasil não tivesse aderido a tais tratados, a prisão civil do depositário infiel na alienação fiduciária em garantia não haveria que ser admitida, porque configuraria clara afronta ao princípio da proporcionalidade, sendo, pois, inconstitucional.

De outro lado, ressalvas ao *status* constitucional dos tratados internacionais de direitos humanos foram igualmente colocadas perante o Pleno do STF – Com tal alinhamento, neste Recurso Extraordinário, a maioria do Pleno do STF optou pela tese da supralegalidade dos tratados internacionais de direitos humanos, temendo, sobretudo, a insegurança jurídica gerada pela equiparação entre normas veiculadas por tais tratados e normas constitucionais, mormente em face do controle abstrato de constitucionalidade, na forma existente em nosso ordenamento.

Nas palavras do Ministro Gilmar Mendes, essa equiparação provocaria verdadeira atomização das normas constitucionais, com a possibilidade de revogação de normas constitucionais por tratados internacionais, e, no que toca ao controle de constitucionalidade, no qual impera o princípio da *causa petendi* aberta, imensas dificuldades seriam geradas, dada a amplitude do chamado "bloco de constitucionalidade".

Conclusão – O posicionamento do STF representou uma grande evolução no pensamento da Corte, que, até então, entendia que aquelas normas possuíam *status* de lei ordinária. Não obstante, ao adotá-lo, o Supremo passou ao largo do reconhecimento do caráter materialmente constitucional das normas de direitos humanos, com o que não concorda expressiva parcela da doutrina nacional.

Sendo normas supralegais (ou especiais, como preferiu o Ministro Menezes Direito), possuem o que se pode chamar de "eficácia paralisante" em face de todo o ordenamento infraconstitucional. Em outras palavras, não integram a Constituição, mas constituem fundamento de validade de todas as demais normas, considerada sua posição hierárquica. Submetem-se, contudo, aos preceitos constitucionais, não se podendo contrariá-los.

Assim sendo, não se afigura correto falar em revogação da norma interna (infraconstitucional) anterior àquela veiculada pelo tratado de direitos humanos, quando incompatí-

Direitos Humanos

veis. Isso porque não estão elas no mesmo patamar normativo. Tecnicamente, pois, o correto é falar em invalidade da norma interna em face da contrariedade ao disposto em norma superior – o tratado internacional de direitos humanos.

Importante mencionar que a tese da supralegalidade já foi por diversas vezes confirmada pelo STF desde a decisão do Recurso Extraordinário 466.343, tendo aparecido, inclusive, em julgamento anterior àquela decisão. Atualmente, o entendimento ali firmado já está sumulado – trata-se da importante Súmula Vinculante 25, com o seguinte teor: "É ilícita a prisão civil de depositário infiel, qualquer que seja a modalidade de depósito".

Interessante observar, ainda, que existe forte tendência na doutrina em preconizar a aplicação da norma mais favorável ao indivíduo, independentemente da hierarquia que venha a ser reconhecida aos tratados.

É uma tese realmente sedutora para todos aqueles que buscam colocar o objetivo de proteção dos direitos do homem acima das regras e formalismo próprios do mundo jurídico. Nesse sentido, deveríamos sempre aplicar a norma mais favorável ao reconhecimento do direito fundamental, independentemente de sua origem – se de direito interno ou internacional. Aliás, essa diretriz já se encontra há muito prevista em diversos tratados já ratificados pelo Brasil (citamos, por exemplo, a Convenção Americana de Direitos Humanos e o Pacto Internacional dos Direitos Civis e Políticos).

4.2.4. EM DEFESA DA HIERARQUIA CONSTITUCIONAL DOS TRATADOS DE DIREITOS HUMANOS NO JULGAMENTO DO RE 466.343

No mesmo julgamento mencionado no tópico anterior, sobre a prisão do depositário infiel (Recurso Extraordinário 466.343), inaugurando divergência e alterando seu posicionamento já reiteradamente manifestado, o Ministro Celso de Mello decidiu pela hierarquia constitucional dos tratados de direitos humanos: "(...) após detida reflexão em torno dos fundamentos e critérios que me orientaram em julgamentos anteriores (*RTJ* 179/493-496, *v.g.*), evoluo, Senhora Presidente, no sentido de atribuir, aos tratados internacionais em matéria de direitos humanos, superioridade jurídica em face da generalidade das leis internas brasileiras, reconhecendo, a referidas convenções internacionais, nos termos que venho de expor, qualificação constitucional".

Ressalvou, entretanto, que, em decorrência da supremacia da Constituição, prevalecerão os ditames desta sobre todos os tratados – inclusive os de direitos humanos –, quando estes restringirem, suprimirem ou de qualquer forma implicarem algum gravame às prerrogativas essenciais ou às liberdades fundamentais previstas na própria Constituição.

Segundo Celso de Mello, o § 3º do art. 5º, incluído pela EC n. 45/2004, apenas torna nítida essa tendência de reconhecer a hierarquia constitucional de tratados de direitos humanos. Consoante o Ministro, nos exatos termos do que há pouco afirmamos, mesmo os tratados incorporados ao nosso ordenamento anteriormente à Emenda são materialmente constitucionais e integram a noção do chamado "bloco de constitucionalidade".

4.3. O ART. 5º, § 1º, DA CF E A INCORPORAÇÃO DE TRATADOS INTERNACIONAIS DE DIREITOS HUMANOS

Já abordamos as diferentes teses relativas à eficácia das normas que disciplinam os direitos humanos (item 2.6), diante do disposto no art. 5º, § 1º, da CF: "As normas definidoras dos direitos e garantias fundamentais têm aplicação imediata".

SINOPSES JURÍDICAS

Assim, a questão que procuraremos abordar aqui é: ratificado o tratado internacional de direitos humanos, surtirá ele efeitos imediatamente ou necessitará, para tanto, de uma legislação interna que venha a implementá-lo?

Doutrinariamente, a resposta depende da concepção que se tenha sobre a relação entre direito interno e direito internacional. Temos, então, as correntes dualista e monista.

Dualismo × Monismo – Para os adeptos da corrente dualista, o direito interno de cada Estado e o direito internacional são completamente independentes entre si, constituindo ordenamentos distintos. Enquanto ao direito internacional cumpre regular as relações entre Estados e entre estes e os demais sujeitos de direito internacional, ao direito interno cabe tratar das relações entre o Estado e seus cidadãos.

Portanto, sob a perspectiva dualista, um tratado internacional somente surtirá efeitos no ordenamento pátrio se devidamente recepcionado por este. Isto é, se seguir o rito de incorporação no ordenamento jurídico interno, conforme previsto na Constituição ou na legislação ordinária. É necessário, pois, que seja "transformado" em legislação interna. O primado da lei interna, portanto, é claro.

Em síntese, preconiza o dualismo, fortemente ancorado na noção de soberania estatal, que a aplicação do tratado internacional – qualquer que seja sua natureza – jamais será imediata. Fala-se aqui em "incorporação legislativa".

Os adeptos da corrente monista, por outro lado, baseiam-se numa concepção de unidade de todas as normas jurídicas. Direito interno e direito internacional compreendem, segundo essa corrente, um todo harmônico em que aquele integra este e dele retira sua validade.

Ora, se não há distinção entre os ordenamentos, os compromissos assumidos pelo Estado em âmbito internacional obviamente o vinculam de forma automática. Temos, então, a chamada "incorporação automática" do direito internacional.

O ordenamento pátrio e a incorporação automática – No caso brasileiro, do ponto de vista legislativo, não há margem para dúvidas: o art. 5º, § 1º, da CF consagra a corrente monista, ao estabelecer que as normas definidoras dos direitos e garantias fundamentais têm aplicação imediata. Veja-se que o dispositivo não faz nenhuma ressalva, de modo que abrange todas as normas definidoras de direitos e garantias fundamentais, independentemente de sua origem.

ATENÇÃO

Citemos Flávia Piovesan (*Direitos humanos e o direito constitucional internacional*. 22. ed. São Paulo: Saraiva, 2024, p. 92): "Em suma, em face da sistemática da incorporação automática, o Estado reconhece a plena vigência do Direito Internacional na ordem interna, mediante uma cláusula geral de recepção automática plena. Com o ato da ratificação, a regra internacional passa a vigorar de imediato tanto na ordem jurídica internacional quanto na interna, sem necessidade de uma norma de direito nacional que a integre ao sistema jurídico. Essa sistemática da incorporação automática reflete a concepção monista, pela qual o Direito Internacional e o direito interno compõem uma mesma unidade, uma única ordem jurídica, inexistindo qualquer limite entre a ordem jurídica internacional e a ordem interna".

Piovesan, porém, registra que o problema da incorporação dos tratados à ordem interna do país é polêmico.

Assim, de acordo com a Constituição Federal, tratados internacionais de direitos humanos têm aplicação imediata em nosso ordenamento, isto é, basta que sejam ratificados para que passem a surtir efeitos. A rigor, portanto, afigura-se desnecessária a edição de decreto de execução para tal finalidade.

Esse posicionamento, reiteramos, é o mais consentâneo com o art. 27 da Convenção de Viena sobre Direito dos Tratados, que, como já mencionado, consagrou o princípio da boa-fé internacional.

Direitos Humanos

Nesse contexto, temos o seguinte *iter*: o tratado de direitos humanos é assinado por órgão do Poder Executivo e posteriormente aprovado pelo Congresso Nacional (decreto legislativo), para, finalmente, ser ratificado pelo Presidente da República. Somente então passará a surtir efeitos no ordenamento pátrio.

Enfatize-se, todavia, que os tratados internacionais comuns não seguem essa sistemática. Apesar de não haver disposição constitucional ou legal a regular o trâmite para sua incorporação, a praxe solidificou a necessidade de decreto de execução após a ratificação.

Em suma, o procedimento de incorporação é o mesmo para todos os tratados (comuns e de direitos humanos) e exige a conjunção de vontades do Poder Executivo e do Poder Legislativo, como esboçamos em tópico anterior. Trata-se de verdadeiro ato complexo (arts. 49, I, e 84, VII, ambos da CF). Há diferença, apenas, quanto à formalidade final para que surtam efeitos: enquanto para os tratados internacionais sobre direitos humanos basta a ratificação (por força do disposto no art. 5º, § 1º, da CF), para os tratados internacionais comuns ou tradicionais é necessário também decreto de execução do Presidente da República (fala-se aqui em promulgação do tratado).

Percebe-se, claramente, que o direito brasileiro optou por um sistema misto, ou diferenciado, no que tange à sistemática de incorporação dos tratados (automática para os de direitos humanos; legislativa para os comuns ou tradicionais).

A prática brasileira, diga-se, tem sido a expedição de decreto de execução para todas as espécies de tratados.

É importante mencionar, por fim, que os apontamentos aqui tecidos não são unanimidade na doutrina, tampouco na jurisprudência, como, aliás, já tivemos oportunidade de ver ao analisarmos o entendimento do STF a partir da EC n. 45/2004.

5
A PROTEÇÃO DOS DIREITOS HUMANOS NO BRASIL

5.1. DA PREVALÊNCIA DOS DIREITOS HUMANOS

O art. 4º da CF trata dos princípios norteadores da atuação do Estado brasileiro em suas relações internacionais, elencando, entre eles, o da prevalência dos direitos humanos:

A República Federativa do Brasil rege-se nas suas relações internacionais pelos seguintes princípios:
I – independência nacional;
II – prevalência dos direitos humanos;
III – autodeterminação dos povos;
IV – não intervenção;
V – igualdade entre os Estados;
VI – defesa da paz;
VII – solução pacífica dos conflitos;
VIII – repúdio ao terrorismo e ao racismo;
IX – cooperação entre os povos para o progresso da humanidade;
X – concessão de asilo político.

Mesmo assim, o Brasil só ratificaria em 25 de setembro de 1992 a Convenção Americana de Direitos Humanos, assinada em 22 de novembro de 1969, durante a Conferência Especializada Interamericana sobre Direitos Humanos. A convenção ficou conhecida como Pacto de São José da Costa Rica.

A demora pode ser explicada pelo fato de que o Brasil estava vivendo um regime de exceção no momento da conferência, e os governantes não aceitavam ingerência externa nos assuntos considerados políticos.

O Pacto de São José da Costa Rica, na sua primeira parte, enumera os deveres dos Estados: obrigação de respeitar os direitos, considerar que pessoa é todo ser humano e dever de adotar disposições de direito interno.

Os direitos considerados protegidos pela Convenção são, entre outros, os seguintes:
– direito à vida;
– direito à integridade pessoal;
– proibição da escravidão e da servidão;
– direito à liberdade pessoal;
– proteção da honra e da dignidade;
– liberdade de consciência e de religião;
– liberdade de pensamento e de expressão;
– liberdade de associação;
– proteção da família;
– direito ao nome;
– direitos da criança;
– direito à nacionalidade;

SINOPSES JURÍDICAS

– direitos políticos;
– direito ao desenvolvimento progressivo.

O Pacto de São José da Costa Rica estabelece também os deveres das pessoas e indica como foro de discussões e arbitragem para eventuais desrespeitos aos seus mandamentos a Comissão Interamericana de Direitos Humanos e a Corte Interamericana de Direitos Humanos, localizadas em São José da Costa Rica.

5.2. INSTRUMENTOS DE PROTEÇÃO

O sistema de proteção aos direitos humanos foi oficializado na Constituição de 1988, mas ganhou contornos já a partir da redemocratização do País, com a realização de eleições diretas em 1985, depois de 21 anos de ditadura militar.

Seguem alguns dos mais importantes instrumentos de proteção aos direitos humanos ratificados pelo Brasil a partir da Constituição Federal de 1988.

TRATADOS RATIFICADOS OU PROMULGADOS PELO BRASIL DEPOIS DA CONSTITUIÇÃO DE 1988	
1989 Dec. n. 98.386/89	Convenção Interamericana para Prevenir e Punir a Tortura (1985).
1990 Dec. n. 99.710/90	Convenção sobre os Direitos da Criança (1990).
1991 Dec. n. 40/91	Convenção contra a Tortura e Outros Tratamentos Cruéis, Desumanos ou Degradantes (1984).
1992 Dec. n. 591/92	Pacto Internacional dos Direitos Econômicos, Sociais e Culturais (1966).
1992 Dec. n. 592/92	Pacto Internacional dos Direitos Civis e Políticos (1966).
1992 Dec. n. 678/92	Convenção Americana de Direitos Humanos – Pacto de São José da Costa Rica (1969).
1994 (O Brasil assinou essa Convenção, mas até o presente momento ela não foi ratificada pelo governo brasileiro.)	Convenção Interamericana sobre o Desaparecimento Forçado de Pessoas em Belém do Pará (1994).
1995 Dec. n. 1.671/95	Promulga os atos bilaterais celebrados entre o governo da República Federativa do Brasil e o governo da República Federal da Alemanha, em Brasília, em 6 de abril, sobre cooperação financeira para o empreendimento "projeto integrado de proteção das terras e populações indígenas da Amazônia legal/demarcação de terras indígenas".
1996 Dec. n. 678/92	Protocolo à Convenção Americana Referente aos Direitos Econômicos, Sociais e Culturais – Protocolo de São Salvador (1969).
1996 Dec. n. 1.973/96	Convenção Interamericana para Prevenir, Punir e Erradicar a Violência contra a Mulher (1994).
1996 Dec. n. 2.754/98	Protocolo Adicional à Convenção Americana sobre Direitos Humanos Relativos à Abolição da Pena de Morte (1990).
1998 Dec. n. 2.740/98	Convenção Interamericana sobre o Tráfico Internacional de Menores (1994).

Direitos Humanos

1999 Dec. n. 3.087/99	Convenção Relativa à Proteção das Crianças e à Cooperação em Matéria de Adoção Internacional (1993).
1999 Dec. n. 3.108/99	Acordo Constitutivo do Fundo para o Desenvolvimento dos Povos Indígenas da América Latina e Caribe (2002).
2001 Dec. n. 3.956/2001	Convenção Interamericana para a Eliminação de Todas as Formas de Discriminação contra as Pessoas Portadoras de Deficiência.
2002 Dec. n. 4.463/2002	Declaração de Reconhecimento da Competência Obrigatória da Corte Interamericana de Direitos Humanos, sob reserva de reciprocidade (1969).
2002 Dec. n. 4.388/2002	Estatuto de Roma, que cria o Tribunal Penal Internacional (1998).
2002 Dec. n. 4.316/2002	Protocolo Facultativo à Convenção sobre a Eliminação de Todas as Formas de Discriminação contra a Mulher (2001).
2004 Dec. n. 4.975/2004	Acordo de Extradição entre os Estados-partes do Mercosul (1998).
2004 Dec. n. 5.007/2004	Protocolos Facultativos à Convenção sobre os Direitos da Criança, referentes ao envolvimento de crianças em conflitos armados e à venda de crianças e prostituição e pornografia infantis (2000).
2004 Dec. n. 5.015/2004	Convenção das Nações Unidas contra o Crime Organizado Transnacional, conhecida como Convenção de Palermo.
2004 Dec. n. 5.017/2004	Protocolo para Prevenir, Suprimir e Punir o Tráfico de Pessoas, especialmente Mulheres e Crianças, Adicional à Convenção das Nações Unidas sobre Crime Organizado Transnacional (2000).
2004 Dec. n. 5.051/2004	Promulga a Convenção 169 da Organização Internacional do Trabalho (OIT) sobre Povos Indígenas e Tribais (1989).
2006 Dec. n. 5.705/2006	Promulga o Protocolo de Cartagena sobre Biossegurança da Convenção sobre Diversidade Biológica.
2007 (Assinada pelo Brasil, só entra em vigor após a 20ª ratificação.)	Convenção Internacional para a Proteção de Todas as Pessoas contra os Desaparecimentos Forçados (2006).
2007 Dec. n. 291/2007 (Aprova o acordo.)	Acordo sobre Transferência de Pessoas Condenadas entre os Estados-partes do Mercosul (2004).
2007 Dec. n. 6.085/2007	Protocolo Facultativo à Convenção contra a Tortura e Outros Tratamentos ou Penas Cruéis, Desumanos ou Degradantes (2002).
2013 Dec. n. 7.953/2013	Acordo sobre Tráfico Ilícito de Migrantes entre os Estados-partes do Mercosul (2004).
2013 Dec. n. 8.040/2013	Convenção sobre a Transferência de Pessoas Condenadas entre os Estados-membros da Comunidade dos Países de Língua Portuguesa (2005).
2013 Dec. n. 8.050/2013	Tratado sobre Transferência de Pessoas Condenadas ou Sujeitas a Regimes Especiais, entre a República Federativa do Brasil e a República do Panamá (2007).

A Constituição de 1988 caracteriza-se pela temática social, que confere abrangência aos direitos humanos: liberdade de imprensa, liberdade de expressão, respeito às minorias, reconhecimento de diversidades culturais e étnicas e consciência real das questões que envolvem a igualdade. Essa é a principal razão para ser conhecida como "Constituição Cidadã".

COMITÊ BRASILEIRO DE DIREITOS HUMANOS E POLÍTICA EXTERNA

Organização criada em 2005, que reúne entidades da sociedade civil e instituições estatais, procurando fortalecer a participação cidadã e o controle democrático da política externa brasileira relacionada aos direitos humanos.

Entidades que compõem o Comitê atualmente:

- Inclusão, Integridade e Independência;
- Associação Brasileira Interdisciplinar de Aids;
- Associação Brasileira de Gays, Lésbicas, Bissexuais, Travestis e Transexuais;
- Comissão de Direitos Humanos e Minorias da Câmara dos Deputados;
- Comissão de Direitos Humanos e Legislação Participativa do Senado Federal;
- Comunidade Bahá'í do Brasil;
- Conectas Direitos Humanos;
- Fundação Friedrich Ebert;
- Gabinete de Assessoria Jurídica às Organizações Populares;
- Instituto Brasileiro de Análises Sociais e Econômicas;
- Instituto de Desenvolvimento e Direitos Humanos;
- Instituto Migrações e Direitos Humanos;
- Instituto de Estudos Socioeconômicos;
- Justiça Global;
- Movimento Nacional de Direitos Humanos;
- Ministério da Saúde – Programa de DST/Aids;
- Procuradoria Federal dos Direitos do Cidadão.

6
O SISTEMA INTERNACIONAL DE PROTEÇÃO DOS DIREITOS HUMANOS

6.1. PRECEDENTES

Conforme já expusemos, da Segunda Guerra Mundial resultou uma nova ordem mundial, especialmente voltada para a prevenção de crimes contra a humanidade.

Em verdade, foram as duas Guerras Mundiais que deram ensejo à relativização do conceito de soberania como fator preponderante para que, posteriormente, não apenas surgissem diversas organizações internacionais, mas também ganhassem relevo em sua atuação. Além disso, verificamos o importante reconhecimento da figura da pessoa humana como sujeito de direito internacional.

A criação da ONU, em 1945, estabeleceu um marco divisor do direito, especialmente no que tange aos direitos humanos. Hoje, a ONU conta com 193 países-membros (e dois países-observadores, que são Palestina e Vaticano), e seus principais órgãos são a Assembleia Geral, o Conselho de Segurança, a Corte Internacional de Justiça, o Conselho Econômico e Social, o Conselho de Tutela e o Secretariado, além das organizações setoriais, como a UNESCO e a UNICEF.

Precursores do atual sistema internacional de proteção dos direitos humanos – Foram três os precursores da Organização das Nações Unidas.

Em primeiro lugar, temos o surgimento do chamado direito humanitário, regulamentação existente para o exercício da guerra. Estabelece regras para o tratamento de prisioneiros de guerra e da população civil dos países em conflito, visando sempre a assegurar os direitos fundamentais. O direito humanitário constituiu, assim, uma clara regulamentação jurídica em relação ao emprego da violência no âmbito internacional. Em última palavra, uma limitação internacional à atuação dos Estados perante o indivíduo protegido.

Dica

De acordo com a Enciclopédia Jurídica da PUC-SP, em 22 de agosto de 1864, em Genebra, foi adotada a *Convenção sobre o socorro aos feridos nos campos de batalha* (também conhecida como "Convenção da Cruz Vermelha de 1864"), tida como a que inaugurou o direito convencional internacional humanitário.

Informação disponível em: https://enciclopediajuridica.pucsp.br/verbete/537/edicao-1/direito-internacional-humanitario#:~:text=Em%2022%20de%20agosto%20de,o%20direito%20convencional%20internacional%20humanit%C3%A1rio.

Esse direito humanitário, ou direito da guerra, passou a ser conhecido como "direito de Genebra", e uma de suas grandes expressões foi a Convenção de Genebra Relativa ao Tratamento de Prisioneiros de Guerra, de 1929.

O segundo grande precursor foi a Liga das Nações (ou Sociedade das Nações). Foi criada pelo Tratado de Versalhes e sua finalidade era garantir a preservação da paz mundial. Instituída em 1919, logo após o fim da Primeira Guerra Mundial, a Liga das Nações tinha a pretensão de evitar que os Estados recorressem à guerra para resolver seus problemas internacionais – objetivo que claramente não foi alcançado, como atesta a superveniência da Segunda Guerra Mundial. De todo modo, já na Liga das Nações se pôde ver um órgão de monitoramento acima de todos os Estados.

O último dos precursores do papel que a ONU viria a desempenhar é a Organização Internacional do Trabalho (OIT). Foi criada pela Conferência da Paz, logo após a Primeira Guerra Mundial. Sua constituição converteu-se na Parte XIII do Tratado de Versalhes. Tem por fim a busca pela justiça social, assegurando-se um justo e digno ambiente de trabalho. Possui estrutura tripartite, constituída por empregados, empregadores e governos, e atribuições normativas com vistas à consecução de sua finalidade.

Todos esses precursores – o direito humanitário, a Liga das Nações e a Organização Internacional do Trabalho – anunciaram uma nova era, em que o direito internacional deixou de desempenhar o papel de mero regulamentador das relações entre os Estados para, de forma consistente e progressiva, abranger normas destinadas a atribuir obrigações aos Estados, e a consequente responsabilização destes por atos de seus agentes ante seus nacionais.

Juridicamente, isso significou, por um lado, a relativização do conceito de soberania estatal; por outro, a valorização da pessoa humana, que, de objeto, passou a ser reconhecida como verdadeiro sujeito de direito internacional.

Visando a manter a segurança coletiva e a paz mundial, a Organização das Nações Unidas passou a existir oficialmente em 24 de outubro de 1945, com a entrada em vigor da Carta das Nações Unidas.

A ONU surgiu, portanto, com a árdua missão de estabelecer regras a serem observadas pelos Estados perante os indivíduos sujeitos ao seu poder e perante os demais Estados e, também, de criar mecanismos que garantissem a eficácia daquelas regras – tudo para que os episódios lamentáveis até então observados na ordem mundial não se repetissem.

Daí que, logo em seu art. 1º, ao enunciar seus propósitos, a Carta das Nações Unidas estabelece como finalidades a busca da paz internacional e o respeito aos direitos humanos e às liberdades fundamentais:

> Artigo 1
>
> Os propósitos das Nações Unidas são:
>
> 1. Manter a paz e a segurança internacionais e, para esse fim: tomar, coletivamente, medidas efetivas para evitar ameaças à paz e reprimir os atos de agressão ou outra qualquer ruptura da paz e chegar, por meios pacíficos e de conformidade com os princípios da justiça e do direito internacional, a um ajuste ou solução das controvérsias ou situações que possam levar a uma perturbação da paz;
>
> 2. Desenvolver relações amistosas entre as nações, baseadas no respeito ao princípio de igualdade de direitos e de autodeterminação dos povos, e tomar outras medidas apropriadas ao fortalecimento da paz universal;
>
> 3. Conseguir uma cooperação internacional para resolver os problemas internacionais de caráter econômico, social, cultural ou humanitário, e para promover e estimular o respeito aos direitos humanos e às liberdades fundamentais para todos, sem distinção de raça, sexo, língua ou religião; e
>
> 4. Ser um centro destinado a harmonizar a ação das nações para a consecução desses objetivos comuns.

A Carta da ONU, todavia, deixou de definir "direitos humanos e liberdades fundamentais". Essa tarefa coube à Declaração Universal dos Direitos Humanos, de 1948.

6.2. A CARTA DAS NAÇÕES UNIDAS

Assim que terminou a Conferência das Nações Unidas sobre Organização Internacional, os participantes redigiram e assinaram a Carta das Nações Unidas. Esse documento serve como ata de fundação da ONU. Foi assinado na cidade norte-americana de São

Direitos Humanos

Francisco, em 26 de junho de 1945. Seu preâmbulo demonstra claramente os objetivos da Organização:

Carta das Nações Unidas

Preâmbulo

NÓS, OS POVOS DAS NAÇÕES UNIDAS, RESOLVIDOS

a preservar as gerações vindouras do flagelo da guerra, que por duas vezes, no espaço da nossa vida, trouxe sofrimentos indizíveis à humanidade, e a reafirmar a fé nos direitos fundamentais do homem, na dignidade e no valor do ser humano, na igualdade de direito dos homens e das mulheres, assim como das nações grandes e pequenas, e a estabelecer condições sob as quais a justiça e o respeito às obrigações decorrentes de tratados e de outras fontes do direito internacional possam ser mantidos, e a promover o progresso social e melhores condições de vida dentro de uma liberdade ampla.

E PARA TAIS FINS,

praticar a tolerância e viver em paz, uns com os outros, como bons vizinhos, e unir as nossas forças para manter a paz e a segurança internacionais, e a garantir, pela aceitação de princípios e a instituição dos métodos, que a força armada não será usada a não ser no interesse comum, a empregar um mecanismo internacional para promover o progresso econômico e social de todos os povos.

RESOLVEMOS CONJUGAR NOSSOS ESFORÇOS PARA A CONSECUÇÃO DESSES OBJETIVOS.

Em vista disso, nossos respectivos Governos, por intermédio de representantes reunidos na cidade de São Francisco, depois de exibirem seus plenos poderes, que foram achados em boa e devida forma, concordaram com a presente Carta das Nações Unidas e estabelecem, por meio dela, uma organização internacional que será conhecida pelo nome de Nações Unidas.

Seguem-se, daí, 111 artigos, tratando da composição dos Conselhos e dando outras providências. A Carta da ONU entrou em vigor no dia 24 de outubro de 1945 e só foi alterada na Assembleia Geral de 17 de dezembro de 1963.

As alterações foram as seguintes:

- Emenda ao art. 23, elevando o número de membros do Conselho de Segurança de onze para quinze.
- Emenda ao art. 27, estipulando que as decisões do Conselho de Segurança sobre questões de procedimento sejam efetuadas pelo voto afirmativo de nove membros (anteriormente sete) e, sobre todas as demais questões, pelo voto afirmativo de nove membros (anteriormente sete), incluindo-se entre eles os votos dos cinco membros permanentes do Conselho de Segurança.
- Emenda ao art. 61, elevando o número de membros do Conselho Econômico e Social de dezoito para vinte e sete. (Este artigo seria emendado novamente em 1973, elevando o número de membros do Conselho para cinquenta e quatro.)

6.3. A ESTRUTURA DA ONU

Os principais órgãos da ONU estão mencionados no art. 7º da Carta: a Assembleia Geral, o Conselho de Segurança, o Conselho Econômico e Social, o Conselho de Tutela, a Corte Internacional de Justiça e o Secretariado. De acordo com o dispositivo, havendo necessidade, órgãos subsidiários podem ser criados.

A Assembleia Geral é constituída por todos os Estados-membros. A ela cabe discutir quaisquer questões ou assuntos que estiverem relacionados com a finalidade da ONU ou com as atribuições de quaisquer de seus órgãos, podendo expedir recomendações aos Estados e ao Conselho de Segurança.

Como regra, na Assembleia Geral as decisões são tomadas pela maioria dos membros presentes e que votem. Em questões importantes, todavia, o *quorum* para tomada de decisão é de dois terços (art. 18, itens 2 e 3).

O Conselho de Segurança é composto de quinze membros. China, França, Reino Unido, EUA e Rússia são membros permanentes. Os outros dez (membros não permanentes) são eleitos pela Assembleia Geral para mandatos de dois anos. A finalidade do Conselho é, em primeiro lugar, contribuir para a manutenção da paz e da segurança internacional (art. 23).

Quanto ao *quorum* para tomada de decisão, a Carta faz distinção entre questões processuais e questões materiais. Para as processuais, o *quorum* é de nove membros. Para as materiais, o *quorum* também é de nove membros, mas os cinco membros permanentes devem votar afirmativamente. Daí que, em tais questões, tenham poder de veto (art. 27).

Dica

Um caso típico ocorreu durante o conflito entre Israel e Hamas, iniciado em 7 de outubro de 2023: os Estados Unidos vetaram seguidamente ou se abstiveram de votar em propostas de cessar-fogo; a abstenção tem efeito de voto negativo. Rússia e China, em outros momentos, também usaram seu poder de veto.

Qualquer membro da ONU pode participar da discussão de questão submetida ao Conselho de Segurança, mas sem direito a voto, sempre que o Conselho considere que os interesses do referido membro estejam especialmente em jogo (art. 31).

A Carta traz amplo regramento a respeito das intervenções do Conselho de Segurança para garantir a paz e a segurança internacional (arts. 33 a 51).

Por sua vez, o Conselho Econômico e Social é composto de 54 membros eleitos pela Assembleia Geral (art. 61). Entre suas atribuições, está a formulação de estudos e relatórios a respeito de assuntos internacionais de caráter econômico, social, cultural, educacional, sanitário e conexos, podendo fazer recomendações a respeito de tais assuntos à Assembleia Geral, aos Estados-membros e às entidades especializadas interessadas. Constitui também sua finalidade a elaboração de recomendações destinadas a promover o respeito e a observância dos direitos humanos e das liberdades fundamentais para todos (art. 62). Suas decisões são tomadas por maioria dos membros presentes e votantes (art. 67).

O art. 68 da Carta prevê a criação, pelo Conselho Econômico e Social, de comissões para os assuntos econômicos e sociais e a proteção dos direitos humanos, além de outras que vierem a ser necessárias.

Em 1946, foi criada a Comissão de Direitos Humanos, que encerrou suas atividades em 16 de junho de 2006, sendo substituída pelo Conselho de Direitos Humanos.

Antes de ser extinta, a Comissão passou por um processo de desgaste que ocasionou progressivamente a perda de sua credibilidade. Isso porque muitos apontavam que sua postura era por demais acanhada e muitas vezes mais preocupada com a proteção dos Estados que a compunham do que com a dos direitos humanos.

O Conselho, em relação à Comissão, efetivamente representou um avanço, pois se subordina diretamente à Assembleia Geral, ao passo que a Comissão era subordinada ao Conselho Econômico e Social. Além disso, a representação se dá por grupos geográficos, algo antes inexistente. Por fim, há agora efetivo controle quanto à observância dos direitos humanos pelos Estados-membros do Conselho, visto que a Assembleia Geral pode suspender os direitos do Estado-membro que cometer graves e sistemáticas violações a tais direitos, desde que votem nesse sentido dois terços de seus membros.

O Conselho de Direitos Humanos é composto de 47 países, ao passo que a Comissão era composta de 53.

Há também o posto de Alto Comissariado para os Direitos Humanos, criado pela ONU em 20 de dezembro de 1993. Sua tarefa é basicamente gerenciar, junto ao Secretariado, o sistema da ONU no que se refere aos direitos humanos.

Direitos Humanos

Dica

O Brasil teve um Alto Comissário para os Direitos Humanos. Sérgio Vieira de Mello, filósofo e diplomata, foi indicado para o cargo em 2002. Em 19 de agosto de 2003, foi morto em Bagdá, no Iraque, num atentado terrorista a bomba contra a sede local da ONU. Sérgio era funcionário da ONU há 34 anos.

Ainda compõem a ONU o Conselho de Tutela, a Corte Internacional de Justiça e o Secretariado.

O Conselho de Tutela é o órgão que tinha por destinação fomentar o processo de descolonização e autodeterminação dos povos, fazendo que territórios tutelados pela organização conseguissem firmar governo próprio. Esse papel, nos dias atuais, por óbvio, encontra-se esvaziado.

A Corte Internacional de Justiça é o principal órgão judiciário das Nações Unidas. Todos os membros da ONU se submetem a ela (art. 93), muito embora os Estados-membros possam também ser julgados por outros tribunais (art. 95). Além de sua competência jurisdicional, a Corte possui atribuição consultiva, visto que o Conselho de Segurança e a Assembleia Geral podem solicitar-lhe parecer consultivo sobre qualquer questão de ordem jurídica (art. 96). É composta de quinze juízes, não podendo figurar entre eles dois nacionais do mesmo Estado (art. 3º do Estatuto da Corte).

JURISPRUDÊNCIA

Caso LeGrand

(Alemanha *vs.* Estados Unidos)

Sentença de 27 de junho de 2001

Resumo: O caso versa a responsabilidade dos Estados Unidos da América pelo julgamento e condenação do Sr. LeGrand e seu irmão.

Histórico do caso: Em 1984, Walter e Karl LeGrand, dois irmãos de nacionalidade alemã, foram julgados e condenados à morte pelo distrito norte-americano do Arizona, sem terem sido informados sobre os seus direitos, após tentativa de assalto a um banco seguida de homicídio, delito ocorrido em 1982. Segundo narra a demanda, a Alemanha – país de nacionalidade dos condenados – só teve conhecimento sobre a prisão de seus nacionais em 1992, e, após várias tentativas frustradas de assistência consular, Karl LeGrand foi executado em fevereiro de 1999. Nesse mesmo ano, a Alemanha instaurou um processo junto à CIJ, com o intuito de garantir que o irmão sobrevivente, Walter LeGrand, permanecesse vivo até o julgamento do tribunal internacional, como medida cautelar. A Alemanha acusava os EUA de violar a Convenção de Viena sobre Relações Consulares.

Decisão da Corte Internacional de Justiça: (...) entendeu a Corte que, ao não informar sem demora a Karl e Walter LeGrand, após sua prisão, dos direitos que detinham em virtude da alínea *b* do § 1º do art. 36 da Convenção de Viena sobre Relações Consulares, privando, por esse fato, a República Federal da Alemanha da possibilidade de fornecer aos interessados, em tempo hábil, a assistência prevista pela Convenção, os Estados Unidos da América **incorreram em violação** das obrigações às quais estavam vinculados em face do governo alemão, relativamente aos irmãos LeGrand.

A corte concluiu que a inobservância do direito à informação do estrangeiro detido, reconhecido no art. 36.1.b) da Convenção de Viena sobre Relações Consulares, afeta as garantias do devido processo legal e, nestas circunstâncias, a imposição da pena de morte constitui uma violação do direito a não ser privado da vida "'arbitrariamente', nos termos das disposições relevantes dos tratados de direitos humanos (*v.g.* Convenção Americana sobre Direitos Humanos, art. 4; Pacto Internacional de Direitos Civis e Políticos, art. 6), com as consequências jurídicas inerentes a uma violação desta natureza, isto é, aquelas concernentes à responsabilidade internacional do Estado e ao dever de reparação".

(O caso foi também analisado pela Comissão Interamericana de Direitos Humanos. Informações disponíveis em: https://cidh.oas.org/annualrep/2002port/EstadosUnidos.11753a.htm).

SINOPSES JURÍDICAS

Por fim, temos o Secretariado. É composto do Secretário-geral e do pessoal exigido pela Organização. O Secretário-geral é o principal funcionário administrativo, sendo indicado pela Assembleia Geral, mediante a recomendação do Conselho de Segurança (art. 97).

O grande sistema de proteção internacional dos direitos humanos, que teria lugar na segunda metade do século XX, surgiu, pois, com a Carta de São Francisco, que criou a ONU. Estruturou-se sob a forte influência da Declaração Universal dos Direitos Humanos de 1948 e se consolidou com dois pactos assinados no mesmo dia (16 de dezembro de 1966): o Pacto Internacional dos Direitos Econômicos, Sociais e Culturais e o Pacto Internacional dos Direitos Civis e Políticos, que entraram em vigor em 23 de maio de 1976, após o 35º Estado ter depositado os instrumentos de ratificação.

COMPETÊNCIAS DO CONSELHO DE DIREITOS HUMANOS DA ONU

- Promover a educação e o ensino em direitos humanos e dar assistência técnica;
- Debater temas de direitos humanos;
- Implementar obrigações de direitos humanos;
- Mapear o cumprimento dos direitos humanos no mundo;
- Contribuir para a prevenção da violação de direitos humanos;
- Trabalhar em cooperação com Estados, entidades e sociedades civis para a proteção aos direitos humanos.

6.4. A DECLARAÇÃO UNIVERSAL DOS DIREITOS DO HOMEM

Trata-se, aqui, nada menos do que da declaração que consolida a afirmação de uma ética mundial para os valores relativos aos direitos humanos. Versando sobre direitos civis, políticos, sociais, econômicos e culturais – num avanço considerável para a época –, logrou enumerar definitivamente os direitos e liberdades fundamentais a que a Carta de São Francisco apenas havia feito referência genérica.

Foi aprovada pela Resolução n. 217 A (III) da Assembleia Geral das Nações Unidas, no dia 10 de dezembro de 1948. Votaram a favor 40 países, contra 8 que se abstiveram (África do Sul, Arábia Saudita, Bielo-Rússia, Iugoslávia, Polônia, Tchecoslováquia, Ucrânia e União Soviética). Nenhum país votou contra.

A Declaração Universal dos Direitos Humanos assegura, no seu art. I, que "todos os homens nascem livres e iguais em dignidade e direitos. São dotados de razão e consciência e devem agir em relação uns aos outros com espírito de fraternidade". No art. II, detalha-se essa liberdade:

"Todo homem tem capacidade para gozar os direitos e as liberdades estabelecidos nesta Declaração, sem distinção de qualquer espécie, seja de raça, cor, sexo, língua, religião, opinião política ou de outra natureza, origem nacional ou social, riqueza, nascimento ou qualquer outra condição".

Em outras palavras, o documento trata da chamada "cidadania universal" e visa a proteger os direitos de homens, mulheres e crianças de todo o mundo, independentemente de raça, cor ou religião. Os seus 30 artigos discorrem sobre o direito à alimentação, ao trabalho, à saúde e à educação – direitos econômicos, sociais e culturais –, bem como o direito à vida, à liberdade e à segurança pessoal, o direito de ir e vir, o direito de liberdade de expressão e pensamento – além dos direitos políticos, entre tantos outros.

A Declaração coloca a dignidade da pessoa humana como núcleo de todos os direitos humanos. Tendo sido aprovada como Resolução, não tomou a forma de um tratado multilateral, o que deu margem a questionamentos sobre sua força vinculante, já que Resolução não possui força de lei.

Direitos Humanos

Não temos qualquer receio em afirmar que a Declaração tem força jurídica vinculante plena.

ATENÇÃO

Concorda conosco a autora Flávia Piovesan (*Direitos humanos e o direito constitucional internacional*. 22. ed. São Paulo: Saraiva, 2024, p. 162, grifo do original): "(...) a Declaração Universal tem sido concebida como a interpretação da expressão *direitos humanos*, constante da Carta das Nações Unidas, apresentando, por esse motivo, força jurídica vinculante".

Primeiro, porque entendimento diverso resultaria de um irresponsável excesso de formalismo. De fato, pouco importa, para fins de proteção aos direitos humanos, a denominação que se dê aos instrumentos que os reconheçam. Aliás, a rigor, pouco deveria importar o reconhecimento: dada a sua natureza, sendo reconhecidos solenemente ou não, deveriam sempre ser respeitados.

Além disso, cumpre lembrar que o próprio Estatuto da Corte Internacional de Justiça, em seu art. 38, reconhece o costume internacional e os princípios gerais de direito como fontes primárias de direito internacional (de mesma hierarquia dos tratados). Sendo assim, uma vez que são reconhecidos e protegidos pela esmagadora maioria dos sujeitos de direito internacional, constituem verdadeiro *jus cogens* internacional, o que, segundo nosso entendimento, impõe a observância da normatização deles emanada, inclusive, pelos Estados que não assinaram a Resolução ou que não fazem parte da ONU.

Já houve pronunciamento expresso da Corte Internacional de Justiça quanto ao valor jurídico da Declaração. Em 24 de maio de 1980, em decisão definitiva, ao tratar de um caso que envolvia o Pessoal Diplomático e Consular dos EUA em Teerã, a Corte esclareceu que considerava a Declaração Universal como costume internacional, possuindo, então, mesma força normativa que os dispositivos da Carta da ONU.

Dica

O artigo "Pessoal diplomático e consular dos Estados Unidos em Teerã (Estados Unidos *vs.* Irã – 24 de maio de 1980)", de autoria de George Rodrigo Bandeira Galindo e Loussia Penha Musse Felix (*In*: RORIZ, João Henrique Ribeiro; AMARAL JÚNIOR, Alberto do (orgs.). *O direito internacional em movimento*: jurisprudência internacional comentada. Brasília: Instituto Brasiliense de Direito Civil e Grupo de Pesquisa Crítica e Direito Internacional, 2016), analisa com profundidade esse caso, também conhecido como "Reféns no Irã". Segundo trecho do trabalho, o julgamento desse caso, "ao ressaltar de maneira vigorosa a inviolabilidade dos diplomatas e autoridades consulares, além das premissas diplomáticas e consulares, trouxe as sementes que permitiram desafiar, também vigorosamente, a imagem do sistema jurídico internacional como pacífico, harmonioso e ordenado".

Direitos previstos na Declaração Universal – O art. II da Declaração acentua a universalidade dos direitos humanos. Ou seja, basta ser humano para titulá-los. Essa constatação – e sua consagração em um documento internacional – é de extrema importância, pois, como já visto, historicamente, conquistas nesse campo foram sempre restritas a parcelas da população.

Além disso, ao lado dos direitos civis e políticos, a Declaração consagrou também direitos econômicos, sociais e culturais, demonstrando não existir nenhuma incompatibilidade lógica entre eles. Mais uma vez, a ideia de gerações de direitos humanos ressalta a noção de cumulatividade, e não de superação.

O documento, por exemplo, disciplina o direito ao trabalho, à livre escolha do emprego em condições justas e favoráveis e à proteção contra o desemprego (art. XXIII). Além disso, preconiza o direito a um padrão digno de vida, em que restem assegurados saúde, bem-estar, alimentação, vestuário, habitação, cuidados médicos e serviços sociais indispensáveis (art. XXIV). Prevê, igualmente, o direito à educação (art. XXVI) e o direito de participar livremente da vida cultural da comunidade (art. XXVII).

Importantíssimo, ainda, o disposto no art. XXVIII, que colocou definitivamente os direitos humanos no centro do desenvolvimento do direito internacional que viria após a Declaração: "Todo homem tem direito a uma ordem social e internacional, em que os direitos e liberdades estabelecidos na presente Declaração possam ser plenamente realizados".

A Declaração Universal dos Direitos Humanos de 1948 constituiu, em suma, um marco histórico a partir do qual os direitos humanos passaram a ser entendidos como universais e indivisíveis, ou seja, extensíveis a todos na forma de um todo harmônico que se integra para proteger, em todos os aspectos, a dignidade da pessoa humana.

6.5. ESTRUTURA NORMATIVA GLOBAL

O sistema global dos direitos humanos completou-se, em 1966, com a adoção de dois novos tratados internacionais: o Pacto Internacional dos Direitos Civis e Políticos e o Pacto Internacional dos Direitos Econômicos, Sociais e Culturais. Além desses documentos, o sistema foi ampliado com a adoção de tratados e convenções relativos a violações específicas, como genocídio e tortura.

6.5.1. PACTO INTERNACIONAL DOS DIREITOS CIVIS E POLÍTICOS

Demorou uma década, desde a sua aprovação em 1966, para que o PIDCP alcançasse o número necessário de ratificações para entrar em vigor. Após o processo de ratificação, cada Estado passou a ter obrigação de informar as medidas legislativas, administrativas e judiciárias adotadas para implementar os direitos enunciados pelo pacto.

Reproduzimos, a seguir, apenas a primeira e a segunda parte do documento, que tratam dos direitos individuais e do direito dos povos.

Pacto Internacional dos Direitos Civis e Políticos (PIDCP)

Preâmbulo

Os Estados-partes no presente Pacto:

Considerando que, em conformidade com os princípios enunciados na Carta das Nações Unidas, o reconhecimento da dignidade inerente a todos os membros da família humana e dos seus direitos iguais e inalienáveis constitui o fundamento da liberdade, da justiça e da paz no mundo;

Reconhecendo que estes direitos decorrem da dignidade inerente à pessoa humana;

Reconhecendo que, em conformidade com a Declaração Universal dos Direitos do Homem, o ideal do ser humano livre, usufruindo das liberdades civis e políticas e liberto do medo e da miséria, não pode ser realizado a menos que sejam criadas condições que permitam a cada um gozar dos seus direitos civis e políticos, bem como dos seus direitos econômicos, sociais e culturais;

Considerando que a Carta das Nações Unidas impõe aos Estados a obrigação de promover o respeito universal e efetivo dos direitos e das liberdades do homem;

Tomando em consideração o fato de que o indivíduo tem deveres em relação a outrem e em relação à coletividade a que pertence e tem a responsabilidade de se esforçar a promover e respeitar os direitos reconhecidos no presente Pacto:

Acordam o que se segue:

PRIMEIRA PARTE

Artigo 1º

1. Todos os povos têm o direito a dispor deles mesmos. Em virtude deste direito, eles determinam livremente o seu estatuto político e dedicam-se livremente ao seu desenvolvimento econômico, social e cultural.

2. Para atingir os seus fins, todos os povos podem dispor livremente das suas riquezas e dos seus recursos naturais, sem prejuízo de quaisquer obrigações que decorrem da cooperação econômica internacional, fundada sobre o princípio do interesse mútuo e do direito internacional. Em nenhum caso pode um povo ser privado dos seus meios de subsistência.

Direitos Humanos

3. Os Estados-partes no presente Pacto, incluindo aqueles que têm a responsabilidade de administrar territórios não autônomos e territórios sob tutela, são chamados a promover a realização do direito dos povos a disporem de si mesmos e a respeitar esse direito, conforme as disposições da Carta das Nações Unidas.

SEGUNDA PARTE

Artigo 2º

1. Cada Estado-parte no presente Pacto compromete-se a respeitar e a garantir a todos os indivíduos que se encontrem nos seus territórios e estejam sujeitos à sua jurisdição os direitos reconhecidos no presente Pacto, sem qualquer distinção, derivada, nomeadamente, de raça, de cor, de sexo, de língua, de religião, de opinião política, ou de qualquer outra opinião, de origem nacional ou social, de propriedade ou de nascimento, ou de outra situação.

2. Cada Estado-parte no presente Pacto compromete-se a adotar, de acordo com os seus processos constitucionais e, com as disposições do presente Pacto, as medidas que permitam a adoção de decisões de ordem legislativa ou outra capazes de dar efeito aos direitos reconhecidos no presente Pacto que ainda não estiverem em vigor.

3. Cada Estado-parte no presente Pacto compromete-se a:

a. Garantir que todas as pessoas cujos direitos e liberdades reconhecidos no presente Pacto forem violados disponham de recurso eficaz, mesmo no caso de a violação ter sido cometida por pessoas agindo no exercício das suas funções oficiais;

b. Garantir que a competente autoridade judiciária, administrativa ou legislativa, ou qualquer outra autoridade competente, segundo a legislação do Estado, estatua sobre os direitos da pessoa que forma o recurso, e desenvolver as possibilidades de recurso jurisdicional;

c. Garantir que as competentes autoridades façam cumprir os resultados de qualquer recurso que for reconhecido como justificado.

Artigo 3º

Os Estados-partes no presente Pacto comprometem-se a assegurar o direito igual dos homens e das mulheres a usufruir de todos os direitos civis e políticos enunciados no presente Pacto.

Artigo 4º

1. Em tempo de uma emergência pública que ameaça a existência da nação e cuja existência seja proclamada por um ato oficial, os Estadospartes no presente Pacto podem tomar, na estrita medida em que a situação o exigir, medidas que derroguem as obrigações previstas no presente Pacto, sob reserva de que essas medidas não sejam incompatíveis com outras obrigações que lhes impõe o direito internacional e que elas não envolvam uma discriminação fundada unicamente sobre a raça, a cor, o sexo, a língua, a religião ou a origem social.

2. A disposição precedente não autoriza nenhuma derrogação aos artigos 6º, 7º, 8º, parágrafos 1 e 2, 11, 15, 16 e 18.

3. Os Estados-partes no presente Pacto que usam do direito de derrogação devem, por intermédio do Secretário-geral da Organização das Nações Unidas, informar imediatamente os outros Estados-partes acerca das disposições derrogadas, bem como dos motivos dessa derrogação. Uma nova comunicação será feita pela mesma via na data em que se pôs fim a essa derrogação.

Artigo 5º

1. Nenhuma disposição do presente Pacto pode ser interpretada como implicando para um Estado, um grupo ou um indivíduo qualquer direito de se dedicar a uma atividade ou de realizar um ato visando a destruição dos direitos e das liberdades reconhecidas no presente Pacto ou as suas limitações mais amplas que as previstas no dito Pacto.

2. Não pode ser admitida nenhuma restrição ou derrogação aos direitos fundamentais do homem reconhecidos ou em vigor em todo o Estado-parte no presente Pacto em aplicação de leis, de convenções, de regulamentos ou de costumes, sob pretexto de que o presente Pacto não os reconhece ou reconhece-os em menor grau.

Adotado pela Resolução n. 2.200 A (XXI) da Assembleia Geral das Nações Unidas, em 16 de dezembro de 1966, e ratificado pelo Brasil em 24 de janeiro de 1992, o Pacto Internacional dos Direitos Civis e Políticos trouxe em seu bojo um número maior de direitos dessa espécie que o previsto na Declaração Universal. Assim, dito instrumento internacional não representou apenas a juridicização dos direitos de primeira dimensão, mas, também, substancial consolidação de suas garantias.

Logo em seu art. 1º está previsto o direito dos povos de alcançar a autodeterminação. Tal disposição constitui algo até então inédito, compreendendo a liberdade para confecção de estatuto político próprio e para o desenvolvimento econômico, social e cultural.

Os principais direitos e garantias assegurados pelo Pacto são:

– igualdade entre homens e mulheres no gozo de direitos civis e políticos (art. 3º);

– direito à vida, com determinação de que seja ele protegido por lei interna e de que sejam fixadas estreitas limitações à aplicação da pena de morte, que não poderá ser aplicada a mulheres em estado de gravidez, nem a pessoas menores de 18 anos (art. 6º);

– proibição da submissão à tortura, a penas ou tratamentos cruéis, desumanos ou degradantes, incluindo-se a submissão, sem consentimento, a experiências médicas ou científicas (art. 7º);

– proibição da escravidão e de todas as formas de tráfico de escravos (art. 8º);

– vedação à prisão arbitrária, com garantia do julgamento em tempo razoável (art. 9º);

– vedação à prisão civil (art. 11);

– garantia da presunção de inocência, do tempo e dos meios necessários à preparação da defesa e da comunicação com defensor de sua escolha (art. 14);

– direito ao reconhecimento de sua personalidade jurídica em qualquer lugar (art. 16);

– proteção à vida privada, ao domicílio e à correspondência (art. 17);

– liberdade de pensamento, de consciência e de religião (art. 18);

– liberdade de opinião, que poderá ser restringida para assegurar o respeito dos direitos e da reputação das demais pessoas, bem como para proteger a segurança nacional, a ordem, a saúde ou a moral públicas (art. 19);

– direito de reunião, passível de limitação no interesse da segurança nacional, da segurança ou da ordem pública, ou para proteger a saúde ou a moral pública ou os direitos e a liberdade das demais pessoas (art. 21);

– proteção da criança por parte da família, da sociedade e do Estado (art. 24);

– igualdade perante a lei (art. 26).

Quanto ao dispositivo relativo à liberdade de opinião (art. 19), cabe observar que, dada a vagueza de suas expressões, especialmente quanto às limitações admissíveis a esse direito, dá ensejo a severas críticas. Estas, aliás, estendem-se à linguagem adotada pelo Pacto como um todo, dado que, com acentuada frequência, é possível encontrar expressões de extrema abstração. Esse descaminho pode reduzir direitos e garantias ali previstos a meras previsões formais, desprovidas da necessária exigibilidade.

Sistema de monitoramento previsto no Pacto Internacional dos Direitos Civis e Políticos – O sistema de monitoramento previsto em tratados internacionais tem por finalidade averiguar se os direitos ali previstos são respeitados e promovidos pelos Estados-partes, com vistas à responsabilização em caso de descumprimento de suas disposições.

O Pacto instituiu um Comitê de Direitos Humanos, composto de dezoito membros (art. 28). O *quorum* para instalação dos trabalhos é de doze membros e as decisões são tomadas por maioria de votos dos membros presentes (art. 39).

Os Estados-partes devem enviar ao Comitê, sempre que solicitados, relatórios sobre as medidas por eles adotadas para concretizar os direitos mencionados no Pacto (art. 40). Essa sistemática de relatórios periódicos (*reports*), entretanto, por serem de autoria dos próprios Estados, sem participação da sociedade civil, pode resultar inócua, pois, como ressaltado, são os próprios Estados os grandes violadores dos direitos humanos.

Ao Comitê incumbe analisar tais relatórios, transmitindo posteriormente aos Estados-partes seu próprio parecer, com os comentários que julgar oportunos, os quais também poderão ser encaminhados ao Conselho Econômico e Social.

Direitos Humanos

Paralelamente, o Pacto também acolhe a sistemática das comunicações interestatais (*inter-state communications*), que está prevista no art. 41. Consiste ela na recepção, pelo Comitê, de denúncia veiculada por um Estado-parte de violação de direitos humanos perpetrada por outro.

Essa sistemática não é compulsória, uma vez que o próprio art. 41 dispõe que deve haver declaração do Estado-parte reconhecendo tal competência do Comitê.

JURISPRUDÊNCIA

Caso Trabalhadores da Fazenda Brasil Verde *vs.* Brasil

Sentença de 29 de outubro de 2016

Vítimas: Trabalhadores da Fazenda Brasil Verde

Representantes: Comissão Pastoral da Terra (CPT) e Centro por la Justicia y el Derecho Internacional (CEJIL)

Estado demandado: República Federativa do Brasil

Resumo: O caso se refere à responsabilidade internacional do Estado pela escravidão de trabalhadores da Fazenda Brasil Verde, bem como pela aquiescência estatal por falta de investigação e punição dos responsáveis.

Violações reconhecidas: Art. 1º (dever de respeitar os direitos); art. 2º (dever de adotar disposições de direito interno), art. 3º (direito ao reconhecimento da personalidade jurídica); art. 4º (direito à vida); art. 5º (direito à integridade pessoal); art. 6º (proibição da escravidão e da servidão); art. 7º (liberdade pessoal); art. 8º (garantias judiciais); art. 19 (direitos da criança); art. 22 (direito de circulação e residência); e art. 25 (proteção judicial) da Convenção Americana sobre Direitos Humanos.

O Estado brasileiro apresentou dez exceções preliminares, tendo nove sido rejeitadas e uma parcialmente aceita – a referente à incompetência *ratione temporis* da Corte Interamericana. Dessa forma, os magistrados reconheceram que só possuíam competência para julgar os fatos ocorridos com posteridade à data de reconhecimento do caráter contencioso do tribunal, isto é, a partir do dia 10 de dezembro de 1998.

(...) os magistrados observaram que as autoridades brasileiras demonstraram ausência de proteção judicial efetiva, ao ter atuado de forma paliativa em diversos momentos do processo interno, justificando, portanto, a caracterização de violação dos artigos referentes às garantias e proteção do diploma interamericano de proteção dos direitos humanos. Nesse sentido, a Corte Interamericana condenou o Estado pela violação dos artigos citados.

Extraído de Mazzuoli (*Direitos humanos na jurisprudência internacional*. São Paulo: Método, 2019, p. 426-428).

De outro lado, dispõe o Pacto que os Estados-partes deverão tentar, primeiramente, resolver entre si o problema relatado, em um prazo de seis meses. Ultrapassado o prazo, qualquer deles poderá submetê-lo ao Comitê, que tratará de todas as questões envolvidas apenas se constatar que todos os recursos jurídicos internos disponíveis foram utilizados e esgotados. Buscar-se-á, em todo caso, uma solução amistosa.

Esse mecanismo somente terá lugar se o Estado tiver ratificado o Pacto Internacional dos Direitos Civis e Políticos, bem como o Protocolo Facultativo.

Protocolo Facultativo – Em 16 de dezembro de 1966 foi editado o Protocolo Facultativo ao PIDCP, cujo principal avanço foi a criação do mecanismo das petições individuais apresentadas por pessoas que aleguem ser vítimas de violações de direitos. Muitas comunicações individuais já foram recebidas pelo Comitê de Direitos Humanos da ONU.

Trata-se de algo inédito no direito internacional público, que bem representa o movimento direcionado ao reconhecimento do indivíduo como sujeito de direito internacional.

O Protocolo Facultativo, contudo, traz dois requisitos de admissibilidade da petição individual para que seja ela analisada pelo Comitê (art. 5º). Assim, além de só ter legitimidade para apresentar a petição a alegada vítima da violação – ou seja, aquele que sofreu pessoalmente com a violação do direito consagrado pelo Pacto –, esta deverá demonstrar:

SINOPSES JURÍDICAS

– prévio esgotamento de todos os recursos internos disponíveis, a menos que os processos de recurso excedam prazos razoáveis;

– exclusividade de Jurisdição (a questão objeto da petição não pode ter sido submetida à apreciação de outra instância internacional).

Vedam-se, ainda, as comunicações anônimas ou cuja apresentação constitua, no entendimento do Comitê, um abuso de direito, ou, ainda, que seja incompatível com as disposições do Pacto (art. 3º do Protocolo).

O Comitê já admitia comunicações formuladas por representantes da vítima e mesmo por organizações ou terceiros (esse procedimento é hoje permitido expressamente por seu Estatuto).

Rescindindo os atos procedimentais – As comunicações feitas por petições individuais serão apresentadas aos Estados-partes que alegadamente tenham violado qualquer disposição do Pacto. Os Estados, então, terão seis meses para submeter ao Comitê, por escrito, explicações ou declarações que esclareçam a questão, indicando as medidas que tenham tomado para remediar a situação.

O Comitê toma suas decisões por maioria dos membros presentes e a decisão é publicada no relatório anual enviado à Assembleia Geral.

A decisão pode se limitar apenas a reconhecer a violação havida, como pode também determinar ao Estado medidas necessárias para impedir a violação ou a reparação dos danos causados, de modo a respeitar as disposições do Pacto.

O Protocolo Facultativo, todavia, não prevê sanção alguma para o Estado que descumprir a decisão do Comitê, que, aliás, não é vinculante.

Portanto, eventual punição ao Estado violador de direitos humanos previstos no Pacto Internacional dos Direitos Civis e Políticos e em seu Protocolo Facultativo se dará exclusivamente no campo político – trata-se do chamado *power of embarrassment*, verdadeiro constrangimento experimentado pelo Estado perante a comunidade internacional em decorrência da condenação.

Em cumprimento às recomendações do PIDCP, o Brasil apresentou relatórios a respeito de avanços institucionais obtidos para a implementação do Pacto no País.

Entre as medidas, destacamos algumas, que constam do II Relatório:

Quadro sinótico

INICIATIVAS BRASILEIRAS PARA IMPLEMENTAÇÃO DO PIDCP	
Lançamento do Programa Nacional de Direitos Humanos	Decretos n. 1.904, de 13 de maio de 1996, e n. 4.229, de 13 de maio de 2002. Propõem ações governamentais para a proteção e a promoção dos direitos civis e políticos no Brasil.
Criação da Secretaria Nacional de Direitos Humanos, em abril de 1997	No governo do presidente Luiz Inácio Lula da Silva, a Secretaria foi renomeada Secretaria Especial dos Direitos Humanos, adquiriu *status* de Ministério e passou a ser subordinada à Presidência da República.
Aprovação da Lei n. 9.140/95, que reconheceu como mortas as pessoas desaparecidas em razão de participação política na época da ditadura militar	A lei obriga a União a indenizar os familiares das vítimas.
Aprovação da Lei n. 9.100/95, que fixou cotas para mulheres no que se refere à candidatura para cargos legislativos	A lei estimulou a participação política das mulheres no País.

Direitos Humanos

Aprovação da Lei n. 9.029/95, que proibiu a exigência de atestados de gravidez e esterilização	A lei proíbe práticas discriminatórias contra a mulher, para efeitos de admissão ou permanência da relação jurídica de trabalho.
Aprovação da Lei n. 9.099/95, que criou os Juizados Especiais Cíveis e Criminais	Esses juizados permitem acesso mais amplo à Justiça e maior celeridade na resolução de disputas de menor gravidade (conforme item 24 das sugestões e recomendações do Comitê de Direitos Humanos das Nações Unidas).
Lei n. 9.985/95	Regulamenta o art. 25, § 1º, I, II e IV, da Constituição Federal, institui o Sistema Nacional de Unidades de Conservação da Natureza e dá outras providências.
Aprovação da Lei n. 9.299/96, que determinou a transferência da Justiça Militar para a Justiça Comum do julgamento de crimes dolosos contra a vida cometidos por policiais militares	A providência elimina o foro privilegiado a que tinham direito os policiais militares acusados da morte de civis (em atenção ao item 18 das sugestões e recomendações do Comitê de Direitos Humanos das Nações Unidas).
Aprovação da Lei Complementar n. 88/96, que estabeleceu o rito sumário nos processos de desapropriação para fins de reforma agrária	Referida norma trouxe a possibilidade da realização de audiência de conciliação para tornar menos oneroso o processo expropriatório.
Aprovação da Lei n. 9.503/97, que introduziu o novo Código de Trânsito Brasileiro	À época da aprovação da lei, o número de mortes no trânsito do Brasil era de 50.000 por ano.
Aprovação da Lei n. 9.455/97, que tipificou o crime de tortura	Atendendo ao item 18 das sugestões e recomendações feitas pelo Comitê de Direitos Humanos.
Aprovação da Lei n. 9.534/97, que estabeleceu a gratuidade para registros fundamentais, como a certidão de nascimento e a certidão de óbito	Esta lei traz efetividade aos direitos dos cidadãos, dispondo sobre a gratuidade no sentido de reconhecer o registro civil de nascimento e a certidão de óbito.
Aprovação da Lei n. 9.433/97, que institui a Política Nacional de Gerenciamento de Recursos Hídricos	Regulamenta o inciso XIX do art. 21 da Constituição Federal, e altera o art. 1º da Lei n. 8.001, de 13 de março de 1990, que modificou a Lei n. 7.990, de 28 de dezembro de 1989.
Aprovação da Lei n. 9.459/97, que ampliou as previsões já constantes na Lei n. 7.716/89	A lei prevê os crimes de racismo e de preconceito racial, abrangendo, ainda, crimes de preconceito contra etnia, procedência nacional e religião (em atenção ao item 27 das sugestões e recomendações feitas pelo Comitê de Direitos Humanos).
Aprovação da Lei n. 9.437/97, que tornou crime o porte ilegal de armas e criou o Sistema Nacional de Armas	Complementarmente, foi aprovado o Estatuto do Desarmamento, Lei n. 10.826/2003, que dispôs restritivamente sobre o registro, posse e comercialização de armas de fogo e munição e sobre o Sistema Nacional de Armas.
Aprovação da Lei n. 9.474/97, que estabeleceu o Estatuto dos Refugiados	Garante ao refugiado, regularmente registrado no País, o direito de não ser expulso, exceto por motivos de segurança nacional ou ordem pública.
Aprovação da Lei Complementar n. 93/98, que criou o Banco da Terra	A lei foi mais um instrumento para viabilizar o processo de reforma agrária.
Lei n. 8.974, de 5 de janeiro de 1995	Regulamenta os incisos II e V do § 1º do art. 225 da Constituição Federal, estabelece normas para o uso das técnicas de engenharia genética e liberação no meio ambiente de organismos geneticamente modificados, autoriza o Poder Executivo a criar, no âmbito da Presidência da República, a Comissão Técnica Nacional de Biossegurança, e dá outras previdências.

SINOPSES JURÍDICAS

Aprovação da Lei n. 9.714/98, que institui oito novas espécies de penas alternativas	Em atenção ao item 25 das sugestões e recomendações feitas pelo Comitê de Direitos Humanos.
Introdução de cursos de capacitação em direitos humanos para policiais civis e militares	Em atenção ao item 19 das sugestões e recomendações feitas pelo Comitê de Direitos Humanos.
Criação de ouvidorias de polícia em vários estados	As ouvidorias, como órgãos independentes, recebem denúncias a respeito de crimes e desvios de conduta praticados por agentes policiais (em atenção ao item 22 das sugestões e recomendações feitas pelo Comitê de Direitos Humanos).
Aprovação da Lei federal n. 9.807/99, que instituiu o Programa Nacional de Assistência a Vítimas e Proteção às Testemunhas Ameaçadas	A lei dispôs sobre a proteção de acusados ou condenados que tenham voluntariamente prestado efetiva colaboração à investigação policial e ao processo criminal.
Aprovação da Lei n. 10.216/2001, que dispôs sobre a proteção e os direitos das pessoas portadoras de transtornos mentais	A lei redirecionou o modelo assistencial em saúde mental no País.
Aprovação da Lei n. 10.098/2000, que estabeleceu normas gerais e critérios básicos para a promoção da acessibilidade das pessoas portadoras de deficiência ou com mobilidade reduzida	Busca a inclusão de todos, permitindo, ainda, a utilização com segurança e autonomia dos espaços, mobiliários e equipamentos urbanos, das edificações, dos serviços de transporte, meios de comunicação e informação, por pessoa portadora de deficiência ou com mobilidade reduzida.
Aprovação da EC n. 20/98, que aumentou para 16 anos a idade mínima para o trabalho de adolescentes e, entre 14 e 16 anos, a idade em que é possível o trabalho na condição de aprendiz	Com a limitação da idade mínima, preserva-se a higidez física e psicológica dos adolescentes e, ainda, sua escolaridade.
Lei n. 10.048/2000, que traz importantes inovações no atendimento às pessoas com deficiência	Estabelece, por exemplo, que as repartições públicas, as empresas concessionárias de serviços públicos e as instituições financeiras estão obrigadas a dispensar atendimento prioritário, por meio de serviços individualizados, que assegurem tratamento diferenciado e atendimento imediato às pessoas com deficiência.
Lei n. 10.098/2000 (pessoa com deficiência)	Lei de acessibilidade das pessoas portadoras de deficiência ou com mobilidade reduzida.
Lei n. 10.216/2001 (saúde mental)	Dispõe sobre a proteção e os direitos das pessoas portadoras de transtornos mentais.
Lei n. 10.436/2002	Dispõe sobre a Língua Brasileira de Sinais.
Aprovação do Estatuto do Idoso, Lei n. 10.741/2003, que sistematizou e introduziu medidas de proteção aos idosos	Com suas inovações, possibilitou aos idosos que não possuam meios para prover sua subsistência, nem de tê-la provida por sua família, um benefício mensal de um salário mínimo.
Lei n. 10.710/2003 (proteção à gestante)	Altera a Lei n. 8.213 para restabelecer o pagamento pela empresa do salário-maternidade devido à segurada gestante.

Direitos Humanos

Lei n. 11.105, de 25 de março de 2005 (Regulamentada pela Lei n. 9.985/2000. O Plenário do STF, no julgamento da ADI 3.510, declarou a constitucionalidade do art. 5º da Lei de Biossegurança (Lei n. 11.105/2005), por entender que as pesquisas com células-tronco embrionárias não violam o direito à vida ou o princípio da dignidade da pessoa humana.)	Regulamenta os incisos II, IV e V do § 1º do art. 225 da Constituição Federal, estabelece normas de segurança e mecanismos de fiscalização de atividades que envolvam organismos geneticamente modificados – OGM e seus derivados, cria o Conselho Nacional de Biossegurança – CNBS, reestrutura a Comissão Técnica Nacional de Biossegurança – CNT-Bio, dispõe sobre a Política Nacional de Biossegurança – PNB, revoga a Lei n. 8.974, de 5 de janeiro de 1995, e a Medida Provisória n. 2.191-9, de 23 de agosto de 2001, e os arts. 5º, 6º, 7º, 8º, 9º, 10 e 16 da Lei n. 10.814, de 15 de dezembro de 2003, e dá outras providências.
Lei n. 11.387/2006 (contribuição à Organização Mundial de Saúde – OMS; direito à saúde)	Destinada a apoiar a viabilização da Central Internacional para compra de medicamentos de combate a Aids, malária e tuberculose.
Lei n. 11.346/2006 (direito à alimentação)	Cria o Sistema Nacional de Segurança Alimentar e Nutricional – SISAN.
Decreto n. 6.040/2007 (direitos dos segmentos sociais – minorias)	Institui a Política Nacional de Desenvolvimento Sustentável dos Povos e Comunidades Tradicionais.
Lei n. 11.340, de 7 de agosto de 2006 (Lei Maria da Penha)	Cria mecanismos para coibir a violência doméstica contra a mulher, nos termos do § 8º do art. 226 da Constituição Federal, da Convenção sobre a Eliminação de Todas as Formas de Discriminação contra a Mulher, dispõe sobre a criação dos Juizados de Violência contra a Mulher, altera o Código de Processo Penal, o Código Penal e a Lei de Execução Penal.
Emenda Constitucional n. 66/2012 (empregadas domésticas)	Confere ao emprego doméstico os mesmos direitos de um trabalhador comum.
Lei n. 12.852/2013 (Estatuto da Juventude)	Dispõe sobre os direitos dos jovens, os princípios e diretrizes das políticas públicas de juventude e o Sistema Nacional de Juventude – SINAJUVE.

6.5.2. PACTO INTERNACIONAL DOS DIREITOS ECONÔMICOS, SOCIAIS E CULTURAIS

A dicotomia autoaplicabilidade/programaticidade das normas de direitos humanos norteou a elaboração de dois tratados diferentes quando do início da construção do sistema da ONU: o Pacto Internacional dos Direitos Civis e Políticos abrangeu normas pretensamente autoaplicáveis, e o Pacto Internacional dos Direitos Econômicos, Sociais e Culturais, adotado na mesma data, veiculou normas ditas programáticas, cuja implementação haveria de ser progressiva, porque preconizavam posturas dispendiosas aos Estados-partes.

Entretanto, como já mencionado no item 2.5, há, por certo, custo considerável em implementar muitos dos direitos civis e políticos.

Ademais, como igualmente ressaltado (item 2.5), a despeito da inexistência da apontada diferença estrutural entre as gerações ou dimensões de direitos humanos – inexistência ao menos no grau normalmente apontado –, restaram ao Pacto Internacional dos Direitos Econômicos, Sociais e Culturais, primordialmente, normas de cunho programático. Como tais, são normas geralmente destinadas ao Estado, no que se diferenciam daquelas existentes no

Pacto Internacional de Direitos Civis e Políticos, em que podem ser vistos direitos a serem diretamente usufruídos por indivíduos.

Direitos econômicos, sociais e culturais são veiculados por normas que estabelecem diretrizes ou deveres aos órgãos estatais, ao passo que direitos civis e políticos podem ser simplesmente enunciados como posturas a serem asseguradas ao indivíduo. Aqui temos as formas pelas quais, historicamente, tais modalidades de direitos foram consagradas, o que não influencia necessariamente, convém ressaltar, seus conteúdos.

Em comum, ambos os Pactos representam o movimento internacional pela positivação dos direitos constantes da Declaração Universal dos Direitos Humanos de 1948, pois, como vimos, o documento tomou a forma de Resolução, o que deu margem a questionamentos a respeito da exigibilidade de seus preceitos.

Os principais direitos e compromissos previstos no Pacto Internacional de Direitos Econômicos, Sociais e Culturais são:

– compromisso de cada Estado-parte de adotar medidas, tanto por esforço próprio como pela assistência e pela cooperação internacionais, principalmente nos planos econômico e técnico, até o máximo de seus recursos disponíveis, visando a assegurar, progressivamente, por todos os meios apropriados, o pleno exercício dos direitos previstos no Pacto, incluindo-se medidas legislativas (art. 2º);

– igualdade entre homens e mulheres no gozo dos direitos previstos no Pacto (art. 3º);

– direito a um trabalho livremente escolhido ou aceito (art. 6º);

– direito a condições de trabalho justas e favoráveis, com garantia a um salário mínimo que possibilite a existência decente para o trabalhador e para sua família, bem como descanso, lazer, limitação razoável das horas de trabalho e férias periódicas remuneradas, assim como remuneração dos feriados (art. 7º);

– direito à fundação de sindicatos ou à filiação ao sindicato da escolha da pessoa. Há previsão, todavia, de possibilidade de restrição a esse direito, por meio de lei, quando necessário ao interesse da segurança nacional ou da ordem pública, ou para proteger os direitos e liberdades alheias em uma sociedade democrática (art. 8º);

– direito de greve (art. 8º);

– direito à previdência social (art. 9º);

– compromisso de os Estados-partes protegerem o núcleo familiar, assegurado o matrimônio apenas no caso em que houver livre consentimento dos futuros cônjuges (art. 10);

– direito à proteção especial às mães por um período de tempo razoável antes e depois do parto, bem assim às crianças e aos adolescentes, vedada a distinção por motivo de filiação ou de qualquer outra condição (art. 10);

– direito de toda pessoa a um nível adequado de vida para si e para sua família, inclusive a alimentação, vestimenta e moradia adequadas, assim como a uma melhoria contínua de suas condições de vida (art. 11);

– direito de toda pessoa de desfrutar o mais elevado nível de saúde física e mental, o que implica, entre outros, o compromisso do Estado de buscar diminuir a mortalidade infantil, de melhorar as condições de higiene do trabalho e do meio ambiente, de prevenir e tratar doenças epidêmicas, endêmicas e profissionais, e de assegurar assistência médica a todos (art. 12);

– direito à educação, que deverá visar ao pleno desenvolvimento da personalidade humana e do sentido de sua dignidade e a fortalecer o respeito pelos direitos humanos e liberdades fundamentais. Pelo Pacto, a educação primária deverá ser obrigatória e gratuita; a educação secundária, incluindo a técnica e a profissional, deverá ser progressivamente gratuita; a educação de nível superior, com base na capacidade de cada um, também deve ser progressivamente estendida a todos, e de modo gratuito (art. 13);

Direitos Humanos

– direito de escolha da escola pelos pais, independentemente das indicações das autoridades públicas (art. 13);

– compromisso de todo Estado-parte elaborar um plano de ação para implementação progressiva da educação primária obrigatória e gratuita para todos (art. 14);

– direito de participação da vida cultural, de desfrutar o progresso científico e suas aplicações e de se beneficiar da proteção dos interesses morais e materiais decorrentes de toda produção científica, literária ou artística de que seja autor (art. 15).

Sistema de monitoramento previsto no Pacto Internacional dos Direitos Econômicos, Sociais e Culturais – O Pacto Internacional dos Direitos Econômicos, Sociais e Culturais (PIDESC) prevê apenas a entrega de relatórios por parte dos Estados-membros. Seu art. 16 dispõe que os Estados-partes se comprometem a apresentar relatórios sobre as medidas que tenham adotado e sobre o progresso realizado relativamente aos direitos previstos no documento.

Os relatórios deverão ser encaminhados ao Secretário-geral da ONU, que enviará cópias ao Conselho Econômico e Social e, se pertinente, às agências especializadas.

A periodicidade de envio dos relatórios é definida pelo Conselho Econômico e Social.

Quanto ao conteúdo, poderão eles indicar os fatores e as dificuldades que prejudiquem o pleno cumprimento das obrigações previstas no Pacto.

Não há previsão, no Pacto Internacional dos Direitos Civis e Políticos, de um Comitê específico para análise de violações ao Pacto, diferentemente do que se dá com o Pacto Internacional dos Direitos Civis e Políticos, que instituiu o Comitê de Direitos Humanos.

No caso do Pacto em análise, entretanto, o Conselho Econômico e Social da ONU criou, posteriormente, o Comitê sobre Direitos Econômicos, Sociais e Culturais, ao qual cabe analisar os relatórios aqui referidos, de modo que os sistemas de monitoramento previstos em ambos os Pactos, nesse ponto, se aproximam.

Originariamente, todavia, o Pacto dos Direitos Econômicos, Sociais e Culturais não previu o mecanismo das comunicações interestatais, cuja existência veio apenas com o Protocolo Facultativo, aprovado em 10 de dezembro de 2008 – Protocolo Facultativo que também dispõe sobre as comunicações por meio de petições individuais por parte das supostas vítimas (art. 2º), além das medidas provisórias em caso de urgência (art. 5º).

Protocolo Facultativo – Em 10 de dezembro de 2008, diante da resistência de muitos Estados em implementar os direitos previstos no PIDESC, foi aprovado o Protocolo Facultativo.

Esse Protocolo prevê também a adoção do mecanismo de comunicação por meio de petições por parte das supostas vítimas (art. 2º), como no PIDCP. Além disso, entre outras coisas, autoriza o Comitê de Direitos Econômicos, Sociais e Culturais a requisitar ao Estado-membro acusado a adoção de medidas de urgência para evitar danos irreparáveis às vítimas de violações e a realizar investigações *in loco* na eventualidade de grave e sistemática violação de um direito previsto no Pacto (art. 5º).

Antônio Augusto Cançado Trindade, que em 1999 era presidente da Corte Interamericana de Direitos Humanos, fez um pronunciamento histórico na IV Conferência Nacional de Direitos Humanos, proferido nos seguintes termos:

"De que vale o direito à vida sem o provimento de condições mínimas de uma existência digna, senão de sobrevivência (alimentação, moradia, vestuário)? De que vale o direito à liberdade de locomoção sem o direito à moradia adequada? De que vale o direito à liberdade de expressão sem o acesso à instrução e educação básica? De que valem os direitos políticos sem o direito ao trabalho? De que vale o direito ao trabalho sem um salário justo, capaz de atender às necessidades humanas básicas? De que vale o direito à liberdade de associação sem o direito à saúde? De que vale o direito à igualdade perante a lei sem as garantias do devido processo legal? E os exemplos se multiplicam. Daí a importância da visão holística ou integral dos direitos humanos, tomados todos conjuntamente. Todos experimentamos a indivisibilidade dos direitos humanos no quotidiano de nossas vidas. Todos os direitos humanos para todos, é este o único caminho seguro para a atuação lúcida no campo da proteção dos direitos humanos. Voltar as atenções igualmente aos direitos econômicos, sociais e culturais, face à diversificação das fontes de violações dos direitos humanos, é o que recomenda a concepção, de aceitação universal em nossos dias, da interrelação ou indivisibilidade de todos os direitos humanos" (TRINDADE, Antonio Augusto Cançado. Prefácio. *In*: LIMA JR., Jayme Benvenuto. *Os direitos humanos econômicos, sociais e culturais*. Rio de Janeiro: Renovar, 2001).

Os direitos contemplados pelo PIDESC estão distribuídos em 16 categorias:

1) Povos indígenas, remanescentes de quilombos e outras minorias; 2) Meio ambiente e desenvolvimento sustentável; 3) Discriminação e desigualdades; 4) Gênero; 5) Situação agrária; 6) Desenvolvimento econômico próprio; 7) Trabalho e sindicalização; 8) Previdência social; 9) Descanso e lazer; 10) Família; 11) Saúde; 12) Alimentação; 13) Criança e adolescente; 14) Educação; 15) Cultura; 16) Moradia.

O Ministério dos Direitos Humanos e da Cidadania (MDHC) apresentou, no dia 28 de setembro de 2023, em Genebra, na Suíça, ao Comitê de Direitos Econômicos, Sociais e Culturais da ONU, relatório sobre o cumprimento do Pacto Internacional sobre Direitos Econômicos, Sociais e Culturais. Participaram da delegação brasileira 18 representantes da sociedade civil organizada. Dentre os principais pontos levantados na sessão estavam a insuficiência de investimentos para políticas públicas de consolidação dos Direitos Econômicos, Sociais e Culturais (DESC), a necessidade de ratificação pelo Brasil do Protocolo Facultativo do PIDESC, a ausência de legislação e de um plano nacional para proteção dos defensores de direitos humanos.

Vamos ver, a seguir, passo a passo, os pontos que fazem parte do conteúdo do relatório.

1) Quanto aos povos indígenas, remanescentes de quilombos e outras minorias

O que diz o Pacto:

> Artigo 1º
>
> 2. Os Estados-partes no presente Pacto comprometem-se a garantir que os direitos nele enunciados se exercerão sem discriminação alguma por motivo de raça, cor, sexo, língua, religião, opinião política ou de qualquer outra natureza, origem nacional ou social, situação econômica, nascimento ou qualquer outra situação.

Vejamos a legislação existente no País referente aos direitos expostos no Pacto:

- Há na Constituição Federal um capítulo destinado aos indígenas, composto do art. 231 e seus sete parágrafos e do art. 232.
- São reconhecidos aos indígenas sua organização social, costumes, línguas, crenças e tradições, e os direitos originários sobre as terras que tradicionalmente ocupam, competindo à União demarcá-las, proteger e fazer respeitar todos os seus bens (art. 231 da CF).
- O Decreto n. 1.141, de 19 de maio de 1994, dispõe sobre as ações de proteção ambiental, saúde e apoio às atividades produtivas para as comunidades indígenas.
- O Decreto n. 3.156, de 27 de agosto de 1999, dispõe sobre as condições para a prestação de assistência à saúde dos povos indígenas, no âmbito do Sistema Único de Saúde, pelo Ministério da Saúde.
- A Lei n. 6.001, de 19 de dezembro de 1973, dispõe sobre o Estatuto do Índio.
- O Decreto n. 6.861, de 27 de maio de 2009, dispõe sobre a educação escolar indígena, define sua organização em territórios e dá outras providências.
- O Decreto n. 7.747, de 5 de junho de 2012, institui a Política Nacional de Gestão Territorial e Ambiental de Terras Indígenas (PNGATI).

Direitos Humanos

103

- Quanto às demais minorias, a Lei n. 7.716, de 5 de janeiro de 1989, define os crimes resultantes de preconceitos de raça ou de cor. A Lei n. 9.459, de 13 de maio de 1997, modificou os arts. 1º e 20 da referida Lei n. 7.716, para punir também os crimes resultantes de discriminação ou preconceito de raça, cor, etnia, religião ou procedência nacional. Além disso, introduziu o art. 140 do CP que, em seu § 3º, tipifica a injúria com utilização de elementos relacionados a raça, cor, etnia, religião ou origem, determinando as penas de todos os crimes referidos. Na mesma direção, o Decreto n. 6.040, de 7 de fevereiro de 2007, institui a Política Nacional de Desenvolvimento Sustentável dos Povos e Comunidades Tradicionais.

2) Quanto ao meio ambiente e ao desenvolvimento sustentável

O que diz o Pacto:

> Artigo 6º
> 2. As medidas que os Estados-partes no presente Pacto deverão adotar, com o fim de assegurar o pleno exercício desse direito, incluirão as medidas que se façam necessárias para assegurar:
> • A diminuição da mortinatalidade e da mortalidade infantil, bem como o desenvolvimento sadio das crianças.
> • A melhoria de todos os aspectos de higiene do trabalho e do meio ambiente.

Vejamos a legislação existente no País referente aos direitos expostos no Pacto:

- O art. 225 da CF dispõe que: "Todos têm direito ao meio ambiente ecologicamente equilibrado, bem de uso comum do povo e essencial à sadia qualidade de vida, impondo-se ao Poder Público e à coletividade o dever de defendê-lo e preservá-lo para as presentes e futuras gerações".
- A Lei n. 7.661, de 16 de maio de 1988, dispõe sobre o Plano Nacional de Gerenciamento Costeiro, que reflete a preocupação com o uso sustentável dos recursos naturais da zona costeira, por se tratar de local passível de ocupação desordenada e que, por tal, é causa da degradação do meio ambiente.
- A Lei n. 7.802, de 11 de julho de 1989, cuida dos danos ao meio ambiente, regulamentada pelo Decreto n. 4.074, de 4 de janeiro de 2002.
- A Lei n. 9.537, de 11 de dezembro de 1997, define que a autoridade marinha deve assegurar a salvaguarda da vida humana e a segurança da navegação, no mar aberto e hidrovias interiores, e a prevenção da poluição ambiental por parte de embarcações, plataformas ou suas instalações de apoio.
- A Lei n. 9.605, de 12 de fevereiro de 1998 (Lei de Crimes Ambientais), define a responsabilidade das pessoas físicas e jurídicas e dispõe sobre as sanções penais e administrativas derivadas de condutas e atividades lesivas ao meio ambiente, e dá outras providências.
- A Lei n. 9.795, de 27 de abril de 1999, regulamentada pelo Decreto n. 4.281, de 25 de junho de 2002, dispõe sobre a educação ambiental, institui a Política Nacional de Educação Ambiental e dá outras providências.
- A Lei n. 9.985, de 18 de julho de 2000, regulamenta o art. 225, § 1º, I, II, III e VII, da Constituição Federal, institui o Sistema Nacional de Unidades de Conservação da Natureza.
- A Lei n. 11.105, de 24 de março de 2005, regulamenta os incisos II, IV e V do § 1º do art. 225 da Constituição Federal, estabelece normas de segurança e mecanismos de fiscalização de atividades que envolvam organismos geneticamente modificados – OGM e seus derivados, cria o Conselho Nacional de Biossegurança – CNBS, reestrutura a Comissão Técnica Nacional de Biossegurança – CTNBio, dispõe sobre a Política Nacional de Biossegurança – PNB.

- A Lei n. 11.428, de 22 de dezembro de 2006, dispõe sobre a utilização e proteção da vegetação nativa do Bioma Mata Atlântica.
- A Lei n. 11.445, de 5 de janeiro de 2007, estabelece as diretrizes nacionais para o saneamento básico.
- A Lei n. 11.794, de 8 de outubro de 2008, regulamenta o inciso VII do § 1º do art. 225 da Constituição Federal, estabelecendo procedimentos para o uso científico de animais.
- A Lei n. 11.959, de 29 de junho de 2009, dispõe sobre a Política Nacional de Desenvolvimento Sustentável da Aquicultura e da Pesca e regula as atividades pesqueiras.
- A Lei 12.605, de 2 de agosto de 2010, define a Política Nacional de Resíduos Sólidos e estabelece instrumentos e diretrizes para os setores públicos e as empresas lidarem com os resíduos gerados.
- A Lei n. 12.651, de 25 de maio de 2012, institui o novo Código Florestal.

3) Quanto à discriminação e às desigualdades

O que diz o Pacto:

> Artigo 2º
> 2. Os Estados-partes no presente Pacto comprometem-se a garantir que os direitos nele enunciados se exercerão sem discriminação alguma por motivo de raça, cor, sexo, religião, opinião política ou de qualquer outra natureza, origem nacional ou social, situação econômica, nascimento ou qualquer outra situação.

Vejamos a legislação existente no País referente aos direitos expostos no Pacto:

- O art. 3º, IV, da CF dispõe que um dos objetivos fundamentais do Brasil é promover o bem de todos, sem preconceitos de origem, raça, sexo, cor, idade e quaisquer outras formas de discriminação.
- A Lei n. 7.853, de 24 de outubro de 1989, dispõe sobre a Política Nacional de Integração da Pessoa Portadora de Deficiência, em seus múltiplos aspectos.
- A Lei n. 7.716, de 5 de janeiro de 1989, define os crimes resultantes de preconceitos de raça ou de cor. Sofreu modificações da Lei n. 9.459, de 13 de maio de 1997, para punir os crimes resultantes de discriminação ou preconceito de raça, cor, etnia, religião ou procedência nacional. Posteriormente, a Lei n. 12.288, de 20 de julho de 2010, instituiu o Estatuto da Igualdade Racial e alterou a Lei n. 7.716, de 5 de janeiro de 1989.
- A Lei n. 9.459, de 13 de maio de 1997, tipificou a injúria com utilização de elementos relacionados a raça, cor, etnia, religião ou origem, e determinou as penas de todos os crimes referidos. A Lei n. 14.532, de 11 de janeiro de 2023, introduziu o § 3º, incluindo a utilização de elementos referentes à condição de pessoa idosa ou com deficiência.
- A Lei n. 10.639, de 9 de janeiro de 2003, estabelece as diretrizes e bases da educação nacional, para incluir no currículo oficial da Rede de Ensino a obrigatoriedade da temática "História e Cultura Afro-Brasileira", e dá outras providências.
- A Lei n. 12.288, de 20 de julho de 2010 (Estatuto da Igualdade Racial), instituída com o principal objetivo de garantir à população negra a efetiva igualdade de oportunidades na sociedade brasileira, a defesa dos seus direitos individuais e coletivos, além do combate à discriminação e as demais formas de intolerância.
- A Lei n. 14.553, de 20 de abril de 2023, altera os arts. 39 e 49 da Lei n. 12.288/2010 (Estatuto da Igualdade Racial), para determinar procedimentos e critérios de coleta de informações relativas à distribuição dos segmentos étnicos e raciais no mercado de trabalho.
- A proteção a idosos e portadores de deficiência física está garantida na Constituição Federal (art. 227, §§ 1º, II, e 2º; art. 230, *caput*, e §§ 1º e 2º).

Direitos Humanos

- A Lei n. 8.842, de 4 de janeiro de 1994, dispõe sobre a Política Nacional do Idoso, cria o Conselho Nacional do Idoso e dá outras providências. Foi regulamentada pelo Decreto n. 1.948, de 3 de julho de 1996.
- O Decreto n. 1.744, de 8 de dezembro de 1995, regulamenta o benefício de prestação continuada devido à pessoa portadora de deficiência e ao idoso, de que trata a Lei n. 8.742, de 7 de dezembro de 1993. A Lei n. 8.742/93 dispõe sobre a organização da assistência social e dá outras providências.
- A Lei n. 10.741, de 1º de outubro de 2003, dispõe sobre o Estatuto do Idoso.
- O inciso XXXI do art. 7º da CF protege o trabalho do portador de deficiência.
- A Lei n. 8.213/91, que dispõe sobre os benefícios da Previdência Social, define, no art. 93, que a empresa com 100 ou mais empregados está obrigada a preencher de 2% a 5% dos seus cargos com beneficiários reabilitados ou pessoas portadoras de deficiência.
- O Decreto n. 3.298, de 20 de dezembro de 1999, consolida as normas de proteção à pessoa portadora de deficiência.
- A Lei n. 10.098, de 19 de dezembro de 2000, Lei de acessibilidade das pessoas portadoras de deficiência ou com mobilidade reduzida, regulamentada pelo Decreto n. 5.296, de 2 de dezembro de 2004.
- A Lei n. 10.048, de 8 de novembro de 2000, traz importantes inovações no atendimento às pessoas com deficiência. Estabelece, por exemplo, que as repartições públicas, as empresas concessionárias de serviços públicos e as instituições financeiras estão obrigadas a dispensar atendimento prioritário, por meio de serviços individualizados, que assegurem tratamento diferenciado e atendimento imediato às pessoas com deficiência. Regulamentada pelo Decreto n. 5.296, de 2 de dezembro de 2004.
- A Lei n. 10.216, de 6 de abril de 2001 (saúde mental), dispõe sobre a proteção e os direitos das pessoas portadoras de transtornos mentais e redireciona o modelo assistencial em saúde mental.
- A Lei n. 10.436, de 24 de abril de 2002, dispõe sobre a Língua Brasileira de Sinais – LIBRAS e dá outras providências.
- A Lei n. 10.741, de 1º de outubro de 2003, dispõe sobre o Estatuto da Pessoa Idosa, destinado a regular os direitos assegurados às pessoas com idade igual ou superior a 60 anos.
- O Decreto n. 6.214, de 26 de setembro de 2007, regulamenta o benefício de prestação continuada da assistência social devido à pessoa com deficiência e ao idoso.
- A Lei n. 12.008, de 29 de julho de 2009, altera os arts. 1.211-A, 1.211-B e 1.211-C da Lei n. 5.869, de 11 de janeiro de 1973 – Código de Processo Civil, e acrescenta o art. 69-A à Lei n. 9.784, de 29 de janeiro de 1999, que regula o processo administrativo no âmbito da administração pública federal, a fim de estender a prioridade na tramitação de procedimentos judiciais e administrativos às pessoas com idade igual ou superior a 60 anos, ou portadora de doença grave.
- A Lei n. 13.146, de 6 de julho de 2015, institui a Lei Brasileira de Inclusão da Pessoa com Deficiência (Estatuto da Pessoa com Deficiência).

4) Quanto à questão das diferenças de gênero

O que diz o Pacto:

> Artigo 2º
>
> 2. Os Estados-partes no presente Pacto comprometem-se a assegurar que os direitos nele enunciados serão exercidos sem discriminação alguma por motivo de raça, cor, sexo, língua, religião,

opinião política ou de outra natureza, origem nacional ou social, situação econômica, nascimento ou qualquer outra situação.

3. Os Estados-partes no presente Pacto comprometem-se a assegurar a homens e mulheres igualdade no gozo de todos os direitos econômicos, sociais e culturais enumerados no presente Pacto.

Artigo 10

2. Deve-se conceder proteção especial às mães por um período de tempo razoável antes e depois do parto. Durante esse período, deve-se conceder às mães que trabalham licença remunerada ou licença acompanhada de benefícios previdenciários adequados.

Vejamos a legislação existente no País referente aos direitos expostos no Pacto:

- O art. 5º, I, da CF dispõe que homens e mulheres são iguais em direitos e obrigações.
- O inciso XX do art. 7º da CF garante a proteção do mercado de trabalho da mulher, mediante incentivos específicos, nos termos da lei.
- O art. 143, § 2º, da CF isenta as mulheres do serviço militar obrigatório.
- O art. 226, § 5º, da CF determina que os direitos e deveres referentes à sociedade conjugal são exercidos igualmente pelo homem e pela mulher.
- A Consolidação das Leis do Trabalho – CLT (Decreto-lei n. 5.452, de 1º de maio de 1943) dedica os arts. 372 a 401 à proteção do trabalho da mulher.
- A Lei n. 9.029, de 1º de abril de 1995, proíbe a exigência de atestados de gravidez e esterilização, e outras práticas discriminatórias, para efeitos admissionais ou de permanência da relação jurídica de trabalho.
- A Lei n. 9.504, de 30 de setembro de 1997, em seu art. 10, § 3º, dispõe que, "do número de vagas resultantes das regras previstas neste artigo, cada partido ou coligação deverá reservar o mínimo de trinta por cento e o máximo de setenta por cento para candidaturas de cada sexo". Visa, assim, assegurar representação feminina na Câmara dos Deputados, na Câmara Legislativa, nas Assembleias Legislativas e nas Câmaras Municipais.
- A Lei n. 10.710, de 5 de agosto de 2003, altera a Lei n. 8.213 para restabelecer o pagamento pela empresa do salário-maternidade devido à segurada gestante.
- A Lei n. 10.836, de 9 de janeiro de 2004, cria o Programa Bolsa-Família, e altera a Lei n. 10.689, de 13 de junho de 2003.
- A Lei n. 11.340, de 7 de agosto de 2006, cria mecanismos para coibir a violência doméstica contra a mulher, e dispõe sobre a criação dos Juizados de Violência contra a Mulher (Lei Maria da Penha).
- A Lei n. 11.634, de 27 de dezembro de 2007, dispõe sobre o direito da gestante ao conhecimento e à vinculação à maternidade, onde receberá assistência no âmbito do Sistema Único de Saúde.
- A Lei n. 11.770, de 9 de setembro de 2008, cria o Programa Empresa Cidadã, destinado à prorrogação da licença-maternidade mediante concessão de incentivo fiscal, e altera a Lei n. 8.212, de 24 de julho de 1991.
- A Lei n. 11.664, de 29 de abril de 2008, dispõe sobre a efetivação de ações de saúde que assegurem a prevenção, a detecção, o tratamento e o seguimento dos cânceres do colo uterino e de mama, no âmbito do Sistema Único de Saúde.
- A Lei n. 11.804, de 5 de novembro de 2008, disciplina o direito a alimentos gravídicos e a forma como ele será exercido.

5) Quanto à questão da situação agrária

O que diz o Pacto:

Direitos Humanos

Artigo 11

2.Os Estados-partes no presente Pacto, reconhecendo o direito fundamental de toda pessoa de estar protegida contra a fome, adotarão, individualmente e mediante cooperação internacional, as medidas, inclusive programas concretos, que se façam necessários para:

1. Melhorar os métodos de produção, conservação e distribuição de gêneros alimentícios pela plena utilização dos conhecimentos técnicos e científicos, pela difusão de princípios de educação nutricional e pelo aperfeiçoamento ou reforma dos regimes agrários, de maneira que se assegurem a exploração e a utilização mais eficazes dos recursos naturais.

Vejamos a legislação existente no País referente aos direitos expostos no Pacto:

- O art. 5º, XXIII, da CF dispõe que "a propriedade atenderá a sua função social". O mesmo artigo, em seu inciso XXVI, assegura que a pequena propriedade rural, assim definida em lei, desde que trabalhada pela família, não será objeto de penhora para pagamento de débitos decorrentes de sua atividade produtiva, dispondo a lei sobre os meios de financiar o seu desenvolvimento.

- A Constituição Federal tem capítulo inteiro (arts. 184 a 191) para tratar da política agrícola e fundiária e da reforma agrária.

- A Lei n. 4.504, de 30 de novembro de 1964, dispõe sobre o Estatuto da Terra e dá outras providências.

- A Lei n. 6.969, de 10 de dezembro de 1981, dispõe sobre a aquisição, por usucapião especial, de imóveis rurais e altera a redação do § 2º do art. 589 do Código Civil.

- A Lei n. 8.171, de 17 de janeiro de 1991, dispõe sobre a política agrícola.

- A Lei n. 8.174, de 30 de janeiro de 1991, dispõe sobre princípios de política agrícola, estabelecendo atribuições ao Conselho Nacional de Política Agrícola (CNPA), tributação compensatória de produtos agrícolas, amparo ao pequeno produtor e regras de fixação e liberação dos estoques públicos.

- A Lei n. 8.629, de 25 de fevereiro de 1993, dispõe sobre a regulamentação dos dispositivos constitucionais relativos à reforma agrária, previstos no Capítulo III, Título VII, da Constituição Federal. É conhecida como Lei Agrária.

- A Lei Complementar n. 76, de 6 de julho de 1993, dispõe sobre o procedimento contraditório especial, de rito sumário, para o processo de desapropriação de imóvel rural, por interesse social, para fins de reforma agrária.

- A Lei n. 9.393, de 19 de dezembro de 1996, dispõe sobre o Imposto sobre a Propriedade Territorial Rural – ITR, e sobre o pagamento da dívida representada por Títulos da Dívida Agrária. Esse imposto é um importante instrumento na implementação da política fundiária, por punir a ociosidade das terras improdutivas, contribuindo para o seu adequado aproveitamento.

- A Lei Complementar n. 93, de 4 de fevereiro de 1998, institui o Fundo de Terras e da Reforma Agrária – Banco da Terra.

- O Estatuto da Cidade (Lei n. 10.257/2001) foi aprovado em 2001 para regulamentar os arts. 182 e 183 da CF, os quais afirmam que os municípios devem criar políticas de desenvolvimento urbano para a realização da "função social das cidades", visando ao bem-estar de seus habitantes.

6) Quanto ao desenvolvimento econômico próprio

O que diz o Pacto:

Artigo 1º

1. Todos os povos têm o direito à autodeterminação. Em virtude desse direito, determinam livremente seu estatuto político e asseguram livremente seu desenvolvimento econômico, social e cultural.

SINOPSES JURÍDICAS

Vejamos a legislação existente no País referente aos direitos expostos no Pacto:

- O art. 1º, IV, da CF dispõe que o Brasil constitui-se em Estado Democrático de Direito, tendo como um de seus fundamentos os valores sociais do trabalho e da livre-iniciativa.
- O art. 3º, II, da CF declara que constitui um dos objetivos fundamentais da República Federativa do Brasil garantir o desenvolvimento nacional.
- O art. 4º, I, da CF dispõe que o Brasil rege-se, nas relações internacionais, pelo princípio da independência nacional, entre outros. O parágrafo único desse artigo dispõe sobre a busca da integração dos povos da América Latina, visando à formação de uma comunidade latino-americana de nações.

7) Quanto às questões atinentes aos direitos do trabalho e de sindicalização

O que diz o Pacto:

Artigo 6º

1. Os Estados-partes no presente Pacto reconhecem o direito de toda pessoa de ter a possibilidade de ganhar a vida mediante um trabalho livremente escolhido ou aceito e tomarão medidas apropriadas para salvaguardar esse direito.

Artigo 7º

Os Estados-partes no presente Pacto reconhecem o direito de toda pessoa de gozar de condições de trabalho justas e favoráveis, que assegurem especialmente:

1. uma remuneração que proporcione, no mínimo, a todos os trabalhadores:

2. um salário equitativo e uma remuneração igual por um trabalho de igual valor, sem qualquer distinção;

3. em particular, as mulheres deverão ter a garantia de condições de trabalho não inferiores às dos homens e perceber a mesma remuneração que eles, por trabalho igual;

4. uma existência decente para eles e suas famílias, em conformidade com as disposições do presente Pacto;

5. condições de trabalho seguras e higiênicas;

6. igual oportunidade para todos de serem promovidos, em seu trabalho, à categoria superior que lhes corresponda, sem outras considerações que as de tempo, de trabalho e de capacidade;

Artigo 8º

1. Os Estados-partes no presente Pacto comprometem-se a garantir:

1. direito de toda pessoa de fundar com outras sindicatos e de filiar-se ao sindicato de sua escolha, sujeitando-se unicamente aos estatutos da organização interessada, com o objetivo de promover e de proteger seus interesses econômicos e sociais. O exercício desse direito só poderá ser objeto das restrições previstas em lei e que sejam necessárias, em uma sociedade democrática, ao interesse da segurança nacional ou da ordem pública, ou para proteger os direitos e as liberdades alheias;

Vejamos a legislação existente no País referente aos direitos expostos no Pacto:

- O art. 8º da CF dispõe que é livre a associação profissional ou sindical, nos seguintes moldes:

I – a lei não poderá exigir autorização do Estado para a fundação de sindicatos, ressalvado o registro no órgão competente, vedadas ao poder público a interferência e a intervenção na organização sindical;

II – é vedada a criação de mais de uma organização sindical, em qualquer grau, representativa de categoria sindical ou econômica, na mesma base territorial, que será definida pelos trabalhadores ou empregadores interessados, não podendo ser inferior à área de um Município;

Direitos Humanos

III – ao sindicato cabe a defesa dos direitos e interesses coletivos ou individuais da categoria, inclusive em questões judiciais ou administrativas;

IV – a assembleia geral fixará a contribuição que, em se tratando de categoria profissional, será descontada em folha, para custeio do sistema confederativo da representação sindical respectiva, independentemente da contribuição prevista em lei;

V – ninguém será obrigado a filiar-se ou a manter-se filiado a sindicato;

VI – é obrigatória a participação dos sindicatos nas negociações coletivas de trabalho;

VII – o aposentado filiado tem direito a votar e ser votado nas organizações sindicais;

VIII – é vedada a dispensa do empregado sindicalizado a partir do registro da candidatura a cargo de direção ou representação sindical e, se eleito, ainda que suplente, até um ano após o final do mandato, salvo se cometer falta grave nos termos da lei.

Parágrafo único. As disposições deste artigo aplicam-se à organização de sindicatos rurais e de colônias de pescadores, atendidas as condições que a lei estabelecer.

Quanto ao direito ao trabalho previsto em nosso ordenamento jurídico em consonância com o Pacto:

- A CLT trata em seus arts. 511 e seguintes da Organização Sindical.
- O art. 199 do CP penaliza o atentado contra a liberdade de associação.
- O art. 1º, IV, da CF estabelece, como um dos fundamentos da República, os valores sociais do trabalho.
- Pelo inciso XIII do art. 5º da CF, é livre o exercício de qualquer trabalho, ofício ou profissão, atendidas as qualificações profissionais que a lei estabelecer.
- O trabalho é elevado à categoria de direito social, nos termos do art. 6º da CF. Por tal razão, o art. 7º, I a XXXIV, elenca os direitos relacionados à melhoria de sua condição social, que em muito superam os assegurados pelo Pacto.

8) Quanto à Previdência Social

O que diz o Pacto:

Artigo 9º

Os Estados-partes no presente Pacto reconhecem o direito de toda pessoa à previdência social, inclusive ao seguro social.

Vejamos a legislação existente no País referente aos direitos expostos no Pacto:

- O art. 194 da CF dispõe que: "A seguridade social compreende um conjunto integrado de ações de iniciativa dos poderes públicos e da sociedade, destinadas a assegurar os direitos relativos à saúde, à previdência e à assistência social". Demais disso, estabelece os objetivos que devem balizar a organização da seguridade social (art. 194, parágrafo único).
- Quanto ao direito à previdência social, o art. 250 da CF dispõe: "Com o objetivo de assegurar recursos para o pagamento dos benefícios concedidos pelo regime geral de previdência social, em adição aos recursos de sua arrecadação, a União poderá constituir fundo integrado por bens, direitos e ativos de qualquer natureza, mediante lei que disporá sobre a natureza e administração desse fundo" (incluído pela Emenda Constitucional n. 20/98).
- A Lei n. 8.212, de 24 de julho de 1991, dispõe sobre a organização da Seguridade Social, institui Plano de Custeio, e dá outras providências.
- A Lei n. 8.213, de 24 de julho de 1991, dispõe sobre os Planos de Benefícios da Previdência Social e dá outras providências. Ambas sofreram profundas alterações, principal-

mente da EC n. 20/98. Esta lei foi alterada pela Lei n. 10.421, de 15 de abril de 2002, que estende à mãe adotiva o direito à licença-maternidade e ao salário-maternidade.

- A Lei n. 9.717, de 27 de novembro de 1998, dispõe sobre regras gerais para a organização e o funcionamento dos regimes próprios de previdência social dos servidores públicos da União, dos Estados, do Distrito Federal e dos Municípios, dos militares dos Estados e do Distrito Federal.
- O Decreto n. 3.048, de 6 de maio de 1999, aprova o Regulamento da Previdência Social – RPS.
- A EC n. 70, de 29 de março de 2012, acrescenta o art. 6º-A à EC n. 41/2003, para estabelecer critérios para o cálculo e a correção dos proventos da aposentadoria por invalidez dos servidores públicos.
- A Lei n. 12.618, de 30 de abril de 2012, institui o Regime de Previdência Complementar para os servidores públicos federais, fixa o limite máximo às aposentadorias e pensões a serem concedidas pelo Regime Próprio de Previdência da União, altera o *caput* do art. 4º da Lei n. 10.887, de 18 de junho de 2012, e dá outras providências.

9) Quanto ao descanso e ao lazer

O que diz o Pacto:

Artigo 7º

Os Estados-partes no presente Pacto reconhecem o direito de toda pessoa de gozar de condições de trabalho justas e favoráveis, que assegurem especialmente:

1. uma remuneração que proporcione, no mínimo, a todos os trabalhadores:

2. um salário equitativo e uma remuneração igual por um trabalho de igual valor, sem qualquer distinção;

3. em particular, as mulheres deverão ter a garantia de condições de trabalho não inferiores às dos homens e perceber a mesma remuneração que eles, por trabalho igual;

4. uma existência decente para eles e suas famílias, em conformidade com as disposições do presente Pacto;

5. condições de trabalho seguras e higiênicas;

6. igual oportunidade para todos de serem promovidos, em seu trabalho, à categoria superior que lhes corresponda, sem outras considerações que as de tempo, de trabalho e de capacidade;

7. descanso, o lazer, a limitação razoável das horas de trabalho e férias periódicas remuneradas, assim como a remuneração dos feriados.

Vejamos a legislação existente no País referente aos direitos expostos no Pacto:

- O art. 6º da CF elenca o lazer entre os direitos sociais.
- O art. 7º, XV, da CF assegura o repouso semanal remunerado, preferencialmente aos domingos.
- Pelos termos do disposto no § 3º do art. 217 da CF, o Poder Público deve incentivar o lazer, como forma de promoção social.
- A Lei n. 9.093, de 12 de setembro de 1995, dispõe sobre feriados.
- A Lei n. 605, de 5 de janeiro de 1949, e o Decreto n. 27.048, de 12 de agosto de 1949, instituem o repouso semanal remunerado e o pagamento de salário nos dias feriados civis e religiosos.
- O lazer está a cargo de legislações municipais que tratam das áreas de lazer, dos parques e das festas e folguedos populares.

10) Quanto à questão da família

O que diz o Pacto:

Direitos Humanos

Artigo 10

Os Estados-partes no presente Pacto reconhecem que:

Deve-se conceder à família, que é o núcleo natural e fundamental da sociedade, a mais ampla proteção e assistência possíveis, especialmente para a sua constituição e enquanto ela for responsável pela criação e educação dos filhos. O matrimônio deve ser contraído com o livre consentimento dos futuros cônjuges.

Vejamos a legislação existente no País referente aos direitos expostos no Pacto:

- A CF dedica os arts. 226 a 230 à proteção da família, da criança, do adolescente e do idoso.
- O art. 226 da CF estabelece que a família, base da sociedade, tem especial proteção do Estado. Reconhece, no § 3º do mesmo artigo, a união estável entre o homem e a mulher como entidade familiar, devendo a lei facilitar sua conversão em casamento.
- Os direitos e os deveres referentes à sociedade conjugal são exercidos igualmente pelo homem e pela mulher (art. 226, § 5º, da CF).
- A Lei n. 6.015, de 23 de maio de 1950, disciplina o casamento.
- O Código Civil (Lei n. 10.406, de 10 de janeiro de 2002) reserva o Livro IV para disciplinar o direito de família.
- O art. 1.550, I a IV, do CC dispõe que não podem casar a pessoa que não completou a idade mínima para casar, o menor em idade núbil, quando não autorizado por seu representante legal, por vício de vontade, nos termos dos arts. 1.556 a 1.558, e o incapaz de consentir ou manifestar, de modo inequívoco, o consentimento.
- O casamento civil pode ser dissolvido por divórcio, consoante o art. 226, § 6º, da CF, após alteração da EC n. 66/2010. Com essa modificação, o divórcio passou a ser requerido diretamente.
- A Lei n. 6.515, de 26 de dezembro de 1977, regula os casos de dissolução da sociedade conjugal e do casamento, seus efeitos e respectivos processos (chamada Lei do Divórcio).
- A Lei n. 1.110, de 23 de maio de 1950, atribui efeitos civis ao casamento religioso.
- É assegurada licença à gestante de 120 dias (art. 7º, XVIII, da CF), sem prejuízo do salário e do emprego, no entanto, com o advento da Lei n. 11.770, de 9 de setembro de 2008, surge a possibilidade de prorrogação por mais 60 dias, oportunidade em que a pessoa jurídica empregadora deverá aderir ao programa previsto em lei, mediante concessão de incentivo fiscal.
- Existe a estabilidade no emprego, desde a concepção até cinco meses após o parto (art. 10, II, *b*, do ADCT).

11) Quanto à questão da saúde

O que diz o Pacto:

Artigo 12

1. Os Estados-partes no presente Pacto reconhecem o direito de toda pessoa de desfrutar o mais elevado nível de saúde física e mental.

2. As medidas que os Estados-partes no presente Pacto deverão adotar, com o fim de assegurar o pleno exercício desse direito, incluirão as medidas que se façam necessárias para assegurar:

1. A diminuição da mortinatalidade e da mortalidade infantil, bem como o desenvolvimento são das crianças.

2. A melhoria de todos os aspectos de higiene do trabalho e do meio ambiente.

3. A prevenção e o tratamento das doenças epidêmicas, endêmicas, profissionais e outras, bem como a luta contra essas doenças.

SINOPSES JURÍDICAS

4. A criação de condições que assegurem a todos assistência médica e serviços médicos em caso de enfermidade.

Vejamos a legislação existente no País referente aos direitos expostos no Pacto:

- O art. 196 da CF estabelece que "a saúde é direito de todos e dever do Estado, garantido mediante políticas sociais e econômicas que visem à redução do risco de doença e de outros agravos e ao acesso universal e igualitário às ações e serviços para sua promoção, proteção e recuperação".
- O art. 197 da CF dispõe que as ações e serviços de saúde são de relevância pública.
- A Constituição Federal introduziu o Sistema Único de Saúde (SUS), pelo art. 198, como uma rede de ações e serviços de saúde. O SUS é financiado com recursos do orçamento da seguridade social, da União, dos Estados, do Distrito Federal e dos Municípios (art. 198, parágrafo único, da CF). A execução dos serviços de saúde fica a cargo dos Municípios, com repasse de recursos dos governos federal e estaduais.
- A Lei n. 8.080, de 19 de setembro de 1990, dispõe sobre as condições para promoção, proteção e recuperação da saúde, a organização, o funcionamento dos serviços correspondentes e dá outras providências.
- A Lei n. 8.142, de 28 de dezembro de 1990, dispõe sobre a participação da comunidade na gestão do Sistema Único de Saúde – SUS e sobre as transferências intergovernamentais de recursos financeiros na área da saúde e dá outras providências.
- A Lei n. 9.434, de 4 de fevereiro de 1997, e o Decreto n. 2.268, de 30 de junho de 1997, disciplinam a remoção de órgãos, tecidos e partes do corpo humano para transplante e tratamento.
- As Leis n. 9.677, de 2 de julho de 1998, e n. 9.695, de 20 de agosto de 1998, incluíram na classificação de crimes hediondos determinados crimes contra a saúde pública.
- A Lei n. 9.656, de 5 de junho de 1998, cuida dos planos privados de assistência à saúde.
- A Lei n. 9.790, de 23 de março de 1999, cuida da promoção gratuita da saúde por meio de organizações da sociedade civil de interesse público.
- A Lei n. 9.782, de 26 de janeiro de 1999, define o Sistema Nacional de Vigilância Sanitária e cria a Agência Nacional de Vigilância Sanitária.
- A Lei n. 9.787, de 10 de fevereiro de 1999, estabelece o medicamento genérico.
- A Lei n. 9.961, de 28 de janeiro de 2000, cria a Agência Nacional de Saúde Suplementar – ANS.
- A EC n. 29, de 13 de setembro de 2000, altera e acrescenta artigos da CF, para assegurar os recursos mínimos para o financiamento das ações e serviços públicos de saúde.
- A Lei n. 10.205, de 21 de março de 2001, regulamenta o § 4º do art. 199 da CF, relativo a coleta, processamento, estocagem, distribuição e aplicação do sangue, seus componentes e derivados, e estabelece o ordenamento institucional indispensável à execução adequada dessas atividades.
- A Lei n. 11.387, de 15 de dezembro de 2006, autoriza a União a efetuar contribuição à Organização Mundial de Saúde – OMS, destinada a apoiar a viabilização da Central Internacional para compra de medicamentos de combate a Aids, malária e tuberculose.

12) Quanto à questão da alimentação

O que diz o Pacto:

Artigo 11

1. Os Estados-partes no presente Pacto reconhecem o direito de toda pessoa a um nível de vida adequado para si próprio e para sua família, inclusive à alimentação, vestimenta e moradia adequa-

Direitos Humanos

das, assim como uma melhoria contínua de suas condições de vida. Os Estados-partes tomarão medidas apropriadas para assegurar a consecução desse direito, reconhecendo, nesse sentido, a importância essencial da cooperação internacional fundada no livre consentimento.

2. Os Estados-partes no presente Pacto, reconhecendo o direito fundamental de toda pessoa de estar protegida contra a fome, adotarão, individualmente e mediante cooperação internacional, as medidas, inclusive programas concretos, que se façam necessários para:

1. Melhorar os métodos de produção, conservação e distribuição de gêneros alimentícios pela plena utilização dos conhecimentos técnicos e científicos, pela difusão de princípios de educação nutricional e pelo aperfeiçoamento ou reforma dos regimes agrários, de maneira que se assegurem a exploração e a utilização mais eficazes dos recursos naturais.

2. Assegurar uma repartição equitativa dos recursos alimentícios mundiais em relação às necessidades, levando-se em conta os problemas tanto dos países importadores quanto dos exportadores de gêneros alimentícios.

Vejamos a legislação existente no País referente aos direitos expostos no Pacto:

- O art. 6º da CF foi alterado pela EC n. 64, de 4 de fevereiro de 2010, para introduzir a alimentação como direito social.

- O art. 23, VIII, da CF determina que o incentivo à agricultura e o abastecimento da população estão garantidos, e que é competência comum da União, dos Estados, do Distrito Federal e dos Municípios fomentar a produção agropecuária e organizar o abastecimento alimentar.

- Por meio da Lei n. 8.069/90 – Estatuto da Criança e do Adolescente (ECA) –, o Estado brasileiro foi instado a proteger e promover a segurança alimentar voltada para a situação específica de vulnerabilidade da criança e do adolescente (art. 4º), bem como da gestante e nutriz (art. 8º, § 3º).

- A Lei n. 8.078, de 11 de setembro de 1990, dispõe sobre a proteção e defesa do consumidor (Código de Defesa do Consumidor – CDC), regulando, entre outros aspectos, o direito à informação no que concerne ao consumo de alimentos.

- A Lei Orgânica da Saúde (Lei n. 8.080, de 19 de setembro de 1990) dispõe sobre as condições para a promoção, proteção e recuperação da saúde, a organização e o funcionamento dos serviços correspondentes, e inclui no campo de atuação do Sistema Único de Saúde (SUS) a vigilância nutricional e a orientação alimentar.

- A Lei n. 9.077, de 10 de julho de 1995, autoriza o Poder Executivo a utilizar estoques públicos de alimentos no combate à fome e à miséria.

- A Lei n. 9.782, de 26 de janeiro de 1999, definiu o Sistema Nacional de Vigilância Sanitária e criou a Agência Nacional de Vigilância Sanitária (ANVISA).

- A Lei n. 10.689, de 13 de junho de 2003, criou o Programa Nacional de Acesso à Alimentação – PNAA.

- A Lei n. 10.836, de 9 de janeiro de 2004, criou o Programa Bolsa-Família (renda mínima).

- Ainda dentro da esfera do direito à alimentação, a já referida Lei n. 11.105, de 24 de março de 2005, regulamentando os incisos II, IV e V do § 1º do art. 225 da CF, estabelece normas de segurança e mecanismos de fiscalização de atividades que envolvam organismos geneticamente modificados – OGM e seus derivados.

- A Lei n. 11.346, de 15 de setembro de 2006, criou o Sistema Nacional de Segurança Alimentar e Nutricional – SISAN.

- Conforme a Lei n. 11.947/2009, têm direito à alimentação escolar os alunos matriculados na educação básica pública oferecida em creches e pré-escolas, no ensino fundamental e médio e em estabelecimentos mantidos pela União, e ainda nas escolas indígenas e quilombolas.

- O Decreto n. 11.679, de 31 de agosto de 2023, institui o Plano Brasil Sem Fome, com a finalidade de promover a segurança alimentar e nutricional e enfrentar a fome no território nacional.

13) Quanto à questão da criança e do adolescente

O que diz o Pacto:

Artigo 10

Os Estados-partes no presente Pacto reconhecem que:

1. Deve-se conceder à família, que é o núcleo natural e fundamental da sociedade, a mais ampla proteção e assistência possíveis, especialmente para a sua constituição e enquanto ela for responsável pela criação e educação dos filhos. O matrimônio deve ser contraído com o livre consentimento dos futuros cônjuges.

2. Deve-se conceder proteção especial às mães por um período de tempo razoável antes e depois do parto. Durante esse período, deve-se conceder às mães que trabalham licença remunerada ou licença acompanhada de benefícios previdenciários adequados.

3. Deve-se adotar medidas especiais de proteção e assistência em prol de todas as crianças e adolescentes, sem distinção alguma por motivo de filiação ou qualquer outra condição. Deve-se proteger as crianças e adolescentes contra a exploração econômica e social. O emprego de crianças e adolescentes, em trabalho que lhes seja nocivo à moral e à saúde, ou que lhes faça correr perigo de vida, ou ainda que lhes venha prejudicar o desenvolvimento normal, será punido por lei. Os Estados devem também estabelecer limites de idade, sob os quais fique proibido e punido por lei o emprego assalariado da mão de obra infantil.

Vejamos a legislação existente no País referente aos direitos expostos no Pacto:

- O art. 227 da CF dispõe que "é dever da família, da sociedade e do Estado assegurar à criança e ao adolescente, com absoluta prioridade, o direito à vida, à saúde, à alimentação, à educação, ao lazer, à profissionalização, à cultura, à dignidade, ao respeito, à liberdade e à convivência familiar e comunitária, além de colocá-los a salvo de toda forma de negligência, discriminação, exploração, violência, crueldade e opressão".
- O art. 7º, XXXIII, da CF, com alteração introduzida pela EC n. 20, proíbe o trabalho noturno, perigoso e insalubre a menores de 18 anos e qualquer trabalho a menores de 16 anos, salvo na condição de aprendiz, a partir de 14 anos. O art. 67, III, da Lei n. 8.069 proíbe o trabalho do adolescente em locais prejudiciais à sua formação e ao seu desenvolvimento físico, psíquico, moral e social.
- Os arts. 402 e seguintes da CLT cuidam da proteção ao trabalho do menor.
- Os arts. 60 a 69 do ECA asseguram o direito à profissionalização e à proteção do trabalho.
- A Lei n. 8.069, de 13 de julho de 1990, que aprova o Estatuto da Criança e do Adolescente, em seu art. 20, trata dos direitos e qualificações dos filhos e, no art. 26, do reconhecimento dos filhos nascidos fora do casamento.
- A Lei n. 8.560, de 29 de dezembro de 1992, cuida da investigação de paternidade.
- A Lei n. 10.317, de 6 de dezembro de 2001, altera a Lei n. 1.060, de 5 de fevereiro de 1950, para dispor sobre a gratuidade dos exames de DNA.
- A Lei n. 11.804, de 5 de novembro de 2008, disciplina o direito a alimentos gravídicos e a forma como ele será exercido.
- A Lei n. 12.852, de 5 de agosto de 2013, aprova o Estatuto da Juventude.

14) Quanto à questão da educação

O que diz o Pacto:

Direitos Humanos

Artigo 13

1. Os Estados-partes no presente Pacto reconhecem o direito de toda pessoa à educação. Concordam que a educação deverá visar ao pleno desenvolvimento da personalidade humana e do sentido de sua dignidade e a fortalecer o respeito pelos direitos humanos e liberdades fundamentais. Concordam ainda que a educação deverá capacitar todas as pessoas a participar efetivamente de uma sociedade livre, favorecer a compreensão, a tolerância e a amizade entre todas as nações e entre todos os grupos raciais, étnicos ou religiosos e promover as atividades das Nações Unidas em prol da manutenção da paz.

Vejamos a legislação existente no País referente aos direitos expostos no Pacto:

- O art. 205 da CF dispõe que a educação é direito de todos e dever do Estado e da família, e será promovida e incentivada com a colaboração da sociedade, visando ao pleno desenvolvimento da pessoa, seu preparo para o exercício da cidadania e sua qualificação para o trabalho.

- O art. 208, I, da CF dispõe que a educação básica é "obrigatória e gratuita dos 4 (quatro) aos 17 (dezessete) anos de idade, assegurada inclusive sua oferta gratuita para todos os que a ela não tiverem acesso na idade própria".

- O art. 208, II, da CF dispõe que o ensino médio deve ser progressivamente universalizado e gratuito nos estabelecimentos mantidos pelos governos federal, estaduais e municipais.

- O art. 208, V, da CF prevê acesso ao ensino superior, segundo a capacidade de cada um.

- O art. 208, VI, da CF prevê a oferta de ensino noturno regular, adequado às condições do educando.

- O art. 213, § 1º, da CF dispõe sobre a concessão de bolsas de estudo.

- O art. 206, V, da CF dispõe sobre a valorização dos profissionais de ensino.

- O art. 206, VII, da CF exige garantia de padrão de qualidade do ensino.

- O art. 208, § 1º, da CF dispõe que "o acesso ao ensino obrigatório e gratuito é direito público subjetivo" e o § 2º que "o não oferecimento do ensino obrigatório pelo Poder Público, ou sua oferta irregular, importa responsabilidade da autoridade competente".

- A Lei n. 9.394, de 20 de dezembro de 1996 (Lei de Diretrizes e Bases da Educação Nacional), dispõe que os direitos humanos sejam ensinados em temas transversais, conforme surja a oportunidade durante a explanação das diversas matérias.

- A Lei n. 9.766, de 18 de dezembro de 1998, trata do salário-educação.

- A Lei n. 9.790, de 23 de março de 1999, trata da promoção gratuita da educação através de organizações da sociedade civil de interesse público.

- A Lei n. 11.274, de 6 de fevereiro de 2007, fixa a idade de 6 anos para o início do ensino fundamental obrigatório e altera para 9 anos seu período de duração.

- A Lei n. 11.096, de 13 de janeiro de 2005, institui o Programa Universidade para Todos – PROUNI, regula a atuação de entidades beneficentes de assistência social no ensino superior, altera a Lei n. 10.891, de 9 de julho de 2004, e dá outras providências.

- A igualdade de condições para o acesso e permanência na escola está referendada pelo Estatuto da Igualdade Racial: Lei n. 12.288, de 20 de julho de 2010.

- Por sua propriedade, é de se invocar o relatório do Ministro Ayres Britto, na ADI 3.330, cujo julgamento em Plenário ocorreu em 3-5-2012 (*DJE* de 22-3-2013), a respeito do PROUNI:

SINOPSES JURÍDICAS

"Programa Universidade para Todos (PROUNI). Ações afirmativas do Estado. Cumprimento do princípio constitucional da isonomia. (...) A educação, notadamente a escolar ou formal, é direito social que a todos deve alcançar. Por isso mesmo, dever do Estado e uma de suas políticas públicas de primeiríssima prioridade. A Lei n. 11.096/2005 não laborou no campo material reservado à lei complementar. Tratou, tão somente, de erigir um critério objetivo de contabilidade compensatória da aplicação financeira em gratuidade por parte das instituições educacionais. Critério que, se atendido, possibilita o gozo integral da isenção quanto aos impostos e contribuições mencionados no art. 8º do texto impugnado. Não há outro modo de concretizar o valor constitucional da igualdade senão pelo decidido combate aos fatores reais de desigualdade. O desvalor da desigualdade a proceder e justificar a imposição do valor da igualdade. A imperiosa luta contra as relações desigualitárias muito raro se dá pela via do descenso ou do rebaixamento puro e simples dos sujeitos favorecidos. Geralmente se verifica é pela ascensão das pessoas até então sob a hegemonia de outras. Que para tal viagem de verticalidade são compensadas com esse ou aquele fator de supremacia formal. Não é toda superioridade juridicamente conferida que implica negação ao princípio da igualdade. O típico da lei é fazer distinções. Diferenciações. Desigualações. E fazer desigualações para contrabater renitentes desigualações. A lei existe para, diante dessa ou daquela desigualação que se revele densamente perturbadora da harmonia ou do equilíbrio social, impor uma outra desigualação compensatória. A lei como instrumento de reequilíbrio social. Toda a axiologia constitucional é tutelar de segmentos sociais brasileiros historicamente desfavorecidos, culturalmente sacrificados e até perseguidos, como, *verbi gratia*, o segmento dos negros e dos índios. Não por coincidência os que mais se alocam nos patamares patrimonialmente inferiores da pirâmide social. A desigualação em favor dos estudantes que cursaram o ensino médio em escolas públicas e os egressos de escolas privadas que hajam sido contemplados com bolsa integral não ofende a Constituição pátria, porquanto se trata de um discrímen que acompanha a toada da compensação de uma anterior e factual inferioridade ('ciclos cumulativos de desvantagens competitivas'). Com o que se homenageia a insuperável máxima aristotélica de que a verdadeira igualdade consiste em tratar igualmente os iguais e desigualmente os desiguais, máxima que Ruy Barbosa interpretou como o ideal de tratar igualmente os iguais, porém na medida em que se igualem; e tratar desigualmente os desiguais, também na medida em que se desigualem".

15) Quanto à questão da cultura

O que diz o Pacto:

> Artigo 15
> Parágrafo 1º Os Estados-partes no presente Pacto reconhecem a cada indivíduo o direito de:
> 1. Participar da vida cultural;

Vejamos a legislação existente no País referente aos direitos expostos no Pacto:

- O art. 215 da CF dispõe que "o Estado garantirá a todos o pleno exercício dos direitos culturais e acesso às fontes da cultura nacional, e apoiará e incentivará a valorização e a difusão das manifestações culturais". Direitos culturais são o direito à produção cultural, o direito de acesso à cultura e o direito à memória histórica.

- O art. 215, § 1º, da CF dispõe sobre a proteção das culturas populares, indígenas e afro-brasileiras e das de outros grupos participantes do processo civilizatório nacional.

- O Decreto-lei n. 25, de 30 de novembro de 1937, organiza a proteção do patrimônio histórico e artístico nacional.

Direitos Humanos

- A Lei n. 3.924, de 26 de julho de 1961, dispõe sobre os monumentos arqueológicos e pré-históricos.
- A Lei n. 8.313, de 23 de dezembro de 1991, que restabelece princípios da Lei n. 7.505, de 2 de julho de 1986, institui o Programa Nacional de Apoio à Cultura – PRONAC e dá outras providências, conhecida como Lei Rouanet, cria incentivos à cultura.
- A ação civil pública, estabelecida na Lei n. 7.347, de 24 de julho de 1985, que "disciplina a ação civil pública de responsabilidade por danos causados ao meio ambiente, ao consumidor, a bens e direitos de valor artístico, estético, histórico, turístico e paisagístico (vetado) e dá outras providências", é um instrumento processual de tutela aos direitos difusos dos quais os bens culturais são espécie.
- O art. 5º, LXXIII, da CF legitima qualquer cidadão a propor ação popular que vise anular ato lesivo ao patrimônio público ou de entidade de que o Estado participe, à moralidade administrativa, ao meio ambiente e ao patrimônio histórico e cultural, ficando o autor, salvo comprovada má-fé, isento de custas judiciais e do ônus da sucumbência. A Lei da Ação Popular é a Lei n. 4.717, de 29 de junho de 1965, que regulamenta este instituto.
- A Lei n. 8.685, de 20 de julho de 1993, cria mecanismo de fomento à atividade audiovisual.
- A Lei n. 12.343, de 2 de dezembro de 2010, institui o Plano Nacional de Cultura – PNC, e cria o Sistema Nacional de Informações e Indicadores Culturais – SNIIC.
- A EC n. 71, de 29 de novembro de 2012, institui o Sistema Nacional de Cultura, apresenta os princípios que o regem, seus componentes etc.

16) Quanto à questão da moradia

O que diz o Pacto:

Artigo 11

1. Os Estados-partes no presente Pacto reconhecem o direito de toda pessoa a um nível de vida adequado para si próprio e para sua família, inclusive à alimentação, vestimenta e moradia adequadas, assim como uma melhoria contínua de suas condições de vida. Os Estados-partes tomarão medidas apropriadas para assegurar a consecução desse direito, reconhecendo, nesse sentido, a importância essencial da cooperação internacional fundada no livre consentimento.

Vejamos a legislação existente no País referente aos direitos expostos no Pacto:

- Em nível federal, a legislação sobre moradia constitui-se de normas de financiamento.
- As normas sobre construção são da competência dos Municípios.
- O período que se seguiu ao Estado autoritário (pós-1964) ensejou mudanças intensas por parte do Estado em relação à política habitacional. Com efeito, foram criados o Sistema Financeiro de Habitação (SFH), o Banco Nacional de Habitação (BNH), as Sociedades de Crédito Imobiliário, as Letras Imobiliárias, o Serviço Federal de Habitação e Urbanismo (SERFHAU), no sentido de conjugar os esforços necessários para produzir habitação em massa para garantir a expansão do capitalismo.

Nesse contexto, o BNH passou a executar a política habitacional, centralizando em um sistema único todas as instituições públicas e privadas. Tal proposição deveria servir de estímulo à indústria de construção civil e, via de consequência, beneficiar os demais setores da economia, além de absorver um contingente enorme de trabalhadores.

O capital necessário para tal empreendimento tinha por origem a arrecadação do FGTS, que foi criado em 1966 para substituir a indenização a que tinham direito os trabalhadores demitidos sem justa causa. Descrito de maneira singela, o Governo confiscava 8% do salário mensal dos trabalhadores para formar o capital imobiliário a ser repassado do BNH aos agentes financeiros e aos construtores do setor imobiliário e urbanístico.

A Lei n. 4.380, de 21 de agosto de 1964, instituiu a correção monetária nos contratos imobiliários de interesse social.

Posteriormente, criou-se o Sistema Brasileiro de Poupança e Empréstimo (SBPE) para aumentar a arrecadação com os rendimentos da poupança. Nesse passo, o BNH assumiu a responsabilidade de financiar habitação à população de baixa renda.

A partir de 1969, esse festejado direcionamento da política habitacional ruiu diante dos inúmeros casos de inadimplemento.

Num segundo fôlego, o BNH reeditou programas voltados para a habitação popular, através das Companhias Habitacionais (COHABs): o Plano de Habitação Popular (PLANHAP) e o Sistema Financeiro de Habitação Popular (SIFHAP). Tais iniciativas, entretanto, não alcançaram os objetivos propostos e a referida lei passou a não refletir mais a realidade de nosso País.

Em decorrência, em 1986, tivemos a extinção do BNH, passando suas atribuições para a Caixa Econômica Federal. Ocorreu também a extinção do SERFHAU, sendo suas atribuições, hoje, parcialmente exercidas pela Secretaria Especial de Desenvolvimento Urbano da Presidência da República.

A correção monetária, igualmente, deixou de existir a partir do Plano Real, em 1994. Por tais ocorrências, agravou-se, consideravelmente, a situação habitacional, especialmente da população mais carente de recursos.

É de se ver, entretanto, que a Lei n. 5.107, de 13 de fevereiro de 1966, que criou o Fundo de Garantia do Tempo de Serviço – FGTS, vinculou a aplicação desses recursos para a área de habitação e infraestrutura urbana. Hoje, esse vínculo ainda é mantido pela atual lei que rege o FGTS, a Lei n. 8.036, de 11 de maio de 1990, e seu regulamento: o Decreto n. 99.684/90. Por essa razão, grande parte das normas que regulam a aplicação de recursos controlados pelo Poder Público emana de Resoluções do Conselho Curador do FGTS.

- Em termos de legislação urbanística, deve ser destacada a Lei n. 6.766, de 19 de dezembro de 1979, que dispõe sobre os parcelamentos do solo urbano.
- A Constituição Federal de 1988 criou um capítulo específico sobre política urbana. No art. 183, prevê o instituto do usucapião especial urbano para fins de moradia. Quem possuir área urbana de até 250 m², não sendo dono, por pelo menos cinco anos, ininterruptamente e sem oposição, adquirir-lhe-á o domínio. Esse dispositivo constitucional foi regulamentado pela Lei n. 10.257, de 10 de julho de 2001.
- Por meio da EC n. 26, de 14 de fevereiro de 2000, que alterou a redação do art. 6º da CF, o Poder Constituinte Derivado Reformador elevou a moradia ao *status* de direito constitucional.
- Num novo passo, surge em nosso sistema jurídico a Lei n. 11.977, de 7 de julho de 2009, dispondo sobre o Programa Minha Casa, Minha Vida – PMCMV, com as alterações previstas pela Lei n. 12.424/2011. O Decreto n. 7.499, de 16 de junho de 2011, passou a regulamentar dispositivos da Lei n. 11.977. Em síntese, é um programa do Governo Federal, gerido pelo Ministério das Cidades, que conta com a Caixa para sua execução. Tem como finalidade criar mecanismos de incentivo à produção e aquisição de unidades habitacionais para as famílias de baixa renda.
- O Sistema Nacional de Habitação de Interesse Social foi instituído no Brasil pela Lei federal n. 11.124, de 16 de junho de 2005.
- A EC n. 64/2010 inseriu, no *caput* do art. 6º da CF, a moradia como mais um dos direitos sociais.

Direitos Humanos

- A Lei n. 11.888, de 24 de dezembro de 2008, assegura às famílias de baixa renda assistência técnica pública e gratuita para o projeto e a construção de habitação de interesse social, e altera a Lei n. 11.124, de 16 de junho de 2005.
- A Lei n. 11.977, de 7 de julho de 2009, dispõe sobre o Programa Minha Casa, Minha Vida e a regularização fundiária de assentamentos localizados em áreas urbanas.
- A Lei n. 13.105, de 16 de março de 2015, o novo Código de Processo Civil, nos arts. 554 a 568, cuida das ações possessórias.

7
O SISTEMA ESPECIAL DE PROTEÇÃO

Paralelamente ao sistema geral de proteção dos direitos humanos, na órbita internacional, composto da Carta da ONU, da Declaração Universal dos Direitos do Homem, do Pacto Internacional dos Direitos Sociais e Políticos e do Pacto Internacional dos Direitos Econômicos, Sociais e Culturais, há o chamado sistema especial de proteção.

Trata-se de sistema composto de documentos internacionais destinados à proteção de novos direitos surgidos na modernidade ou à proteção de determinados grupos de pessoas tidas como vulneráveis – a este último processo denominou-se especificação do sujeito de direito no plano internacional, que nada mais é do que a consideração das características concretas de certo grupo de pessoas, afastando-se da abstração e da generalidade características do tradicional conceito de sujeito de direito.

O sistema geral e o sistema especial de proteção dos direitos humanos são complementares.

Sistema geral	→	Sujeito de direito genérico, abstrato
Sistema especial	→	Especificação do sujeito de direito

Costuma-se utilizar a terminologia geral/especial para distinguir os sistemas de proteção conforme a existência ou não de especificação do sujeito de direito. Por outro lado, fala-se em sistemas de proteção universal/regional para distingui-los segundo a limitação ou não de sua abrangência geográfica.

Os principais tratados a compor o sistema especial de proteção, resultado do processo de especificação do sujeito de direito, são:

– Convenção Internacional sobre a Eliminação de Todas as Formas de Discriminação Racial;

– Convenção sobre a Eliminação de Todas as Formas de Discriminação contra a Mulher;

– Convenção sobre os Direitos da Criança;

– Convenção sobre os Direitos das Pessoas com Deficiência;

– Convenção Internacional sobre a Proteção dos Direitos de Todos os Trabalhadores Migrantes e dos Membros das suas Famílias (o Brasil não assinou e ainda não aderiu);

– Convenção contra a Tortura;

– Convenção para a Prevenção e Repressão do Crime de Genocídio.

Como regra, tal qual se dá com o sistema geral, essas Convenções preveem o sistema de monitoramento baseado em relatórios elaborados pelos Estados-partes, a serem submetidos ao crivo de determinado órgão de controle – em regra, um Comitê.

Alguns deles foram sucedidos por Protocolos Facultativos, que dispõem sobre o sistema de petição individual e o sistema de comunicações interestatais.

Sistema de relatórios	É a regra	→	Em geral, previsto na própria Convenção
Sistema de petições individuais e sistema de comunicações interestatais	Nem sempre admitidos	→	Em geral, previstos em Protocolos Facultativos

SINOPSES JURÍDICAS

7.1. CONVENÇÃO INTERNACIONAL SOBRE A ELIMINAÇÃO DE TODAS AS FORMAS DE DISCRIMINAÇÃO RACIAL

No início da década de 1960, o mundo enfrentou o ressurgimento de atividades nazifascistas clandestinas, especialmente em países da África.

Populações negras e judeus sofreram perseguição sistemática, o que levou a ONU a promover discussões sobre a questão. A Convenção contra a Discriminação Racial foi adotada pela ONU em 21 de dezembro de 1965, trazendo em seu preâmbulo a afirmação de que "qualquer doutrina de superioridade baseada em diferenças raciais é cientificamente falsa, moralmente condenável, socialmente injusta e perigosa, inexistindo justificativa para a discriminação racial, em teoria ou em prática, em lugar algum".

A Convenção foi ratificada pelo Brasil em 27 de março de 1968. É composta de três partes: a primeira trata dos direitos ali previstos; a segunda, do sistema de monitoramento; a terceira, do procedimento relativo à sua adoção pelos Estados-partes, bem como das reservas e da denúncia.

O documento define discriminação racial como toda distinção, exclusão, restrição ou preferência baseada em raça, cor, descendência ou origem nacional ou étnica que tenha por objeto ou resultado anular ou restringir o reconhecimento, gozo ou exercício em igualdade de condição de direitos humanos e liberdades fundamentais nos campos político, econômico, social, cultural ou em qualquer outro campo da vida pública.

Portanto, discriminação racial, segundo a Convenção, não é apenas aquela baseada na raça.

Além disso, a Convenção expressamente exclui de seu âmbito de proteção as distinções feitas por um Estado-parte entre cidadão e não cidadão, o que, aliás, ocorre em nossa Constituição Federal – *vide*, por exemplo, o art. 12, § 2º, da CF.

Da mesma forma, a Convenção estabelece não haver impedimento algum a que o Estado-parte adote as chamadas ações afirmativas, com vistas a proporcionar a determinados grupos de indivíduos igual gozo ou exercício de direitos humanos e liberdades individuais, ressalvando, entretanto, que tais medidas deverão ser temporárias (até que o objetivo seja alcançado) e não poderão resultar na manutenção de direitos separados para diferentes grupos raciais.

JURISPRUDÊNCIA

"DIREITO CONSTITUCIONAL. AÇÃO DIRETA DE CONSTITUCIONALIDADE. RESERVA DE VAGAS PARA NEGROS EM CONCURSOS PÚBLICOS. CONSTITUCIONALIDADE DA LEI N. 12.990/2014. PROCEDÊNCIA DO PEDIDO.

É constitucional a Lei n. 12.990/2014, que reserva a pessoas negras 20% das vagas oferecidas nos concursos públicos para provimento de cargos efetivos e empregos públicos no âmbito da administração pública federal direta e indireta, por três fundamentos (citados)".

Acórdão: Vistos, relatados e discutidos estes autos, acordam os Ministros do Supremo Tribunal Federal, por seu Tribunal Pleno, sob a presidência da Ministra Cármen Lúcia, na conformidade da ata de julgamento, por unanimidade e nos termos do voto do Relator, em julgar procedente o pedido, para fins de declarar a integral constitucionalidade da Lei n. 12.990/2014, e fixar a seguinte tese de julgamento: "É constitucional a reserva de 20% das vagas oferecidas nos concursos públicos para provimento de cargos efetivos e empregos públicos no âmbito da administração pública direta e indireta. É legítima a utilização, além da autodeclaração, de critérios subsidiários de heteroidentificação, desde que respeitada a dignidade da pessoa humana e garantidos o contraditório e a ampla defesa". Ausentes, participando de sessão extraordinária no Tribunal Superior Eleitoral, os Ministros Rosa Weber e Luiz Fux, que proferiram voto em assentada anterior, e o Ministro Gilmar Mendes. Brasília, 8 de junho de 2017 (STF, ADC 41, Rel. Min. Luís Roberto Barroso, 8-6-2017).

Direitos Humanos

Firma-se o compromisso de os Estados-partes adotarem todas as medidas necessárias nos campos social, econômico, cultural e outros ao desenvolvimento ou à proteção de certos grupos raciais ou indivíduos pertencentes a esses grupos, almejando o alcance de condições de igualdade no exercício dos direitos humanos e das liberdades fundamentais.

Entre os direitos previstos na Convenção estão:

– direito a um tratamento igual perante os tribunais ou qualquer órgão que administre a justiça;

– direito à segurança da pessoa ou à proteção do Estado contra violência ou lesão corporal cometida, quer por funcionários do Governo, quer por qualquer indivíduo, grupo ou instituição;

– direitos políticos, particularmente direitos de participar nas eleições – de votar e ser votado –, conforme o sistema de sufrágio universal e igual, de tomar parte no Governo e de acesso em igualdade de condições às funções públicas;

– direitos civis e políticos, em especial: de circular livremente, de deixar qualquer país, de casar-se e escolher o cônjuge, a uma nacionalidade, à propriedade, à herança, à liberdade de pensamento, de consciência e de religião, à liberdade de opinião e de expressão, à liberdade de reunião e de associação pacíficas;

– direitos econômicos, sociais e culturais, em especial: ao trabalho, à livre escolha de trabalho, a condições equitativas e satisfatórias de trabalho, à proteção contra o desemprego, a um salário igual para um trabalho igual, a uma remuneração equitativa e satisfatória;

– direito à habitação;

– direito à saúde pública e à previdência social;

– direito à educação e à formação profissional.

Sistema de monitoramento – A Convenção destaca-se por ter sido a primeira a criar mecanismo próprio de supervisão. Nesse sentido, prevê a criação de um Comitê sobre a Eliminação da Discriminação Racial, composto de dezoito peritos de grande prestígio moral e reconhecida imparcialidade, com mandato de quatro anos.

A cada Estado-parte incumbe submeter ao Secretário-geral das Nações Unidas, para exame do Comitê, um relatório sobre as medidas legislativas, judiciárias, administrativas ou outras que adotarem para tornar efetivas as disposições da Convenção.

O relatório deve ser enviado a cada quatro anos ou sempre que o Comitê solicitar.

Há a previsão, também, do sistema de comunicações interestatais: um Estado-parte pode acionar o Comitê, informando que outro Estado-parte vem descumprindo as disposições da Convenção. O Comitê, então, transmitirá a comunicação a este, que terá o prazo de três meses para prestar explicações ou declarações por escrito.

Não sendo o problema solucionado no prazo de seis meses, ambos os Estados-partes terão o direito de submetê-lo ao Comitê, notificando-o ou notificando o outro Estado.

Para que o Comitê conheça a questão, é necessário que todos os recursos internos disponíveis tenham sido utilizados e esgotados, a menos que excedam prazos razoáveis.

Obtidas as informações que julgar necessárias, o Comitê nomeará uma Comissão de Conciliação *ad hoc*, composta de cinco pessoas, membros ou não do Comitê, com o objetivo de obter uma solução amigável. A Comissão, ao final, encaminhará relatório ao Presidente do Comitê, com as recomendações que julgar oportunas.

Por fim, a Convenção também prevê que o Estado-parte poderá declarar, a qualquer momento, que reconhece a competência do Comitê para julgar casos mediante o sistema de petições individuais, por meio do qual a própria vítima informa a violação havida. É necessário, contudo, declaração expressa do Estado nesse sentido.

A decisão do Comitê não tem força vinculante, mas é publicada no relatório anual encaminhado pelo Comitê à Assembleia Geral das Nações Unidas.

SINOPSES JURÍDICAS

Em suma, a Convenção Internacional sobre a Eliminação de Todas as Formas de Discriminação Racial prevê em seu corpo todos os sistemas de monitoramento normalmente observados: i) relatórios encaminhados ao Comitê; ii) comunicações interestatais; iii) petições individuais.

7.2. CONVENÇÃO CONTRA A TORTURA E OUTROS TRATAMENTOS OU PENAS CRUÉIS, DESUMANOS OU DEGRADANTES

A chamada "lei do mais forte", imposta em todas as épocas da história, constitui um drama para os indivíduos mais carentes e vulneráveis. Entre eles, e principalmente, as mulheres que, em muitos lugares, são submetidas a práticas de violação desumana e degradante, do ponto de vista físico e moral. Diante desse quadro, a ONU celebrou essa Convenção em dezembro de 1984, para preservar indivíduos e grupos de danos decorrentes de deliberada infligição de dor ou sofrimentos físicos e mentais, ou castigos, intimidações ou coações de qualquer natureza. O crime é ainda mais grave quando cometido por agentes do Estado em situação de autoridade.

A Convenção também criou o Comitê contra a Tortura, habilitado a receber e a investigar denúncias de crimes dessa natureza.

Dica

Em 2 de agosto de 2013, foi aprovada a Lei n. 12.847, que instituiu o Sistema Nacional de Prevenção e Combate à Tortura. A coordenação executiva do Sistema é realizada pelo Ministério da Mulher, da Família e dos Direitos Humanos, por meio da Secretaria Nacional de Proteção Global.

Convenção contra a Tortura e Outros Tratamentos ou Penas Cruéis, Desumanos ou Degradantes

Os Estados-partes nesta Convenção,

Considerando que, de acordo com os princípios proclamados na Carta das Nações Unidas, o reconhecimento dos direitos iguais e inalienáveis de todos os membros da família humana constitui o fundamento da liberdade, da justiça e da paz no mundo,

Reconhecendo que estes direitos derivam da dignidade inerente à pessoa humana,

Considerando a obrigação dos Estados, nos termos da Carta, especialmente do artigo 55, de promover o respeito universal e a observância dos direitos humanos e das liberdades fundamentais,

Tendo em conta o artigo 5º da Declaração Universal dos Direitos Humanos e o artigo 7º do Pacto Internacional dos Direitos Civis e Políticos, que estabelecem que ninguém será submetido à tortura ou a tratamentos ou penas cruéis, desumanos ou degradantes,

Levando também em consideração a Declaração sobre a Proteção de Todas as Pessoas contra a Tortura e Outros Tratamentos ou Penas Cruéis, Desumanos ou Degradantes, adotada pela Assembleia Geral em 9 de dezembro de 1975,

Desejando tornar mais eficaz a luta contra a tortura e outros tratamentos ou penas cruéis, desumanos ou degradantes em todo o mundo, acordaram o seguinte:

PARTE I

Artigo 1º

1. Para os fins desta Convenção, o termo "tortura" designa qualquer ato pelo qual uma violenta dor ou sofrimento, físico ou mental, é infligido intencionalmente a uma pessoa, com o fim de se obter dela ou de uma terceira pessoa informações ou confissão; de puni-la por um ato que ela ou uma terceira pessoa tenha cometido ou seja suspeita de ter cometido; de intimidar ou coagir ela ou uma terceira pessoa; ou por qualquer razão baseada em discriminação de qualquer espécie, quando

Direitos Humanos

tal dor ou sofrimento é imposto por um funcionário público ou por outra pessoa atuando no exercício de funções públicas, ou ainda por instigação dele ou com o seu consentimento ou aquiescência. Não se considerará como tortura as dores ou sofrimentos que sejam consequência, inerentes ou decorrentes de sanções legítimas.

A Convenção veda que sejam invocadas circunstâncias excepcionais, como ameaça ou estado de guerra, instabilidade política interna ou qualquer outra emergência pública, como justificação para a tortura.

Veda também a extradição, a expulsão ou a devolução de uma pessoa quando houver substanciais razões para crer que no Estado destinatário ela corra o perigo de ser submetida à tortura.

Os Estados-partes se comprometem a tipificar penalmente todos os atos de tortura e de tentativa de tortura, ou mesmo todo ato de qualquer pessoa que constitua cumplicidade ou participação na tortura.

Além disso, todo Estado-parte em cujo território se encontre pessoa suspeita de ter cometido qualquer um dos crimes mencionados anteriormente poderá proceder à detenção de tal pessoa ou tomar as medidas legais para assegurar sua presença, de acordo com as normas de processo penal ou de extradição. O Estado-parte deverá extraditar referida pessoa ou processá-la de acordo com o direito interno.

Os crimes de tortura deverão ser passíveis de extradição. Caso o Estado-parte condicione esta à existência de tratado, na hipótese em que não houver um, a Convenção poderá ser considerada base legal para a extradição.

A Convenção ainda prevê que o sistema jurídico de cada Estado-parte deverá assegurar direito à reparação e à indenização justa e adequada à vítima ou aos seus descendentes, em caso de morte por decorrência da tortura praticada.

A prova produzida mediante tortura deverá ser desconsiderada em todo e qualquer processo, salvo contra o próprio torturador.

Sistema de monitoramento – A Convenção prevê a criação de um Comitê contra a Tortura, composto de dez peritos de elevada reputação moral e reconhecida competência em matéria de direitos humanos, com mandato de quatro anos.

Como de praxe, há a previsão do envio de relatórios pelos Estados-partes ao Comitê sobre as medidas adotadas para dar cumprimento às disposições da Convenção. O Comitê poderá optar por encaminhar seus comentários à Assembleia Geral das Nações Unidas, em seu relatório anual de atividades.

O Comitê poderá visitar o território do Estado-parte no qual haja denúncia de prática de tortura.

Há previsão, também, dos sistemas de comunicações interestatais e de petições individuais. São necessárias, em ambos os casos, declarações expressas dos Estados anuindo com tais sistemas e submetendo-se à jurisdição do Comitê.

Uma vez mais, a decisão do Comitê não tem força vinculante, ou seja, não surte consequências jurídicas. Apenas no plano político é que pode se dar o chamado *power of embarrassment* – o constrangimento do Estado perante a comunidade internacional.

Por fim, houve um Protocolo Facultativo à Convenção contra a Tortura, ratificado pelo Brasil em 2007, que prevê sistema preventivo de visitas regulares realizadas por órgãos nacionais e internacionais a locais de detenção.

Legislação brasileira contra a tortura – O Brasil ratificou a Convenção em 1989. Atendendo à determinação ali constante para que seja editada legislação tipificando criminalmente a tortura, foi promulgada no Brasil a Lei n. 9.455/97. O tipo restou assim formulado:

Art. 1º Constitui crime de tortura:

I – constranger alguém com emprego de violência ou grave ameaça, causando-lhe sofrimento físico ou mental:

a) com o fim de obter informação, declaração ou confissão da vítima ou de terceira pessoa;

b) para provocar ação ou omissão de natureza criminosa;

c) em razão de discriminação racial ou religiosa;

II – submeter alguém, sob sua guarda, poder ou autoridade, com emprego de violência ou grave ameaça, a intenso sofrimento físico ou mental, como forma de aplicar castigo pessoal ou medida de caráter preventivo.

Pena – reclusão, de dois a oito anos.

§ 1º Na mesma pena incorre quem submete pessoa presa ou sujeita a medida de segurança a sofrimento físico ou mental, por intermédio da prática de ato não previsto em lei ou não resultante de medida legal.

§ 2º Aquele que se omite em face dessas condutas, quando tinha o dever de evitá-las ou apurá-las, incorre na pena de detenção de um a quatro anos.

§ 3º Se resulta lesão corporal de natureza grave ou gravíssima, a pena é de reclusão de quatro a dez anos; se resulta morte, a reclusão é de oito a dezesseis anos.

§ 4º Aumenta-se a pena de um sexto até um terço:

I – se o crime é cometido por agente público;

II – se o crime é cometido contra criança, gestante, portador de deficiência, adolescente ou maior de 60 (sessenta) anos;

III – se o crime é cometido mediante sequestro.

§ 5º A condenação acarretará a perda do cargo, função ou emprego público e a interdição para seu exercício pelo dobro do prazo da pena aplicada.

§ 6º O crime de tortura é inafiançável e insuscetível de graça ou anistia.

§ 7º O condenado por crime previsto nesta Lei, salvo a hipótese do § 2º, iniciará o cumprimento da pena em regime fechado.

JURISPRUDÊNCIA

"AGRAVO REGIMENTAL NO RECURSO EXTRAORDINÁRIO. PENAL E PROCESSUAL PENAL. CRIME DE TORTURA. LICITUDE DA PROVA EMPRESTADA. CONTRADITÓRIO E AMPLA DEFESA. INCURSIONAMENTO NO CONTEXTO FÁTICO-PROBATÓRIO DOS AUTOS. SÚMULA 279 DO STF. PRINCÍPIOS DA AMPLA DEFESA E DO CONTRADITÓRIO. OFENSA REFLEXA AO TEXTO DA CONSTITUIÇÃO FEDERAL. 1. A resolução da controvérsia atinente à licitude das provas demanda a análise aprofundada do conjunto fático-probatório, o que atrai a incidência da Súmula 279 do STF, que dispõe: 'Para simples reexame de prova não cabe recurso extraordinário'. Precedente: AI 854.029-AgR, Rel. Min. Luiz Fux, Primeira Turma, *DJe* de 03/05/2012. 2. Os princípios da ampla defesa, do contraditório, do devido processo legal e os limites da coisa julgada, quando debatidos sob a ótica infraconstitucional, revelam uma violação reflexa e oblíqua da Constituição Federal, o que torna inadmissível o recurso extraordinário. Precedentes: ARE 676.478 Rel. Min. Ricardo Lewandowski, Segunda Turma, *DJe* de 24/5/2013, e ARE 715.175, Rel. Min. Dias Toffoli, Primeira Turma, *DJe* de 22/5/2013. 3. *In casu*, o acórdão extraordinariamente recorrido assentou: 'APELAÇÃO CRIMINAL. CRIME DE TORTURA. Existindo provas suficientes a ensejar a prática de crime de tortura pelos recorridos, impõe-se a modificação da sentença de piso e a consequente condenação daqueles'. 4. Agravo regimental desprovido" (RE 618.985 AgR, 1ª Turma, Rel. Min. Luiz Fux, j. 14-4-2015, Publ. 6-5-2015).

Como se vê, a legislação brasileira amplia o sujeito ativo do crime em relação à descrição da conduta consagrada na Convenção: pela Lei n. 9.455/97, pode ser sujeito ativo

Direitos Humanos

do crime de tortura qualquer pessoa, ao passo que, de acordo com a Convenção, apenas pode sê-lo o funcionário público ou outra pessoa no exercício de funções públicas, ou, ainda, por instigação.

Outra diferença: na chamada tortura por discriminação (art. 1º, I, c, da citada lei), há previsão apenas da discriminação racial ou religiosa; já a Convenção, de forma ampla, prevê discriminação de qualquer natureza.

7.3. CONVENÇÃO PARA A PREVENÇÃO E REPRESSÃO DO CRIME DE GENOCÍDIO

Também como forma de reação às atrocidades cometidas pelos nazistas durante a Segunda Guerra Mundial, realizou-se a Conferência de Postdam, integrada pelos representantes dos países vencedores, na qual restou decidido que seriam criados tribunais internacionais para julgar crimes de guerra contra a humanidade.

Imediatamente foi implantado o Tribunal Militar Internacional de Nuremberg, em 1945, pela Carta de Londres. Um ano depois foi criado o Tribunal de Tóquio.

Os resultados preliminares das investigações desses dois tribunais levaram a ONU a adotar a Convenção para a Prevenção e Repressão do Crime de Genocídio, em 9 de dezembro de 1948. Esse foi o primeiro tratado internacional de proteção dos direitos humanos aprovado pela ONU. No Brasil, a Convenção foi adotada pelo Decreto n. 30.822, de 6 de maio de 1952. O esboço de uma convenção com esse fim já podia ser visto nas célebres conferências de paz de Haia, iniciadas em 1899.

A Convenção, em seu art. II, define genocídio como qualquer um dos seguintes atos, cometidos com a intenção de destruir, no todo ou em parte, um grupo nacional, étnico, racial ou religioso:

– assassinato de membros de grupo;

– dano grave à integridade física ou mental de membros do grupo;

– submissão intencional do grupo a condições de existência que lhe ocasionem a destruição física total ou parcial;

– medidas destinadas a impedir os nascimentos no seio do grupo;

– transferência forçada de crianças de um grupo para outro grupo.

A Convenção aplica-se em tempo de paz e em tempo de guerra. Pune-se, de acordo com o documento, não apenas o genocídio, mas também:

– o conluio para seu cometimento;

– a incitação direta e pública a cometer o genocídio;

– a tentativa de genocídio;

– a cumplicidade no genocídio.

O genocídio não será considerado crime político para efeito de extradição.

JURISPRUDÊNCIA

"EXTRADIÇÃO REQUERIDA PELA REPÚBLICA ARGENTINA. DELITOS QUALIFICADOS PELO ESTADO REQUERENTE COMO DE LESA-HUMANIDADE. PRESCRIÇÃO DA PRETENSÃO PUNITIVA SOB A PERSPECTIVA DA LEI PENAL BRASILEIRA. NÃO ATENDIMENTO AO REQUISITO DA DUPLA PUNIBILIDADE (ART. 77, VI, DA LEI

SINOPSES JURÍDICAS

6.815/1980 E ART. III, *C*, DO TRATADO DE EXTRADIÇÃO). INDEFERIMENTO DO PEDIDO. 1. Conforme pacífica jurisprudência do Supremo Tribunal Federal, 'a satisfação da exigência concernente à dupla punibilidade constitui requisito essencial ao deferimento do pedido extradicional' (Ext 683, Relator(a): Min. Celso de Mello, Tribunal Pleno, *DJe* de 21.11.2008). Nessa linha, tanto o Estatuto do Estrangeiro (art. 77, VI), quanto o próprio tratado de extradição firmado entre o Brasil e o Estado requerente (art. III, *c*), vedam categoricamente a extradição quando extinta a punibilidade pela prescrição, à luz do ordenamento jurídico brasileiro ou do Estado requerente. 2. O Estado requerente imputa ao extraditando a prática de delito equivalente ao de associação criminosa (art. 288 do Código Penal), durante os anos de 1973 a 1975, e, no ano de 1974, de crimes equivalentes aos de sequestro qualificado (art. 148, § 2º, do Código Penal) e de homicídio qualificado (art. 121, § 2º, do Código Penal). Evidentemente, todos esses delitos encontram-se prescritos, porquanto, desde sua consumação, transcorreu tempo muito superior ao prazo prescricional máximo previsto no Código Penal, equivalente a 20 (vinte) anos (art. 109, I). Não consta dos autos, ademais, que se tenha configurado qualquer das causas interruptivas da prescrição. 3. A circunstância de o Estado requerente ter qualificado os delitos imputados ao extraditando como de lesa-humanidade não afasta a sua prescrição, porquanto (a) o Brasil não subscreveu a Convenção sobre a Imprescritibilidade dos Crimes de Guerra e dos Crimes contra a Humanidade, nem aderiu a ela; e (b) apenas lei interna pode dispor sobre prescritibilidade ou imprescritibilidade da pretensão estatal de punir (cf. ADPF 153, Relator(a): Min. Eros Grau, voto do Min. Celso de Mello, Tribunal Pleno, *DJe* de 6.8.2010). 4. O indeferimento da extradição com base nesses fundamentos não ofende o art. 27 da Convenção de Viena sobre o Direito dos Tratados (Decreto 7.030/2009), uma vez que não se trata, no presente caso, de invocação de limitações de direito interno para justificar o inadimplemento do tratado de extradição firmado entre o Brasil e a Argentina, mas sim de simples incidência de limitação veiculada pelo próprio tratado, o qual veda a concessão da extradição 'quando a ação ou a pena já estiver prescrita, segundo as leis do Estado requerente ou requerido' (art. III, *c*). 5. Pedido de extradição indeferido" (Ext 1.362, Tribunal Pleno, Rel. Min. Edson Fachin, j. 9-11-2016, Publ. 27-8-2018).

Decisão: Após o voto do Ministro Edson Fachin (Relator), que deferia o pedido de extradição, nos termos de seu voto, no que foi acompanhado pelo Ministro Roberto Barroso, pediu vista dos autos o Ministro Teori Zavascki. Ausentes, justificadamente, os Ministros Celso de Mello e Gilmar Mendes. Falou, pelo Ministério Público Federal, o Dr. Rodrigo Janot Monteiro de Barros. Presidência da Ministra Cármen Lúcia. Plenário, 06.10.2016. Decisão: Após os votos dos Ministros Teori Zavascki, Rosa Weber, Luiz Fux, Dias Toffoli, Gilmar Mendes e Marco Aurélio, indeferindo o pedido de extradição, e o voto do Ministro Ricardo Lewandowski.

A Convenção não enumera direitos; apenas traz definições e metas a serem atingidas pelos Estados-partes. Além disso, prevê a punição das pessoas perpetradoras do genocídio, e não dos Estados-partes, ao contrário do que se costuma observar nos tratados. Por esse motivo, Carlos Weis não a considera um tratado de direitos humanos *stricto sensu*, mas apenas uma norma própria do direito penal internacional.

Ao longo dos anos, a ONU e a Comunidade Internacional criaram tribunais específicos *ad hoc* para julgar crimes cometidos em conflitos determinados. Foi o caso da Corte Civil que, em 1993, julgou crimes na antiga Iugoslávia (mais de 150 mil homicídios cometidos durante a guerra de 1991, na forma de massacre e a pretexto de "limpeza étnica"). Foi o caso também do tribunal criado para julgar genocídio em Ruanda (mais de um milhão de pessoas foram mortas no país entre abril e julho de 1994).

A Convenção para a Prevenção e a Repressão do Crime de Genocídio já previa a criação de uma Corte Penal Internacional. Em tempo recente, a ONU optou por instituir uma corte criminal internacional permanente, que fosse encarregada de julgar crimes dessa natureza, em nível global: o Tribunal Penal Internacional.

Direitos Humanos

7.4. O TRIBUNAL PENAL INTERNACIONAL

No Tratado de Roma, de 1998, foi elaborado o Estatuto do Tribunal Penal Internacional. Um total de 120 nações votou a favor do Estatuto (houve 21 abstenções e sete votos contrários – entre estes os Estados Unidos).

Curiosamente, há um precedente histórico de um Tribunal Penal Internacional – TPI. Foi instaurado pelo Sacro Império Romano-Germânico, na Alemanha, em 1474, *ad hoc*, ou seja, para um fim específico. Peter von Hagenbach era governador de uma cidade alemã e mandou seu exército cometer atos de desumanidade contra a população civil em período de paz. Um tribunal formado de 27 juízes de três nações o condenou à morte.

O TPI moderno tem caráter permanente, independente, com jurisdição complementar às Cortes nacionais e vinculada à ONU. Sua criação constituiu um grande avanço em relação aos Tribunais Internacionais *ad hoc* até então em voga, uma vez que a instituição destes dependia de resoluções do Conselho de Segurança da ONU, sendo necessário que os cinco membros permanentes não vetassem a proposta, o que dava margem ao exercício de influências políticas indesejáveis nesse campo fundamental para os direitos humanos.

Segundo o art. 5º do Estatuto, a competência material do TPI é julgar:

– crimes de genocídio;

– crimes contra a humanidade;

– crimes de guerra; e

– crimes de agressão.

Em síntese, todos esses crimes integram a categoria de crimes contra a humanidade.

O art. 7º do Estatuto do TPI enumera os seguintes crimes: homicídio; extermínio; escravidão; deportação ou transferência forçada de uma população; prisão ou outra forma de privação da liberdade física grave; tortura; agressão sexual, escravatura sexual, prostituição forçada, gravidez forçada, esterilização forçada ou qualquer outra forma de violência no campo sexual de gravidade comparável; perseguição de um grupo ou coletividade que possa ser identificado, por motivos políticos, raciais, nacionais, étnicos, culturais, religiosos ou de gênero; desaparecimento forçado de pessoas; crime de *apartheid*.

O TPI é composto de dezoito juízes, cada um indicado para um mandato de nove anos. Apoia-se em outra Convenção anterior, assinada em 26 de novembro de 1968, que trata da imprescritibilidade dos crimes de guerra e dos crimes contra a humanidade.

Dica

O Brasil já contou com vários intelectuais integrando cortes internacionais da ONU. O primeiro foi Rui Barbosa, eleito para o mandato inicial (1921-1930) da então Corte Permanente de Justiça Internacional, mas morreu em 1923, antes de ter participado de qualquer sessão da Corte. Substituiu-o Epitácio Pessoa, que havia sido presidente da República; completou o mandato de Rui Barbosa, tendo ficado de 1923 a 1930. Filadelfo de Azevedo, depois de deixar a vaga de ministro no Supremo Tribunal Federal, foi o primeiro juiz brasileiro a ocupar assento na Corte Internacional de Justiça, em 1946. Levi Carneiro, que também foi escritor e membro da Academia Brasileira de Letras, ocupou função de juiz em Haia de 1951 a 1954. O diplomata José Sette Câmara Filho foi juiz do Tribunal Internacional de Justiça de 1979 a 1988 – entre 1982 e 1985 foi vice-presidente dessa corte. José Francisco Rezek, que também foi ministro do Supremo Tribunal Federal, foi membro da Corte Internacional de Justiça entre 1996 e 2006. Antônio Augusto Cançado Trindade foi juiz da Corte Interamericana de Direitos Humanos, entre 1994 e 2008, ocupando o cargo de presidente da Corte entre 1999 e 2004. Para o seu lugar, foi eleito um outro juiz brasileiro, Leonardo Nemer Caldeira Brant, que atuará em Haia até o ano de 2027.

SINOPSES JURÍDICAS

A jurisdição do TPI, como dito, é complementar à dos Estados, isto é, pressupõe que o sistema judicial destes tenha sido incapaz de julgar a contento o crime submetido à sua apreciação. Visou-se, com isso, a afastar a impunidade reinante em crimes dessa espécie.

No mesmo sentido, o Estatuto do TPI dispõe que a responsabilização penal em âmbito internacional independe do cargo oficial eventualmente ocupado, ou seja, mesmo chefes de Estado ou chefes de Governo poderão ser processados e condenados pelo TPI.

ATENÇÃO

Em março de 2023, o Tribunal Penal Internacional emitiu um mandado de prisão contra o presidente da Rússia, Vladimir Putin, por acusações de crimes de guerra, de deportação e transferência ilegais de crianças da Ucrânia para a Rússia. Foi o primeiro chefe de Estado a receber mandado de prisão do TPI. A Rússia, entretanto, não reconhece a corte e não assinou a ratificação, embora tenha sido um dos países que a criaram (revogou a assinatura em 2015).

Aciona-se a jurisdição do TPI por meio de denúncia formulada pelo próprio Estado-parte ou pelo Conselho de Segurança à Promotoria (órgão do Tribunal responsável pelo recebimento das denúncias, investigação dos fatos ali mencionados e posterior propositura da ação penal perante o Tribunal). A Promotoria também pode agir de ofício.

Para ser julgado pelo TPI, o Estado necessariamente deve, antes, ter se submetido à sua jurisdição. A ratificação do tratado não pode ser feita com reservas.

No TPI, como regra, a pena máxima admitida é de 30 anos; excepcionalmente, aceita-se a prisão perpétua em face da extrema gravidade do crime e das circunstâncias pessoais do condenado. Apesar de se tratar de um tribunal de índole eminentemente penal, pode o TPI também reconhecer a responsabilidade civil dos condenados, impondo a eles a obrigação de reparar os danos causados às vítimas e aos seus familiares.

8
OS SISTEMAS REGIONAIS DE PROTEÇÃO DOS DIREITOS HUMANOS

8.1. PRECEDENTES

O século XX foi pródigo em guerras civis, principalmente aquelas ocorridas em colônias, que objetivavam a independência em relação às metrópoles, como Angola, Moçambique e Timor Leste, para mencionar apenas os países lusófonos. O envolvimento de dois países, às vezes três, num conflito, não justificava que fosse acionado o sistema global de proteção aos direitos humanos, pela simples razão de que um sistema regional podia ser mais ágil e mais eficaz no recebimento de denúncias, investigação, verificação e resolução de violações ao pacto. Por esse motivo, a ONU estimulou a criação de sistemas regionais – que, por enquanto, são três: o interamericano, o europeu e o africano. O sistema árabe ainda é incipiente, e sobre a criação de um sistema asiático tudo não passa de proposta, por enquanto.

A vantagem de um sistema regional (que não exclui a subordinação ao sistema global) é identificada pela existência de um aparato jurídico próprio, que reflete com mais autenticidade e proximidade as peculiaridades e características históricas dos países envolvidos.

8.2. O SISTEMA EUROPEU

Criado pela Convenção Europeia de Direitos Humanos, em 1950, tem como aparelho jurídico a Corte Europeia de Direitos Humanos (criada em 1959, na cidade de Estrasburgo, França).

O sistema europeu é o mais desenvolvido dos que integram o sistema global de direitos humanos. Há um fundamento histórico para isso, visto que a Europa foi o continente mais atingido pela ameaça nazifascista na Segunda Guerra Mundial.

A Corte Europeia de Direitos Humanos está acima dos tribunais nacionais. Indivíduos que considerem não haver recebido justiça em seus países têm a possibilidade de acionar a Corte, a qual pode também ordenar o pagamento de indenizações às vítimas.

Atualmente, a Corte é composta de 47 juízes, o número de Estados-partes.

Mais de 10 mil queixas já foram recebidas pela Corte desde a sua criação. No entanto, vários governos europeus ignoraram as decisões proferidas pela Corte, especialmente países em conflito no Leste Europeu, na década de 1990.

Um dado importante é que, para um país ser admitido como membro filiado da União Europeia, precisa ser aprovado pela Corte Europeia de Direitos Humanos.

A jurisdição da Corte estende-se aos que estiverem no território dos Estados-partes, e não apenas aos seus nacionais.

Entre os direitos e garantias previstos na Convenção estão:

– direito à vida;

– direito ao devido processo legal;

– direito à privacidade;

– direito à liberdade de expressão, de pensamento, de consciência e de religião;

– direito à propriedade;
– proibição da tortura, de tratamentos e punições desumanos ou degradantes;
– proibição do trabalho forçado;
– proibição de prisões arbitrárias e ilegais.

8.3. O SISTEMA AFRICANO

Foi o terceiro sistema a entrar em vigor (21 de outubro de 1986, por meio da chamada Carta de Banjul, que havia sido assinada naquela cidade de Gâmbia seis anos antes).

O continente africano, devido à sua excepcional diversidade ambiental, é cenário de exuberantes riquezas naturais, do diamante ao petróleo e do ouro ao urânio. Por isso mesmo, atrai a atenção e a cobiça de diversos povos desde que Vasco da Gama fincou os pés portugueses nas costas africanas.

Sua vulnerabilidade, decorrente de disputas tribais e circunstâncias de heterogeneidade que impediram o seu desenvolvimento nos padrões europeus, tornou-o presa fácil de potências que ali instalaram colônias. Nessas colônias, os nativos eram tratados como animais, chegando a ser considerados equiparáveis a estes. Embora a situação tenha evoluído muito ao longo da história, o africano ainda é tratado como inferior por algumas nações (inclusive dentro da própria África), o que dificulta a eficácia da Carta de Banjul.

A principal contingência ocorreu após a Segunda Guerra Mundial, em decorrência do processo de independência das colônias (principalmente durante as décadas de 1960 e 1970), que conduziu uma importante alteração na organização regional da África.

Por ocasião da assinatura da Carta das Nações Unidas, em 1945, apenas quatro países africanos eram independentes: África do Sul, Egito, Etiópia e Libéria. Atualmente, existem outros 49 países independentes no continente africano.

Em 1963, foi criada em Adis Abeba, capital da Etiópia, a Organização da Unidade Africana – OUA, entidade diplomática internacional.

A Carta de Banjul teve por princípio a reconstrução dos sistemas políticos e a implementação dos direitos humanos vilipendiados, como liberdade de associação, liberdade de imprensa, eleições regulares, direito à vida etc. No entanto, o escopo jurídico da OUA não contemplava os direitos humanos.

Foi necessário, então, que o continente se integrasse ao sistema global de proteção, criando o Sistema Africano de Proteção aos Direitos Humanos. Foi o que aconteceu na Conferência de Lagos, na Nigéria, em 1961, da qual participaram representantes de 23 países africanos e de 9 países de fora do continente. Mas foi somente em 1978, com um pedido oficial da Nigéria, na Assembleia Geral da ONU, de assistência para o estabelecimento de instituições regionais de direitos humanos, que o assunto entrou definitivamente em pauta. No ano seguinte, a Carta Africana de Direitos Humanos foi esboçada e começou a ser negociada.

Do ponto de vista normativo, o caráter da Carta Africana de Direitos Humanos é dúbio, pois conflita em muitos casos com legislações internas, que possuem supremacia em relação à Carta.

8.4. O SISTEMA ÁRABE

O sistema árabe é formado pela Comissão e pela Corte Árabe de Direitos Humanos e está pautado na Carta Árabe de Direitos Humanos, de 1996.

Direitos Humanos

Ainda se encontra em estágio inicial de desenvolvimento e, ao que consta, até hoje foi ratificado apenas pelo Iraque.

Dica

Dados do Banco Mundial mostram que a liga árabe é compreendida pelo conjunto de 22 países e territórios distribuídos pelos continentes africano e asiático, com uma população de cerca de 444 milhões de pessoas. Os países são os seguintes: Arábia Saudita, Argélia, Bahrein, Catar, Comores, Djibuti, Egito, Emirados Árabes Unidos, Iêmen, Iraque, Jordânia, Kuwait, Líbano, Líbia, Marrocos, Mauritânia, Omã, Palestina, Síria (suspensa), Somália, Sudão e Tunísia.

A Carta, cumpre destacar, quando de sua elaboração, foi severamente criticada pelo Alto Comissariado para Direitos Humanos da ONU, uma vez que não se adequaria às normativas internacionais já vigentes para a matéria.

Um dos fatores dessa não adequação está justamente ligado à falta de reconhecimento de muitos dos direitos da mulher e dos chamados não cidadãos, numa clara demonstração de discriminação institucionalizada.

Entre outros fatores que chamaram a atenção dos estudiosos está o fato de a Carta prever a pena de morte para crianças, além de rejeitar a ideia de que o sionismo seria uma espécie de racismo ou de discriminação racial.

Além disso, cumpre salientar que é do histórico dos documentos legais islâmicos protetores de direitos fundamentais a limitação destes, sempre que se apresentarem contrários aos fundamentos do islamismo.

Nesse sentido, a própria Constituição da República Islâmica, de 1979, do Irã, previa que os direitos individuais perderiam sua validade sempre que afrontassem a "cosmovisão islâmica". Em outras palavras, retirava-se grande parte da eficácia dessas normas ao submetê-las aos limites estabelecidos pelos princípios do islã.

Já a Declaração do Cairo sobre Direitos Humanos no Islã, de 1990, trouxe a definição de que os direitos e liberdades fundamentais seriam parte integrante da religião islâmica. Com tal fundamento, em uma série de artigos, previu a limitação de tais direitos e liberdades sempre que se contrariassem os princípios do Shari'ah (ou seja, a Lei Islâmica).

A Carta Árabe de Direitos Humanos, embora com redação um pouco distinta, seguiu a mesma tendência de forte relativização dos direitos e princípios nela estipulados. Com efeito, em seu art. 4º, prega que: "nenhuma limitação será colocada nos direitos e liberdades reconhecidos nessa carta, a não ser pela lei e pela necessidade de proteger a segurança nacional ou a economia, ordem pública, saúde ou morais ou os direitos e liberdades de outros".

Em síntese, o sistema árabe parece, realmente, não cumprir o seu importante papel de reforçar, no âmbito regional, as normas universais de direitos humanos.

8.5. O SISTEMA ASIÁTICO

A Associação das Nações do Sudeste Asiático (ASEAN) foi fundada em 1967, através da Declaração de Bangkok. Liderada pela Tailândia, tinha como escopo a promoção e assistência econômica, social e cultural, assegurando a estabilidade política e acelerando o desenvolvimento da região sudeste asiática (Indonésia, Malásia, Filipinas, Cingapura, Brunei, Vietnã, Mianmar, Laos e Camboja). Somente na década de 1990 a ASEAN começou a contemplar as questões referentes aos direitos humanos.

Em 1998, a ASEAN adota a primeira declaração asiática de direitos humanos. Trata-se de um documento sem força jurídica vinculante, contudo, é somente após essa declaração

SINOPSES JURÍDICAS

que se falará de um mecanismo regional asiático de tutela dos direitos humanos. Em seu art. 14, a Declaração afirma que "Conforme os objetivos e princípios da Carta da ASEAN relativos à promoção e proteção dos direitos humanos e das liberdades fundamentais, a ASEAN instituirá um órgão para os direitos humanos". Institui-se, então, em 2008, a Comissão Intergovernamental de Direitos Humanos da ASEAN com a incumbência de analisar, cooperar e confrontar a tutela dos direitos humanos, promovendo e protegendo os direitos e liberdades dos povos do sudeste asiático.

A Declaração, inspirada nas outras cartas internacionais de proteção aos direitos humanos, inicia-se com um elenco de princípios gerais de direito, dentre eles, sanciona a inviolabilidade da dignidade e dos direitos humanos que são inerentes a cada pessoa. Apresenta, também, no decorrer de seu texto, a proteção aos direitos civis e políticos, como direito de liberdade de expressão, de reunião e de associação, direito à família, direito de propriedade, entre outros. Traz, ainda, um rol de direitos sociais e o direito à paz.

Os membros da ASEAN adotaram, em 2012, na cidade de Phnom Penh, capital do Camboja, uma plataforma comum de direitos humanos, uma Declaração de Direitos Humanos de caráter não vinculativo que apela pelo fim das violações dos direitos humanos, entre os quais figura o fim da tortura e das prisões arbitrárias. Tal Declaração recebeu várias críticas da ONU, que considerou a insuficiência do texto, solicitando à cúpula da ASEAN um aperfeiçoamento para posterior aprovação do documento. Mesmo sendo um documento sem valor normativo, representa um marco importante no reconhecimento das questões inerentes aos direitos humanos no continente asiático.

8.6. O SISTEMA INTERAMERICANO

O sistema interamericano foi instituído por meio da Carta da Organização dos Estados Americanos – OEA. A Carta, que leva o nome oficial de Declaração Americana dos Direitos e Deveres do Homem, foi aprovada na Nona Conferência Internacional Americana, em Bogotá, Colômbia, em 1948.

No seu preâmbulo, estão sintetizados os seus princípios:

Todos os homens nascem livres e iguais em dignidade e direitos e, como são dotados pela natureza de razão e consciência, devem proceder fraternalmente uns para com os outros.

O cumprimento do dever de cada um é exigência do direito de todos. Direitos e deveres integram-se correlativamente em toda a atividade social e política do homem. Se os direitos exaltam a liberdade individual, os deveres exprimem a dignidade dessa liberdade.

Os deveres de ordem jurídica dependem da existência anterior de outros de ordem moral, que apoiam os primeiros conceitualmente e os fundamentam.

É dever do homem servir o espírito com todas as suas faculdades e todos os seus recursos, porque o espírito é a finalidade suprema da existência humana e a sua máxima categoria.

É dever do homem exercer, manter e estimular a cultura por todos os meios ao seu alcance, porque a cultura é a mais elevada expressão social e histórica do espírito.

E, visto que a moral e as boas maneiras constituem a mais nobre manifestação da cultura, é dever de todo homem acatar-lhes os princípios.

A OEA é a mais antiga organização regional do mundo. Foi concebida na Primeira Conferência Internacional Americana, realizada em Washington, Estados Unidos, entre outubro de 1889 e abril de 1890, ocasião em que foi aprovada a União Internacional das Repúblicas Americanas.

Foi efetivada, todavia, somente em 1948, em Bogotá, na Colômbia, quando foi assinada a Carta da OEA. Depois das ratificações, entrou em vigor em dezembro de 1951.

Direitos Humanos

A Carta foi reformada e atualizada algumas vezes: em 1967, pelo Protocolo de Buenos Aires; em 1985, pelo Protocolo de Cartagena das Índias; em 1993, pelo Protocolo de Manágua; e, em 1997, pelo Protocolo de Washington.

Atualmente, a OEA conta com 35 Estados-membros. Além disso, a Organização concedeu o *status* de observador permanente a 62 Estados e à União Europeia.

8.6.1. CONVENÇÃO AMERICANA DE DIREITOS HUMANOS

O documento mais importante do sistema interamericano é a Convenção Americana de Direitos Humanos, que ficou internacionalmente conhecida como Pacto de São José da Costa Rica.

A Convenção foi assinada em 1969, na capital da Costa Rica, durante a Conferência Especializada Interamericana sobre Direitos Humanos, e levou outros nove anos para entrar em vigor. O Brasil ratificou-a somente em 25 de setembro de 1992 (foi promulgada através do Decreto n. 678, de 6 de novembro de 1992), possivelmente porque o regime de exceção vivido pelo País à época da assinatura não admitia ingerência externa nos assuntos considerados políticos.

O Pacto de São José da Costa Rica tem 82 artigos. Não trata especificamente dos direitos sociais, culturais ou econômicos. Se faz integrar, apenas, pelo seu art. 26, que enuncia o chamado desenvolvimento progressivo. Ou seja, devem os Estados adotar medidas que garantam a efetividade daqueles direitos, cuja enunciação coube ao Protocolo de São Salvador, que entrou em vigor em novembro de 1999.

No que se refere ao direito à vida, o Pacto determinou a impossibilidade de ser restabelecida a pena de morte nos Estados que a tenham abolido. Além disso, vedou expressamente a aplicação da pena de morte a delitos políticos e também a delitos comuns conexos com delitos políticos. Por fim, dispôs que a pena capital não pode ser aplicada a quem, ao tempo do delito, for menor de dezoito anos, ou maior de setenta, tampouco à mulher em estado de gravidez.

O Pacto de São José da Costa Rica estabelece também os deveres das pessoas e indica como foro de discussões e arbitragem para eventuais desrespeitos aos seus mandamentos a Comissão Interamericana de Direitos Humanos e a Corte Interamericana de Direitos Humanos, localizada em São José da Costa Rica.

A Corte é formada por sete juízes, cada um representando um Estado-membro. O Brasil já esteve representado, como vimos, pelo juiz Antônio Augusto Cançado Trindade, que foi presidente entre 1999-2004 e 1995-2006.

A Comissão Interamericana de Direitos Humanos – De acordo com o art. 41 do Pacto, a função principal da Comissão Interamericana de Direitos Humanos é promover a observância e a defesa da integridade humana. O dispositivo traz, ainda, as atribuições do órgão. Dentre elas, destacam-se:

1) formular recomendações aos governos dos Estados-membros, quando considerar conveniente, para que adotem medidas progressivas em favor dos direitos humanos no âmbito de suas leis internas e de seus preceitos constitucionais, bem como disposições apropriadas para promover o devido respeito a esses direitos;

2) solicitar aos governos dos Estados-membros que lhe proporcionem informações sobre as medidas que adotarem em matérias de direitos humanos.

Trata-se, portanto, de verdadeiro órgão monitorador dos Estados-membros.

Uma inovação bastante salutar trazida pelo art. 44 do Pacto diz respeito à legitimidade para peticionar perante a Comissão: não apenas as vítimas, mas também qualquer pessoa ou grupo de pessoas, ou, ainda, entidade não governamental legalmente reconhecida, podem apresentar à Comissão petições que contenham denúncias ou queixas de violação da Convenção por um Estado-parte.

Há, todavia, pressupostos para que a petição seja admitida. Estão previstos no art. 46 do Pacto:

a) esgotamento dos recursos da jurisdição interna, de acordo com os princípios de direito internacional geralmente reconhecidos;

b) apresentação dentro do prazo de seis meses, contado a partir da data em que o presumido prejudicado tenha sido notificado da decisão definitiva;

c) exclusividade da via escolhida (inexistência de litispendência internacional): a matéria da petição ou da comunicação não pode ter sido submetida a outro processo de solução internacional;

d) em se tratando de petição subscrita por pessoa, grupo de pessoas ou entidade não governamental, deverá ela conter o nome, a nacionalidade, a profissão, o domicílio e a assinatura da pessoa ou pessoas ou representante legal da entidade.

Quanto à estrutura do processo, a Comissão, de início, analisará os requisitos de admissibilidade mencionados. Se presentes, solicitará informações ao Governo do Estado a que pertença a autoridade apontada como responsável pela violação, as quais deverão ser enviadas em prazo razoável.

Com as informações, ou transcorrido o prazo fixado, a Comissão analisará o mérito da petição. Se não for o caso de arquivá-la, passará a um exame mais aprofundado da matéria, podendo investigar os fatos, para o que solicitará aos Estados interessados todas as facilidades necessárias (inclusive o encaminhamento de exposições verbais ou escritas que apresentarem os interessados).

Já na fase decisória, dispõe o art. 48, 1, *f*, que a Comissão deverá procurar uma solução amistosa ao assunto, "fundada no respeito aos direitos reconhecidos nesta Convenção". Se tal solução for encontrada, a Comissão redigirá um relatório que será devidamente encaminhado aos Estados-partes e ao peticionário (e também será transmitido, para publicação, ao Secretário-geral da OEA) (art. 49).

Mas, se a solução amistosa não for alcançada, a Comissão elaborará um relatório no qual exporá os fatos e suas conclusões. O relatório será encaminhado aos Estados interessados. A Comissão pode, ainda, formular as proposições e recomendações que julgar adequadas (art. 50, 3). Nesse relatório, a Comissão externará sua conclusão sobre se houve ou não violação de direitos humanos do lado do Estado-parte, que, então, terá o prazo de três meses, a partir da remessa aos Estados interessados, para dar solução ao problema, de acordo com as recomendações formuladas (art. 51).

Se, nesse prazo, o assunto não houver sido solucionado ou submetido à decisão da Corte pela Comissão ou pelo Estado interessado, a Comissão poderá emitir, pelo voto da maioria absoluta dos seus membros, sua opinião e suas conclusões sobre a questão submetida à sua consideração (art. 51, 1).

Nesse caso, uma vez mais, a Comissão fará as recomendações pertinentes e fixará um prazo para o Estado adotá-las. Por fim, transcorrido esse prazo, decidirá a Comissão, pelo voto da maioria absoluta dos seus membros, se o Estado tomou ou não as medidas adequadas, e se publica ou não seu relatório (art. 51, 3).

A Corte Interamericana de Direitos Humanos – Trata-se do órgão jurisdicional do sistema regional de proteção dos direitos humanos das Américas. Sua disciplina está nos arts. 52 a 69 do Pacto de São José da Costa Rica.

Direitos Humanos

Como vimos anteriormente, em não sendo alcançada uma solução amistosa, é possível ao Estado interessado ou à Comissão submeter o assunto à Corte – o art. 61 não prevê a legitimação do indivíduo para tanto.

Para que o Estado-parte seja julgado pela Corte, todavia, é necessário que ele tenha declarado que reconhece como obrigatória, de pleno direito e sem convenção especial, a competência da Corte em todos os casos relativos à interpretação ou aplicação do Pacto (art. 62). O Brasil, que havia ratificado esse Tratado em setembro de 1992, demorou quase uma década para reconhecer a competência jurisdicional da Corte, através do Decreto Legislativo n. 89, de 4 de dezembro de 1998.

Se a Corte reconhecer que houve, de fato, violação de um direito ou liberdade protegido pelo Pacto de São José da Costa Rica, determinará que seja assegurado ao prejudicado o gozo do referido direito ou liberdade. Além disso, determinará a reparação dos danos causados, com o pagamento da indenização devida. Tal decisão é vinculante e deve ser cumprida imediatamente.

A Corte é dotada de poder de cautela, pois em casos de extrema gravidade e urgência poderá tomar as medidas provisórias necessárias para que se evitem danos irreparáveis às pessoas (art. 63, 2).

Além dessa função contenciosa (julgamento dos casos em que a Comissão não logrou obter uma solução amistosa), a Corte possui também função consultiva, prevista no art. 64, segundo o qual os Estados-membros poderão consultá-la sobre a interpretação do Pacto ou de outros tratados concernentes à proteção dos direitos humanos nos Estados americanos. Além disso, a Corte poderá emitir pareceres sobre a compatibilidade entre qualquer uma das leis internas dos Estados-membros e os instrumentos de proteção no âmbito das Américas.

**CORTE INTERAMERICANA DE DIREITOS HUMANOS –
PRINCIPAIS CARACTERÍSTICAS**

– pode ser acionada apenas pelos Estados-partes ou pela Comissão – jamais por indivíduos, os quais, entretanto, podem ofertar argumentos perante ela;
– suas decisões são vinculantes e devem ser cumpridas imediatamente;
– é dotada de poder de cautela, isto é, pode tomar medidas provisórias em casos de extrema gravidade e urgência, com vistas a evitar danos irreparáveis às pessoas;
– além da função contenciosa, possui também função consultiva, podendo os Estados-partes consultá-la sobre a interpretação do Pacto ou de outros tratados de direitos humanos;
– pode emitir pareceres sobre a compatibilidade da legislação interna do Estado-parte com o Pacto.

O Brasil na Corte Interamericana de Direitos Humanos: a Lei de Anistia (Lei n. 6.683/79) – Em 24 de novembro de 2010, a Corte sentenciou o Caso Gomes Lund e outros ("Guerrilha do Araguaia") *vs*. Brasil.

Ocorre que, na transição da ditadura para a democracia, foi editada a Lei n. 6.683/79, que concedeu ampla anistia a quem tivesse praticado crimes políticos e crimes a eles conexos no período compreendido entre 2 de setembro de 1961 e 15 de agosto de 1979. Ficaram de fora da anistia apenas os que já haviam sido condenados, à época da publicação da lei, pela prática de crimes de terrorismo, assalto, sequestro e atentado pessoal.

A redação do § 1º do art. 1º da citada lei é extremamente ampla, visto que abrange crimes de qualquer natureza relacionados com crimes políticos ou praticados por motivação política. Abrange, por exemplo, o homicídio, o desaparecimento forçado, o abuso de autoridade, as lesões corporais e mesmo o estupro.

Questionando precisamente a abrangência da Lei de Anistia, o Conselho Federal da Ordem dos Advogados do Brasil (OAB) ajuizou arguição de descumprimento de preceito federal (ADPF 153) perante o STF, alegando que aquele § 1º não teria sido recepcionado pela Constituição Federal de 1988, por afrontar o princípio da dignidade da pessoa humana, o dever do Estado de não ocultar a verdade e os princípios democrático e republicano.

SINOPSES JURÍDICAS

A ADPF, em suma, questionava se a Lei de Anistia abrangeria também os crimes comuns praticados pelos agentes da repressão contra opositores políticos, durante o regime militar.

O STF concluiu o julgamento da referida ADPF, tendo decidido, por maioria, que a Lei n. 6.683/79 é uma lei-medida (*Massnahmegesetze*), isto é, imediata e concreta, consubstanciadora de um ato administrativo especial, de modo que, para ela, impõe-se interpretação condizente com a realidade em que foi editada, e não com qualquer contexto sociocultural posterior. Além disso, o STF decidiu que a EC n. 26/85 reafirmou a Lei de Anistia, ou seja, referido diploma teve a legitimidade reconhecida pelo Poder Constituinte de 1988. Como consequência, não há, segundo o Supremo, sentido em se questionar se a Lei n. 6.683/79 foi ou não recebida pela Constituição Federal de 1988. Caberia, pois, ao Legislativo eventual revisão da lei que concedeu a anistia.

Poucos meses depois da decisão do STF (em novembro do mesmo ano), veio a sentença da Corte Interamericana de Direitos Humanos, relatando que o caso em comento – Gomes Lund e outros ("Guerrilha do Araguaia") *vs.* Brasil – diz respeito à detenção arbitrária, à tortura e ao desaparecimento forçado de 70 pessoas, entre membros do Partido Comunista do Brasil e camponeses da região na Guerrilha do Araguaia, como resultado de operações do Exército brasileiro empreendidas entre 1972 e 1975, e foi submetido à Corte pela Comissão Interamericana de Direitos Humanos.

Uma das razões da submissão à Corte foi precisamente o fato de o Estado brasileiro não ter realizado investigações criminais com a finalidade de julgar e punir as pessoas responsáveis pelo desaparecimento das vítimas e, em especial, por não o ter feito com arrimo na Lei n. 6.683/79.

Em sua decisão, a Corte assentou que "as disposições da Lei de Anistia brasileira que impedem a investigação e sanção de graves violações de direitos humanos são incompatíveis com a Convenção Americana, carecem de efeitos jurídicos e não podem seguir representando um obstáculo para a investigação dos fatos do presente caso, nem para a identificação e punição dos responsáveis, e tampouco podem ter igual ou semelhante impacto a respeito de outros casos de graves violações de direitos humanos consagrados na Convenção Americana ocorridos no Brasil".

Mais: a Corte decidiu pela responsabilização do Estado brasileiro pelos desaparecimentos havidos e reconheceu ter ele descumprido a obrigação de adequar seu direito interno à Convenção Americana sobre Direitos Humanos.

Trata-se da primeira condenação do Brasil por crimes contra os direitos humanos levada a efeito por uma Corte Internacional.

DIREITOS PROTEGIDOS PELA CONVENÇÃO AMERICANA DE DIREITOS HUMANOS (PACTO DE SÃO JOSÉ DA COSTA RICA)

- Direito ao reconhecimento da personalidade jurídica (toda pessoa tem direito ao reconhecimento de sua personalidade jurídica);
- Direito à vida;
- Direito à integridade pessoal;
- Proibição da escravidão e da servidão;
- Direito à liberdade pessoal;
- Liberdade de consciência e de religião;
- Liberdade de pensamento e de expressão;
- Garantias judiciais;
- Princípio da legalidade e da retroatividade;
- Direito à indenização;
- Proteção da honra e da dignidade;
- Direito de retificação ou resposta;
- Direito de reunião;

Direitos Humanos

- Liberdade de associação;
- Proteção da família;
- Direito ao nome;
- Direitos da criança;
- Direito à nacionalidade;
- Direito à propriedade privada;
- Direito de circulação e de residência;
- Direitos políticos;
- Igualdade perante a lei;
- Proteção judicial;
- Desenvolvimento progressivo.

8.6.2. O PROTOCOLO DE SÃO SALVADOR

Esse protocolo adicional à Convenção Americana sobre Direitos Humanos define matéria de direitos econômicos, sociais e culturais. Tem o objetivo de adaptar as questões regionais ao aparato jurídico previsto pelo PIDESC. Ficou conhecido como Protocolo de São Salvador por ter sido assinado naquela cidade salvadorenha, no dia 17 de novembro de 1988.

No seu art. 1º, o Protocolo de São Salvador determina que os Estados-membros têm a obrigação de adotar medidas "tanto de ordem interna como por meio da cooperação entre os Estados, especialmente econômica e técnica, até o máximo dos recursos disponíveis e levando em conta seu grau de desenvolvimento, a fim de conseguir, progressivamente e de acordo com a legislação interna, a plena efetividade dos direitos reconhecidos neste Protocolo".

O documento estabelece obrigações aos Estados-membros:

– adotar disposições de direito interno para efetivar direitos;

– obrigação de não discriminação;

– limitar restrições e limitações de direitos ao objetivo de preservar o bem-estar geral dentro de uma sociedade democrática;

– garantir o direito ao trabalho, em condições justas, equitativas e satisfatórias de remuneração, ambiente, segurança e higiene;

– direito de organização em sindicatos;

– direito de greve;

– direito à previdência social;

– direito à saúde;

– direito à educação;

– direito a um meio ambiente sadio;

– direito à alimentação;

– direito aos benefícios da cultura;

– direito à constituição e proteção da família;

– proteção à criança, às pessoas idosas e aos deficientes.

O Protocolo de São Salvador é composto de 22 artigos.

Outro protocolo foi aprovado em Assunção, Paraguai, em 8 de junho de 1990, tratando da abolição da pena de morte.

Em 4 de junho de 2003, em Londres, instituições financeiras convocadas pela International Finance Corporation consolidaram o que ficou conhecido como "Princípios do Equador", uma espécie de cartilha que impõe condições de respeito ao socioambiente para fins de obtenção de financiamento.

SINOPSES JURÍDICAS

Em muitos países, inclusive no Brasil, conforme disposto no art. 225 da CF, que recepcionou a Lei n. 6.938/81, a qual versa sobre a Política Nacional do Meio Ambiente, restou fixado o conceito de poluidor indireto.

Nessa direção, o art. 12 da Lei n. 6.938/81 preceitua: "as entidades e órgãos de financiamento e incentivos governamentais condicionarão a aprovação de projetos habilitados a esses benefícios ao licenciamento, na forma da Lei, e ao cumprimento das normas, dos critérios e dos padrões expedidos pelo CONAMA".

Ademais, mesmo com o licenciamento expedido por órgão competente para a regularidade do empreendimento, é necessário que este também esteja cumprindo as normas, critérios e padrões expedidos pelo Conselho.

Portanto, cabe ao agente financiador de empreendimento com algum impacto potencial sobre o meio ambiente o dever de fiscalizar a execução do projeto, a fim de evitar a degeneração do meio ambiente, em seu mais amplo significado.

Dessa maneira, os bancos podem ser penalizados por eventuais danos ambientais provocados por seus clientes. Por isso, a preocupação dos empresários em definir uma série de exigências mínimas para concessão de crédito e gerenciamento dos riscos ambientais pelos bancos.

É de ser salientado que esse entendimento não decorre de expressa determinação legal, mas a interpretação sistemática de nosso ordenamento jurídico aposta em nossa jurisprudência.

Daí o reclamo dos agentes financiadores por regras que delimitem essa responsabilidade, proporcionando maior segurança jurídica quanto ao risco envolvido.

8.6.3. OS TRATADOS INTERNACIONAIS DE DIREITOS HUMANOS NO ORDENAMENTO BRASILEIRO

Muito se discutiu, em nossa doutrina e em nossa jurisprudência, sobre a hierarquia dos tratados internacionais referentes a direitos humanos no ordenamento jurídico brasileiro.

Antes da EC n. 45, que alterou substancialmente o panorama da questão, a controvérsia era dada pelo que dispõem os arts. 5º, § 2º, e 102, III, *b*, ambos da CF.

Diz o art. 5º, § 2º, da CF: "Os direitos e garantias expressos nesta Constituição não excluem outros decorrentes do regime e dos princípios por ela adotados, ou dos tratados internacionais em que a República Federativa do Brasil seja parte".

O dispositivo constitucional afirma, categoricamente, que: não é por não terem sido previstos na CF que direitos e garantias consagrados em tratados internacionais firmados pelo Brasil deixam de ser protegidos. Pelo contrário: nos termos do art. 5º, § 2º, da CF, eles integram o catálogo de direitos fundamentais do texto constitucional. Mas integram de que forma?

Como a norma não faz qualquer ressalva, e os direitos fundamentais têm natureza materialmente constitucional (quanto a isso, há praticamente unanimidade na doutrina), é de se concluir, e com razão, que os tratados internacionais de direitos humanos, à luz do dispositivo em comento, possuem hierarquia constitucional. É a posição de Flávia Piovesan (*Direitos humanos e o direito constitucional internacional*. 22. ed. São Paulo: Saraiva Jur, 2024, p. 51 e s.), que faz referência, ainda, à interpretação sistemática e teleológica do texto constitucional como razão para acolher esse entendimento, além da aplicação do princípio da máxima efetividade das normas constitucionais.

Também não se pode olvidar que os direitos humanos integram o chamado *jus cogens* internacional, conjunto de normas imperativas de direito internacional geral, insuscetíveis de qualquer derrogação.

Direitos Humanos

A cláusula aberta do art. 5º, § 2º, da CF permite, portanto, a formação de um "bloco de constitucionalidade" constituído pelos direitos previstos em tratados internacionais. Isso significa que tais direitos não restam incorporados propriamente ao texto da Constituição, mas complementam o rol ali inscrito.

Por outro lado, estabelece o art. 102, III, *b*, da CF ser competência do Supremo Tribunal Federal julgar, mediante recurso extraordinário, as causas decididas em única ou última instância, quando a decisão recorrida declarar a inconstitucionalidade de tratado ou lei federal. Por esse dispositivo, vê-se que os tratados internacionais estão sujeitos ao controle de constitucionalidade, o que implica possuírem *status* infraconstitucional.

Obviamente, deve-se adotar aqui uma interpretação sistemática da Constituição Federal, compatibilizando as normas. A natureza dos tratados que versam sobre direitos humanos é peculiar, pois estão ligados a princípio tido como fundamental por nossa Constituição: o princípio da dignidade da pessoa humana (art. 1º, III). Para tal espécie de tratados, ademais, há previsão constitucional expressa, como vimos (art. 5º, § 2º), valendo ainda mencionar que veiculam normas materialmente constitucionais e que, diferentemente dos tratados comuns, não estabelecem meros compromissos recíprocos entre Estados pactuantes, mas verdadeiras salvaguardas ao ser humano.

Com isso queremos significar que a norma prevista no art. 102, III, *b*, da CF não abrange os tratados internacionais de direitos humanos. Quanto aos demais, como decorrência do princípio da boa-fé vigente no direito internacional, possuiriam hierarquia infraconstitucional, mas supralegal, haja vista que não pode o Estado invocar disposições do direito interno para descumprir tratados (art. 27 da Convenção de Viena).

Em suma, tínhamos, em face do regramento constitucional antes da EC n. 45, a seguinte situação:

– tratados internacionais de direitos humanos: hierarquia constitucional;

– demais tratados internacionais: hierarquia supralegal.

Tal entendimento, todavia, não era o que prevalecia em nossa jurisprudência.

Ao julgar o Recurso Extraordinário 80.004, em 1977, o Supremo Tribunal Federal criou um precedente que iria influenciar fortemente a jurisprudência a partir de então.

Naquele julgamento, o Supremo Tribunal Federal assentou que tratados internacionais possuíam a mesma hierarquia que as leis federais. Como consequência, lei posterior poderia afastar a aplicação de tratado a ela anterior e com ela incompatível (como de fato restou decidido), independentemente dos reflexos internacionais que pudessem ser gerados pelo descumprimento do tratado.

Tal posicionamento violou frontalmente o art. 27 da Convenção de Viena sobre Direito dos Tratados (1969), que, como já reiteramos, consagra o princípio da boa-fé no direito internacional (cabe ao Estado promover o cumprimento dos tratados firmados, não podendo a eles opor disposições de seu direito interno).

Aliás, a única forma prevista em Direito Internacional para término de um tratado é sua denúncia, ato unilateral do Estado pelo qual manifesta seu intento de não mais se submeter aos ditames do acordo. Até que esta sobrevenha, o Estado continua responsável pelo cumprimento das disposições ali contidas, ao qual se obrigou mediante consentimento livremente firmado.

O entendimento do Supremo Tribunal Federal foi assentado anteriormente à promulgação da Constituição Federal de 1988, mas já sob a vigência desta foi reiterado no julgamento do *Habeas Corpus* 72.131/RJ, que versava, como vimos, sobre a prisão civil por dívida, vedada pelo Pacto de São José da Costa Rica (a menos que se trate de alimentos). Naquela oportunidade, restou vencedora a tese de que "a ordem constitucional vigente no Brasil não

SINOPSES JURÍDICAS

pode sofrer interpretação que conduza ao reconhecimento de que o Estado brasileiro, mediante convenção internacional, ter-se-ia interditado a possibilidade de exercer, no plano interno, a competência institucional que lhe foi outorgada expressamente pela própria Constituição da República".

Assentou-se, enfim, que o Pacto de São José da Costa Rica não poderia ter restringido as hipóteses constitucionais de prisão civil por dívida, sendo ainda constitucional, portanto, a prisão civil do devedor em alienação fiduciária (depositário infiel).

Em suma, para o Supremo Tribunal Federal, independentemente de qual fosse a matéria versada em tratado internacional, seu *status*, em nosso ordenamento, seria sempre o de lei federal, de modo que nada impedia fosse ele posteriormente revogado por lei que a ele sucedesse e com ele fosse incompatível.

Em sede doutrinária, como defesa do *status* de lei ordinária dos tratados internacionais de direitos humanos, apontavam-se ainda outros dois argumentos, ligados aos aqui já mencionados: por primeiro, nos termos do art. 60 da CF, seria necessário rito especial para que a Constituição fosse alterada, o que, como vimos, não ocorre com os tratados internacionais, para os quais vigora regra simplificada (sua incorporação ao ordenamento pátrio depende, em síntese, de simples ratificação pelo Congresso Nacional); em segundo lugar, dispõe o art. 60, § 4º, da CF que direitos e garantias individuais não podem ser retirados da Constituição, o que não seria observado por tratados internacionais de direitos humanos, que poderiam ser simplesmente denunciados. Diante dessas incompatibilidades, resultaria clara a impertinência em se sustentar o *status* constitucional deles.

A nosso ver, são argumentos de fácil refutação. Com efeito, o fato de o rito para incorporação dos tratados ser diverso do das emendas constitucionais, em nada prejudica o *status* constitucional de suas normas, eis que, como já mencionado, direitos fundamentais ou humanos são materialmente constitucionais e a legitimidade para sua incorporação ao texto maior advém de seu processo de criação, diverso, mas não menos complexo que o das emendas constitucionais.

Do mesmo modo, no que se refere às cláusulas pétreas (art. 60, § 4º, da CF), não vemos qualquer incompatibilidade entre se atribuir *status* constitucional às normas de direitos humanos veiculadas por tratados internacionais e a circunstância de estes poderem ser denunciados a qualquer tempo. Trata-se tão somente de regime jurídico a eles particular. É dizer: por não terem sido formalmente veiculados por meio de emenda constitucional, os direitos humanos previstos em tratados internacionais podem ser suprimidos ou, a rigor, deixar de ser reconhecidos expressamente pelo Estado. Voltaremos à questão no próximo tópico, ao tratarmos da EC n. 45/2004.

Além dessas correntes (*status* constitucional e *status* legal), outras duas há em sede doutrinária: a) tratados de direitos humanos com *status* supraconstitucional; b) tratados de direitos humanos com *status* infraconstitucional, mas supralegal.

O primeiro deles parte do pressuposto de que o ordenamento internacional ocupa posição de superioridade em relação aos diversos ordenamentos nacionais, o que, no caso brasileiro, estaria claro a partir da redação do art. 5º, § 2º, da CF, que não permite ao constituinte originário excluir direitos humanos que já tenham sido consagrados em âmbito internacional, isto é, referido dispositivo demonstraria a submissão da Constituição ao sistema internacional de proteção dos direitos humanos.

A segunda corrente – tratados de direitos humanos com *status* infraconstitucional, mas supralegal – procura compatibilizar a supremacia da Constituição (lei máxima da sociedade) com a disciplina internacional dos tratados, que, uma vez ratificados, só podem deixar de ser aplicados mediante denúncia, e nunca com base em simples revogação por lei posterior, o que, como já repisado aqui, contraria o princípio da boa-fé internacional.

Direitos Humanos

Daí que, segundo esse entendimento, no ordenamento jurídico, os tratados internacionais de direitos humanos estariam acima das leis.

A EC n. 45, de 8 de dezembro de 2004, entre outras grandes mudanças que trouxe, inovou a matéria ao acrescentar o § 3º ao art. 5º da CF, com a seguinte redação: "Os tratados e convenções internacionais sobre direitos humanos que forem aprovados, em cada Casa do Congresso Nacional, em dois turnos, por três quintos dos votos dos respectivos membros, serão equivalentes às emendas constitucionais".

Quis o constituinte derivado resolver a celeuma doutrinária e jurisprudencial, não logrando, todavia, êxito.

Com efeito, pela norma ali inscrita, caso os tratados de direitos humanos se sujeitem ao processo legislativo das emendas constitucionais, serão a elas equivalentes, ou seja, terão *status* constitucional. O dispositivo não esclarece, todavia, que *status* possuirão se não tramitarem da forma ali prevista. *A contrario sensu*, aliás, dá margem ao entendimento de que os tratados de direitos humanos simplesmente referendados pelo Congresso e ratificados pelo Presidente da República seriam equivalentes à lei federal, como já vinha entendendo o Supremo Tribunal Federal.

Nesse ponto, afigura-se magistral a lição de Flávia Piovesan (*Direitos humanos e o direito constitucional internacional*. 22. ed. São Paulo: Saraiva Jur, 2024, p. 55). Segundo ela, o *status* constitucional dos tratados internacionais de direitos humanos é extraído prontamente do § 2º do art. 5º da CF, pouco importando o rito de aprovação. É dizer que tais tratados são sempre materialmente constitucionais e compõem o chamado bloco de constitucionalidade.

Nesse sentido, a aprovação por *quorum* qualificado apenas propicia uma "constitucionalização formal" dos tratados de direitos humanos no âmbito jurídico interno. Esse raciocínio aplica-se aos tratados já aprovados antes da EC n. 45/2004, muitos dos quais com *quorum* bastante superior ao previsto pela emenda, todavia não em dois turnos, haja vista que tal procedimento não era previsto à época.

Oportuno transcrever as razões expostas pela autora:

"(...) corrobora-se o entendimento de que os tratados internacionais de direitos humanos ratificados anteriormente ao mencionado parágrafo, ou seja, anteriormente à Emenda Constitucional n. 45/2004, têm hierarquia constitucional, situando-se como normas material e formalmente constitucionais. Esse entendimento decorre de quatro argumentos: a) a interpretação sistemática da Constituição, de forma a dialogar os §§ 2º e 3º do art. 5º, já que o último não revogou o primeiro, mas deve, ao revés, ser interpretado à luz do sistema constitucional; b) a lógica e racionalidade material que devem orientar a hermenêutica dos direitos humanos; c) a necessidade de evitar interpretações que apontem a agudos anacronismos da ordem jurídica; e d) a teoria geral da recepção do Direito brasileiro. Sustenta-se que essa interpretação é absolutamente compatível com o princípio da interpretação conforme a Constituição. Isto é, se a interpretação do § 3º do art. 5º aponta a uma abertura envolvendo várias possibilidades interpretativas, acredita-se que a interpretação mais consoante e harmoniosa com a racionalidade e teleologia constitucional é a que confere ao § 3º do art. 5º, fruto da atividade do Poder Constituinte Reformador, o efeito de permitir a 'constitucionalização formal' dos tratados de proteção de direitos humanos ratificados pelo Brasil" (PIOVESAN, Flávia. *Direitos humanos e o direito constitucional internacional*. 11. ed. São Paulo: Saraiva, 2010, p. 73).

Em síntese, portanto, temos que os tratados internacionais de direitos humanos, por força do art. 5º, § 2º, possuirão sempre *status* jurídico de norma constitucional. São sempre materialmente constitucionais, não importando se foram ratificados antes ou depois da EC n. 45. A inovação trazida pelo § 3º do dispositivo mencionado diz respeito apenas

SINOPSES JURÍDICAS

à possibilidade de atribuição de um *status* formalmente constitucional aos tratados, passando eles a ser equiparados às emendas constitucionais. Qual a consequência disso? Por óbvio, o regime jurídico há de ser diverso em uma e em outra hipótese, caso contrário a inovação não teria sentido, ao menos não diante do que expusemos até aqui. E, de fato, há profunda diversidade no que diz respeito à retirada do tratado de direitos humanos do ordenamento jurídico pátrio.

No caso de tratado apenas materialmente constitucional, basta, para sua retirada, a mera denúncia, ato unilateral do Estado que surte efeitos no âmbito internacional. Isso decorre do regime jurídico do Direito Internacional Público. Por outro lado, se o tratado de direitos humanos for também formalmente constitucional, será insuscetível de denúncia, eis que, equiparado expressamente a emenda constitucional, passará a constituir cláusula pétrea, protegida pelo art. 60, § 4º, IV, da CF. É dizer: tratado de direitos humanos formalmente constitucional não pode mais ser retirado do ordenamento pátrio, ainda que o próprio tratado preveja a possibilidade de denúncia.

Os primeiros tratados a integrarem formalmente nossa Constituição são a Convenção sobre os Direitos das Pessoas com Deficiência e seu Protocolo Facultativo, eis que seguiram o trâmite previsto no art. 5º, § 3º, da CF, sendo aprovados por meio do Decreto Legislativo n. 186, de 10 de julho de 2008.

8.7. CONDENAÇÃO INÉDITA DO ESTADO BRASILEIRO NA CIDH POR VIOLÊNCIA POLICIAL

A Corte Interamericana condenou o Brasil pela primeira vez em caso relativo a violência e abuso policial em 16 de fevereiro de 2017.

Trata-se do caso Favela Nova Brasília *vs.* Brasil.

Incursões da polícia na favela em 1994 e 1995 resultaram em 26 mortes, além de estupros.

O caso foi inicialmente submetido à Comissão por dois motivos principais:

– falhas e demora na investigação e punição dos responsáveis;

– notícia de que a investigação, em verdade, se prestou a estigmatizar e revitimizar as vítimas, pois tiveram como foco legitimar o "confronto policial" e o uso da força por meio da responsabilização das vítimas pelo ocorrido, tendo sido lavrados "autos de resistência", muito comuns nesses casos.

A Comissão notificou o Brasil em janeiro de 2012 para que adotasse as medidas cabíveis para superação do quadro, em especial para implementar formas de erradicar a violência policial em geral. Contudo, nada foi feito.

Por essa razão, o caso foi submetido à Corte, que condenou o Brasil.

CONDENAÇÃO DO BRASIL NA CIHD VIOLÊNCIA POLICIAL CASO FAVELA NOVA BRASÍLIA *VS.* BRASIL
– o País foi condenado: a) pela violação do direito às garantias judiciais de independência e imparcialidade da investigação, devida diligência e prazo razoável; b) pela violação do direito à proteção judicial das vítimas; c) pela violação do direito à integridade pessoal de parte das vítimas; – a Corte determinou as seguintes medidas ao Brasil: a) conduzir eficazmente a investigação em curso sobre os fatos relacionados às mortes, em prazo razoável, para identificar, processar e, se pertinente, punir os responsáveis, inclusive, com reabertura de inquéritos já arquivados;

Direitos Humanos

b) iniciar uma investigação eficaz a respeito dos fatos de violência sexual;

c) oferecer gratuitamente, de forma imediata, tratamento psicológico e psiquiátrico de que as vítimas necessitem;

d) realizar ato público de reconhecimento de responsabilidade internacional a respeito dos fatos, durante o qual deverão ser inauguradas duas placas em memória das vítimas;

e) publicar anualmente relatório oficial com dados relativos às mortes ocasionadas durante operações da polícia em todos os estados do país;

f) no prazo de um ano a contar da notificação, deverá estabelecer os mecanismos normativos necessários para que, na hipótese de supostas mortes, tortura ou violência sexual decorrentes de intervenção policial, em que apareçam policiais como investigados, desde a *notitia criminis* se delegue a investigação a um órgão independente e diferente da força pública envolvida no incidente;

g) adotar as medidas necessárias para que o Estado do Rio de Janeiro estabeleça metas e políticas de redução da letalidade e da violência policial;

h) implementar, em prazo razoável, um programa ou curso permanente e obrigatório sobre atendimento a mulheres vítimas de estupro, destinado a todos os níveis hierárquicos das Polícias Civil e Militar do Rio de Janeiro e a funcionários de atendimento de saúde;

i) adotar as medidas legislativas ou de qualquer natureza necessárias para permitir às vítimas de delitos ou a seus familiares participar de maneira formal e efetiva da investigação de delitos conduzida pela polícia ou pelo Ministério Público;

j) abolir o conceito de "oposição" ou "resistência" à ação policial e uniformizar a expressão "lesão corporal ou homicídio decorrente de intervenção policial";

k) pagar indenização às vítimas e reembolsar custas e gastos.

Quadro sinótico

ALGUNS DOCUMENTOS QUE COMPÕEM O SISTEMA INTERAMERICANO DE DIREITOS HUMANOS	
Convenção Interamericana para Prevenir e Punir a Tortura	Assinada em Cartagena das Índias, Colômbia, em 9 de dezembro de 1985.
Convenção Interamericana sobre o Desaparecimento Forçado de Pessoas	Adotada em Belém do Pará, Brasil, em 9 de junho de 1994.
Convenção Interamericana para Prevenir, Punir e Erradicar a Violência contra a Mulher ("Convenção de Belém do Pará")	Adotada em Belém do Pará, Brasil, em 9 de junho de 1994.
Convenção Interamericana para a Eliminação de Todas as Formas de Discriminação contra as Pessoas Portadoras de Deficiência	Adotada na Cidade da Guatemala, em 7 de junho de 1999.
Carta Democrática Interamericana	Aprovada em sessão plenária, realizada em 11 de setembro de 2001.
Declaração de Princípios sobre Liberdade de Expressão	Aprovada pela Comissão Interamericana de Direitos Humanos, em outubro de 2000.
Estatuto da Comissão Interamericana de Direitos Humanos	Adotado pela Assembleia Geral da OEA, em La Paz, Bolívia, em outubro de 1979.
Regulamento da Comissão Interamericana de Direitos Humanos	Aprovado pela Comissão em novembro de 2009.
Estatuto da Corte Interamericana de Direitos Humanos	Adotado pela Assembleia Geral da OEA, em La Paz, Bolívia, em outubro de 1979.

9
O SISTEMA BRASILEIRO DE PROTEÇÃO DOS DIREITOS HUMANOS

9.1. PRECEDENTES

Embora o Brasil tenha aderido prontamente à formação da OEA, em 1952, com o decreto assinado por Getúlio Vargas, foi somente depois do período de redemocratização do País, em 1985, que a nossa participação em organismos e instituições dedicadas aos direitos humanos passou a ser mais efetiva. Isso porque houve um intervalo de 21 anos (1964 a 1985) em que o Brasil esteve governado por um regime militar que não permitia a interferência de entidades internacionais em assuntos internos.

A partir de 1985, o Estado brasileiro adotou a postura de aderir a importantes instrumentos internacionais de direitos humanos, como já vimos.

Contribuíram para a inserção do Brasil na agenda internacional dos debates sobre o tema o fim da chamada Guerra Fria e a subsequente transformação geopolítica, especialmente na Europa, com a queda do muro de Berlim e a extinção da União das Repúblicas Socialistas Soviéticas.

A Constituição Federal de 1988 representou o ápice do processo de inclusão do Brasil no rol dos países envolvidos com a defesa e a proteção dos direitos humanos. Com base em seus mandamentos, entre eles a prevalência dos direitos humanos como princípio orientador das relações internacionais, o Brasil pôde ratificar formalmente vários tratados internacionais de direitos humanos.

Em 2004, a EC n. 45 acrescentou o § 4º ao art. 5º da CF, nestes termos: "O Brasil se submete à jurisdição de Tribunal Penal Internacional a cuja criação tenha manifestado adesão".

Como já vimos, a Conferência Diplomática de Plenipotenciários das Nações Unidas sobre o Estabelecimento de um Tribunal Penal Internacional, realizada em Roma, em julho de 1998, resultou na adoção do Estatuto de Roma do Tribunal Penal Internacional. Oficialmente, a ratificação brasileira do Tratado ocorreu em 26 de fevereiro de 2002.

9.2. A EVOLUÇÃO DOS DIREITOS HUMANOS NAS CONSTITUIÇÕES BRASILEIRAS

O Brasil é uma República Federativa desde 1889, com a Proclamação da República. Ou seja, é uma federação que nasceu por decreto. A federação é a união dos estados, reunidos sob um mesmo comando central, para tornar-se um país forte diante dos outros países. Sua existência se deve ao fato de que os estados não teriam capacidade de se sustentar sozinhos. Também não se afigura desprezível que a soma dos estados confere ao país uma dimensão territorial que aumenta o poder de barganha comercial e política internacionalmente. Não se deve olvidar, por fim, que laços culturais e históricos têm considerável influência na consolidação de uma federação.

No Brasil, a transformação de Estado monárquico unitário, que centralizava as províncias, em Estado republicano, em que as províncias se transformaram em Estados-membros,

SINOPSES JURÍDICAS

foi apenas uma maneira formal de repartir o poder político. É o que os juristas costumam chamar de federação imperfeita. Por isso mesmo é que os legisladores tentam, há décadas, constituir o chamado pacto federativo, que distribuiria, da melhor maneira, a competência entre o governo da União, os governos estaduais e os governos municipais – com a imprescindível harmonia, que é fundamental.

Na federação perfeita, cada ente federativo (estado, no caso brasileiro) é autônomo, e não deve obediência jurídica a nenhum outro estado da mesma federação ou de outra. As competências de cada estado são registradas na constituição nacional, e não há uma constituição específica para cada estado, como ocorre no Brasil.

O jurista Celso Ribeiro Bastos (*Curso de direito constitucional*. 20. ed. atual. São Paulo: Saraiva, 1999, p. 226) diz:

"O estado federal é soberano do ponto de vista do direito internacional, ao passo que os diversos estados-membros são autônomos do ponto de vista do direito interno".

A ideia de federação teve início em 1787, quando foi publicada a primeira constituição do mundo, a dos Estados Unidos da América do Norte. O próprio Brasil já teve a denominação Estados Unidos do Brasil, mas essa nomenclatura não se manteve.

Dica

A nomenclatura Estados Unidos do Brasil perdurou durante o regime republicano, desde a Proclamação da República, em 1889 (formalmente, na Constituição de 1891), até 1968 – a Constituição de 1967 modificou o título para República Federativa do Brasil. Houve um intervalo, em que o nome passou a ser República dos Estados Unidos do Brasil (Constituição de 1934).

Ainda que teoricamente imperfeita, a federação é a base da nossa Constituição vigente, promulgada em 5 de outubro de 1988. A organização político-administrativa da República Federativa do Brasil está descrita no seu art. 18:

"Art. 18. A organização político-administrativa da República Federativa do Brasil compreende a União, os Estados, o Distrito Federal e os Municípios, todos autônomos, nos termos desta Constituição.

§ 1º Brasília é a Capital Federal.

§ 2º Os Territórios Federais integram a União, e sua criação, transformação em Estado ou reintegração ao Estado de origem serão reguladas em lei complementar.

§ 3º Os Estados podem incorporar-se entre si, subdividir-se ou desmembrar-se para se anexarem a outros, ou formarem novos Estados ou Territórios Federais, mediante aprovação da população diretamente interessada, através de plebiscito, e do Congresso Nacional, por lei complementar.

§ 4º A criação, a incorporação, a fusão e o desmembramento de municípios far-se-ão por lei estadual, dentro do período determinado por Lei Complementar Federal, e dependerão de consulta prévia, mediante plebiscito, às populações dos Municípios envolvidos, após divulgação dos Estudos de Viabilidade Municipal, apresentados e publicados na forma da lei".

Mas houve um árduo caminho até que se chegasse à elaboração da carta constitucional atual. Foram sete constituições, uma ainda no período do Império e as outras já durante a República. Cada uma refletiu a situação social e política do Brasil da época.

Vamos ver, resumidamente, como foi esse caminho.

CONSTITUIÇÃO DE 1824

Foi a primeira Constituição do País, outorgada pelo imperador D. Pedro I. A outorga é o ato administrativo mediante o qual o poder público faculta o uso de um recurso que regulamentou, por um determinado prazo e nos termos e nas condições expressas. Ou seja, foi uma Constituição sem participação popular, fosse via representação, fosse via direta. Na verdade, D. Pedro I havia convocado uma Assembleia para redigir a Constituição, instalando-a

Direitos Humanos

em 3 de maio de 1823. Mas, vendo que os constituintes tentavam restringir seus poderes de imperador, fechou a Assembleia e chamou dez cidadãos de sua confiança para escrever a carta. A Constituição de 1824 manteve os princípios do liberalismo moderado, doutrina que admite a intervenção do governo em determinados assuntos – foi esta a base para a implantação da figura do poder moderador (acima dos poderes executivo, legislativo e judiciário), que, no fundo, apenas servia para fortalecer o poder pessoal do imperador. Os conservadores, que se opunham à política liberal do imperador, foram grandes críticos desta Constituição.

Principais medidas da Constituição de 1824 – As províncias passavam a ser governadas por presidentes nomeados pelo imperador. Também definiu que as eleições fossem indiretas e censitárias, com o voto restrito aos homens livres e proprietários, desde que tivessem renda. Já trazia dispositivos sobre a educação. No art. 179, no item 32, garantia a gratuidade da educação primária; no item 33, mandava criar colégios e universidades.

Reformas da Constituição de 1824 – Uma única: o Ato Adicional de 1834, que criou as Assembleias Legislativas provinciais, resultado de ampla negociação entre as elites políticas. Essas assembleias tinham competência para fixar despesas municipais e das províncias, criar certos impostos, nomear e demitir funcionários públicos. Foi o ápice de uma série de medidas descentralizadoras desde o período da Regência, no Primeiro Império, tendo sido uma delas a criação da Guarda Nacional em 1831 (que deu título de coronel aos principais proprietários de terras do País, uma forma de agradar a burguesia). O ato suprimiu o Conselho de Estado, órgão de assessoramento do imperador, e estabeleceu a Regência Una, eletiva e com mandato de quatro anos, enquanto durasse a menoridade de D. Pedro II.

CONSTITUIÇÃO DE 1891

Foi a primeira Constituição do período republicano, tendo vigorado por toda a chamada República Velha. Com a Proclamação da República, o Marechal Deodoro da Fonseca, chefe do governo provisório, convocou o Congresso Nacional Constituinte de 1890 para elaborar o documento. Esse congresso foi presidido por Joaquim Saldanha Marinho, e dele participaram, entre outros, Américo Brasiliense, Francisco Rangel Pestana e Ruy Barbosa. A Carta foi promulgada em 24 de fevereiro de 1891. Uma de suas disposições transitórias tratava de, excepcionalmente, eleger o primeiro presidente e o primeiro vice-presidente da República do Brasil. As eleições para os dois cargos eram feitas separadamente, por isso Deodoro da Fonseca não teve o vice que queria (almirante Wandenkolk), mas um concorrente, Marechal Floriano Peixoto. A Constituição de 1891 teve espírito liberal. Sua elaboração sofreu bastante influência da Constituição norte-americana e da Constituição argentina, mas vários dos direitos individuais foram suprimidos por causa de pressões dos grandes latifundiários.

Principais medidas da Constituição de 1891 – Estabeleceu o presidencialismo, eliminando o poder moderador. Conferiu maior autonomia aos estados da Federação. Garantiu a liberdade partidária. Instituiu eleições diretas para a Câmara, o Senado e a Presidência da República, com mandato de quatro anos. Estabeleceu voto universal e não secreto para homens acima de 21 anos – vetando o direito de voto a mulheres, analfabetos, soldados e religiosos. Determinou a separação oficial entre o Estado e a Igreja Católica, marcando a transformação do Brasil em um Estado laico. Trouxe em seu bojo, também, declaração de direitos (Seção II do Título IV), em que constam basicamente apenas os direitos e garantias individuais.

CONSTITUIÇÃO DE 1934

Descontentes com o governo do mineiro Washington Luiz, os paulistas lançaram a candidatura de Júlio Prestes à Presidência da República, contra a do gaúcho Getúlio Vargas. Prestes venceu as eleições, mas foi impedido de tomar posse por um golpe armado pelas tropas de Minas Gerais e Rio Grande do Sul. Getúlio Vargas foi empossado num governo transitório, com a promessa de convocar uma Assembleia Constituinte para redigir uma nova Constituição. Mas foi preciso que os barões do café do estado de São Paulo se rebelassem contra o governo federal em 1932 para que a promessa fosse cumprida. Os paulistas perderam, mas as pressões acabaram por fazer com que a Assembleia Constituinte fosse convocada. A nova Constituição, também com espírito liberal, e de caráter democrático, foi promulgada em 16 de julho de 1934. Foi baseada na Constituição alemã.

Principais medidas da Constituição de 1934 – Conferiu maior poder ao governo federal. Estabeleceu o voto obrigatório e secreto a partir dos 18 anos e o direito de voto às mulheres, já instituídos pelo Código Eleitoral de 1932. Previu a criação da Justiça Eleitoral e da Justiça do Trabalho. Havia nela também o título "Declaração de Direitos", no qual constavam não apenas os direitos e garantias individuais, mas, também, de modo inovador, os direitos de nacionalidade e os políticos.

CONSTITUIÇÃO DE 1937

Com a promulgação desta Constituição no dia 10 de novembro de 1937, Getúlio Vargas institucionalizava a ditadura do Estado Novo. Foi uma Constituição autoritária, embora disfarçada de democrática, e seu principal objetivo era o de manter as condições de poder de Getúlio Vargas. Foi apelidada de "Constituição Polaca", por ter sido inspirada na Carta da Polônia, um dos modelos fascistas europeus da época. Não teve participação popular, e foi redigida pelo Ministro da Justiça de Getúlio Vargas, Francisco Campos, vigorando apenas por três anos.

Principais medidas da Constituição de 1937 – Instituiu a pena de morte, suprimiu a liberdade partidária e anulou a independência dos poderes e a autonomia federativa. Permitiu a suspensão de imunidade parlamentar, a prisão e o exílio de opositores. Estabeleceu eleição indireta para presidente da República, com mandato de seis anos.

CONSTITUIÇÃO DE 1946

O fim da Segunda Guerra Mundial, em 1945, mudou o panorama da política mundial. Os países alinhados com o nazifascismo, governados por ditadores, foram derrotados. A ditadura de Getúlio Vargas também foi pressionada, e o Estado Novo foi encerrado, com a deposição do governante. Para ocupar a presidência, foi chamado, pelas Forças Armadas, o presidente do Supremo Tribunal Federal, José Linhares, que ficou no cargo durante apenas três meses (outubro de 1945 a janeiro de 1946). Foi o responsável pela realização das eleições, nas quais venceu Eurico Gaspar Dutra. Este foi eleito, curiosamente, com apoio do próprio Getúlio Vargas, que ele havia ajudado a derrubar. A Assembleia Constituinte redigiu a nova Constituição e a promulgou em 18 de setembro de 1946. Participaram da Assembleia Constituinte nomes como o do jurista Gustavo Capanema e o do escritor e sociólogo Gilberto Freyre.

Principais medidas da Constituição de 1946 – Redemocratizou o país, fazendo voltar ao texto constitucional as liberdades expressas na Constituição de 1934, que haviam sido suprimidas em 1937. Os principais dispositivos básicos regulados pela Carta de 1946, com relação aos direitos individuais, foram estes: igualdade de todos perante a lei; liberdade de manifestação de pensamento, sem censura, a não ser em espetáculos e diversões públicas; inviolabilidade do sigilo de correspondência; liberdade de consciência, de crença e de exercício de cultos religiosos; liberdade de associação para fins lícitos; inviolabilidade da casa como asilo do indivíduo; garantia de prisão somente em flagrante delito ou por ordem escrita de autoridade competente e a garantia ampla de defesa do acusado. Outras medidas importantes: extinguiu a censura e a pena de morte; devolveu a independência dos três poderes, a autonomia dos estados e municípios; e estabeleceu a eleição direta para presidente da República, com mandato de cinco anos.

Direitos Humanos

Reformas da Constituição de 1946 – Em 1961, uma reforma fez com que fosse adotado o regime do parlamentarismo. Essa reforma foi anulada pelo plebiscito de 1963, que restaurou o regime presidencialista.

CONSTITUIÇÃO DE 1967

O golpe militar que derrubou o presidente João Goulart em 1964 foi coordenado pelos comandantes das três armas brasileiras: Exército, Marinha e Aeronáutica. Os três chefes militares editaram o Ato Institucional n. 1 em 9 de abril, destituindo o governo e institucionalizando a ditadura do regime militar que duraria 21 anos. Humberto de Alencar Castelo Branco foi nomeado presidente. Em 1965, editou o Ato Institucional n. 2, que declarou extinto o pluripartidarismo, permitindo o funcionamento de apenas dois partidos: Aliança Renovadora Nacional (Arena) e Movimento Democrático Brasileiro (MDB). Em 1966, Castelo Branco fechou o Congresso Nacional, como forma de coação para que os congressistas aprovassem a Constituição de 1967, que instituía oficialmente o regime militar. A Constituição foi imposta, dessa maneira, em 15 de março de 1967. Foi uma das constituições mais autoritárias da história.

Principais medidas da Constituição de 1967 – Mantém o bipartidarismo criado pelo Ato Institucional n. 2 e estabelece eleições indiretas para presidente da República, com mandato de quatro anos.

Reformas da Constituição de 1967 – A EC n. 1, de 17 de outubro de 1969, outorgada (imposta) pela Junta Militar, determina o recesso do Congresso Nacional e dá plenos poderes à junta militar para agir como poder executivo, legislativo e judiciário. Essa emenda incorporou nas suas Disposições Transitórias as decisões e os dispositivos do Ato Institucional n. 5 (AI-5), de 1968, dando poder ao presidente para, entre outras coisas, fechar o Congresso, cassar mandatos e suspender direitos políticos. Além disso, deu aos governos militares liberdade irrestrita para legislar em matéria política, eleitoral, econômica e tributária. Houve ainda a EC n. 2, de 9 de maio de 1972, decretada para regular a eleição de governadores e vice-governadores de Estado no pleito de 1974. Mais tarde, na década de 1980, período da abertura política, outras emendas prepararam o restabelecimento de liberdades e instituições democráticas.

CONSTITUIÇÃO DE 1988

Conhecida como Constituição Cidadã, porque valoriza os princípios democráticos e de cidadania, é a carta constitucional em vigor desde 5 de outubro de 1988. Foi elaborada por uma Assembleia Constituinte legalmente convocada e eleita. Foi a primeira a permitir a incorporação de emendas populares. Grande parte dos dispositivos ainda depende de regulamentação.

Principais medidas da Constituição de 1988 – Mantém a tradição republicana brasileira do regime representativo, presidencialista e federativo. Amplia e fortalece os direitos individuais e as liberdades públicas que haviam sofrido restrições com a legislação do regime militar, garantindo a inviolabilidade do direito à vida, à liberdade, à igualdade, à segurança e à propriedade. Permite ao Poder Executivo editar medidas provisórias com força de lei – vigoram por um mês e são reeditadas enquanto não forem aprovadas ou rejeitadas pelo Congresso. Estende o direito do voto facultativo a analfabetos e maiores de 16 anos. Estabelece a educação fundamental como obrigatória, universal e gratuita. Enfatiza a defesa do meio ambiente, transformando o combate à poluição e a preservação da fauna, flora e paisagens naturais em obrigação da União, estados e municípios. Reconhece também o direito de todos ao meio ambiente equilibrado e a uma boa qualidade de vida. Determina que o poder público tenha o dever de preservar documentos, obras e outros bens de valor histórico, artístico e cultural, bem como os sítios arqueológicos.

SINOPSES JURÍDICAS

Reformas da Constituição de 1988 – Começaram a ser votadas pelo Congresso Nacional a partir de 1992. Até o momento da edição deste livro, 84 emendas constitucionais já haviam sido propostas. Algumas das principais medidas abrem para a iniciativa privada atividades antes restritas à esfera do Estado. Essa desregulamentação é feita com o objetivo de adequar o País às regras econômicas do mercado internacional. Para isso, é liberada a navegação pela costa e interior do País (cabotagem) para embarcações estrangeiras. O conceito de empresa brasileira de capital nacional é eliminado, não havendo mais distinção entre empresa brasileira e empresa estrangeira. A iniciativa privada, tanto nacional quanto internacional, é autorizada a explorar a pesquisa, a lavra e a distribuição dos derivados de petróleo, as telecomunicações e o gás encanado. As empresas estrangeiras adquirem o direito de exploração dos recursos minerais e hidráulicos.

Na política, o mandato do presidente da República é reduzido de cinco para quatro anos. Em 1997, é aprovada a reeleição do presidente da República, de governadores e prefeitos. Candidatos processados por crime comum não podem ser eleitos, e os parlamentares submetidos a processo que possa levar à perda de mandato e à inelegibilidade não podem renunciar para impedir a punição. A Constituição também passa a admitir a dupla nacionalidade para brasileiros em dois casos: quando estes têm direito a outra nacionalidade por ascendência consanguínea e quando a legislação de um país obriga o cidadão brasileiro residente a pedir sua naturalização.

Quadro sinótico

EVOLUÇÃO DOS DIREITOS HUMANOS NAS CONSTITUIÇÕES BRASILEIRAS	
Constituição de 1824	Criou eleições indiretas e censitárias, mas só podiam votar homens livres e proprietários, desde que tivessem renda. Já trazia dispositivos sobre a educação primária e autorizava a criação de colégios e universidades.
Constituição de 1891	Instituiu o presidencialismo, com voto universal e não secreto, mas excluía mulheres, analfabetos e negros do direito de votar. Declarou direitos e garantias individuais.
Constituição de 1934	Deu direito de voto às mulheres. Criou a Justiça Eleitoral e a Justiça do Trabalho. No título "Declaração de Direitos", além dos direitos e garantias individuais, instituiu os direitos de nacionalidade e os políticos.
Constituição de 1937	Instituiu a pena de morte, suprimiu a liberdade partidária e anulou a independência dos poderes e a autonomia federativa. Permitiu a suspensão de imunidade parlamentar, a prisão e o exílio de opositores.
Constituição de 1946	Fez voltar ao texto constitucional os direitos individuais: igualdade de todos perante a lei; livre manifestação de pensamento, sem censura, a não ser em espetáculos e diversões públicas; inviolabilidade do sigilo de correspondência; liberdade de consciência, de crença e de exercício de cultos religiosos; liberdade de associação para fins lícitos; inviolabilidade da casa como asilo do indivíduo; garantia de prisão somente em flagrante delito ou por ordem escrita de autoridade competente e a garantia ampla de defesa do acusado.
Constituição de 1967	Foi imposta, e uma das mais autoritárias da história.
Constituição de 1988	Ampliou e fortaleceu os direitos individuais e as liberdades públicas. Garantiu a inviolabilidade do direito à vida, à liberdade, à igualdade, à segurança e à propriedade. Estendeu o direito do voto facultativo a analfabetos e maiores de 16 anos. Estabeleceu a educação fundamental como obrigatória, universal e gratuita. Enfatizou a defesa do meio ambiente, tornando-a obrigação da União, estados e municípios.

Direitos Humanos

9.3. DIREITOS FUNDAMENTAIS NA CONSTITUIÇÃO FEDERAL DE 1988

Na Constituição brasileira, os direitos fundamentais estão previstos no Título II ("Dos Direitos e Garantias Individuais"), que, por sua vez, abrange cinco capítulos:

I – direitos individuais e coletivos: em síntese, estão previstos no art. 5º da Constituição. São as chamadas "liberdades negativas", visto que, em regra, determinam uma abstenção do Estado, típicas de um Estado liberal (com as ressalvas que já apontamos acerca da impropriedade dessa classificação). Exemplos: vida, liberdade, intimidade, propriedade;

II – direitos sociais: característicos de um Estado Social de Direito, estão previstos nos arts. 6º a 11 da Constituição. São direitos de igualdade, também denominados liberdades positivas, pois implicam, geralmente, um fazer por parte do Estado (observadas as mesmas ressalvas apontadas anteriormente). Exemplos: educação, saúde, moradia, previdência social;

III – nacionalidade: arts. 12 e 13 da Constituição. Nacionalidade pode ser descrita como o vínculo jurídico-político que liga um indivíduo a determinado Estado, incorporando-o como parte de seu povo – que é a dimensão pessoal do Estado. No nosso ordenamento, existe um critério misto de definição da nacionalidade, com prevalência do requisito do *ius soli*: ou seja, é brasileiro quem nasce em território pátrio;

IV – direitos políticos: previstos no art. 14 da Constituição. São denominados direitos de cidadania, pois regulam a participação popular nos desígnios da soberania nacional;

V – partidos políticos: em seu art. 17, a Constituição estabelece a liberdade de criação, fusão, incorporação e extinção de partidos políticos, desde que resguardados a soberania nacional, o regime democrático, o pluripartidarismo e os direitos fundamentais da pessoa humana.

A existência e a extinção dos partidos políticos devem, ainda, segundo a Constituição, observar os seguintes preceitos:

– caráter nacional;

– proibição de recebimento de recursos financeiros de entidade ou governo estrangeiros ou de subordinação a eles;

– prestação de contas à Justiça Eleitoral;

– funcionamento parlamentar de acordo com a lei;

– não podem eles se utilizar de organização paramilitar.

Sobre os partidos políticos, é também importante observar que a Constituição não determina a obrigatoriedade da fidelidade partidária, apenas estipula que os estatutos dos partidos estabeleçam normas a esse respeito.

Após a EC n. 52/2006, a Constituição expressamente afasta a obrigatoriedade da chamada verticalização das coligações. Assim, não há mais nenhum vínculo entre as candidaturas e as coligações em âmbito nacional, estadual, distrital ou municipal.

9.3.1. SISTEMA CONSTITUCIONAL DE CRISES

Em tempos de crise política, são dois os sistemas de restrição aos direitos fundamentais previstos no âmbito internacional:

1) o da lei marcial, vigente na tradição anglo-saxônica, em particular nos Estados Unidos e na Inglaterra;

2) o do estado de sítio.

Isso ocorre pois, em crises políticas severas, a própria soberania do Estado é colocada em xeque. Por isso, medidas mais incisivas são necessárias para a manutenção da ordem pública ou da paz social. Entre elas, temos a restrição ou redução – sempre temporária – dos direitos fundamentais, aliada ao enrijecimento do Poder Executivo, chefe das Forças Armadas.

A Constituição Federal prevê, nesse sentido, duas hipóteses de restrição a direitos fundamentais, que se costuma denominar sistema constitucional das crises, regido pelos princípios da necessidade e da temporariedade:

1) Estado de defesa;

2) Estado de sítio.

Estado de defesa – Trata-se de medida menos severa que o estado de sítio. Diferentemente deste, o estado de defesa prescinde de autorização do Congresso Nacional para ser decretado. Está previsto no art. 136 da CF. Suas características principais são:

– é decretado pelo Presidente da República, depois de ouvidos o Conselho da República e o Conselho de Defesa Nacional (a Lei n. 8.041/90 dispõe sobre a organização e o funcionamento do Conselho da República, e a Lei n. 8.183/91, sobre o Conselho de Defesa Nacional, regulamentada pelo Dec. n. 893/93);

– decretado o estado de defesa ou sua prorrogação, o Presidente da República, dentro de 24 horas, submeterá o ato com a respectiva justificação ao Congresso Nacional;

– o Congresso Nacional analisa o decreto e sua justificação no prazo de 10 dias de seu recebimento (se estiver em recesso, deverá ser convocado extraordinariamente, no prazo de 5 dias, e continuará funcionando enquanto vigorar o estado de defesa);

– a decisão do Congresso deverá ser tomada por maioria absoluta. Se não o acatar, o estado de defesa cessa imediatamente (veja-se que a atuação do Congresso Nacional é *a posteriori* no estado de defesa);

– o decreto deverá apontar locais restritos e determinados, bem como o tempo de duração da medida (art. 136, § 1º);

– pressupostos: preservar ou restabelecer, prontamente, a ordem pública ou a paz social ameaçadas por grave ou iminente instabilidade institucional ou em casos de calamidades de grandes proporções da natureza;

– direitos fundamentais que podem ser restringidos no estado de defesa (que devem estar especificados no decreto que instituir o estado de defesa) (art. 136, § 1º):

a) reunião, ainda que exercida no seio das associações;

b) sigilo de correspondência;

c) sigilo de comunicação telegráfica e telefônica;

d) garantia da prisão somente em flagrante delito ou por ordem da autoridade judicial competente;

e) ocupação e uso temporário de bens e serviços públicos, na hipótese de calamidade pública (respondendo a União pelos danos e custos decorrentes) (art. 136, II);

– prazo máximo: 30 dias, prorrogável apenas uma vez por igual período, se persistirem as razões que justificaram a sua decretação (art. 136, § 2º);

– na sua vigência, o prazo da prisão ou detenção não poderá exceder 10 dias, salvo se o Judiciário autorizar, sempre vedada a incomunicabilidade do preso (art. 136, III e IV).

Estado de sítio – Trata-se de medida consideravelmente mais grave que o estado de defesa, prevista nos arts. 137 e 138 da CF. O decreto do estado de sítio somente é possível após autorização do Congresso Nacional, por sua maioria absoluta. Em caso de recesso parlamentar, o presidente do Senado, imediatamente, convocará extraordinariamente o Congresso Nacional, dentro de 5 dias.

Suas características principais são:

– é decretado pelo presidente da República, depois de ouvidos o Conselho da República e o Conselho de Defesa Nacional, mediante autorização do Congresso Nacional (art. 137);

– hipóteses de cabimento:

Direitos Humanos

a) comoção grave de repercussão nacional ou ocorrência de fatos que comprovem a ineficácia de medida tomada durante o estado de defesa (art. 137, I);

b) declaração de estado de guerra ou resposta a agressão armada estrangeira (art. 137, II);

– o decreto presidencial deverá conter:

a) o prazo de duração do estado de sítio;

b) as normas necessárias à execução da medida;

c) as garantias constitucionais que ficarão suspensas (art. 138);

d) motivos determinantes da medida (art. 137, parágrafo único);

– uma vez publicado o decreto, o presidente da República designará o executor das medidas específicas e as áreas abrangidas (art. 138);

– prazo máximo: 30 dias, prorrogável apenas uma vez por igual período; exceção: se a medida tiver lugar por conta de guerra ou agressão estrangeira, poderá ser estendida enquanto durar o conflito ou a agressão;

– no caso de estado de sítio decretado em decorrência de comoção grave de repercussão nacional ou ocorrência de fatos que comprovem a ineficácia de medida tomada durante o estado de defesa, somente poderão ser tomadas as seguintes medidas (art. 139, I a VII):

a) obrigação de permanência em localidade determinada;

b) detenção em edifício não destinado a acusados ou condenados por crimes comuns;

c) restrições relativas à inviolabilidade da correspondência, ao sigilo das comunicações, à prestação de informações e à liberdade de imprensa, radiodifusão e televisão, na forma da lei (não se inclui a difusão de pronunciamentos de parlamentares, efetuados nas Casas Legislativas, desde que liberada pela Mesa das respectivas Casas – art. 139, parágrafo único);

d) suspensão da liberdade de reunião;

e) busca e apreensão em domicílio;

f) intervenção nas empresas de serviços públicos;

g) requisição de bens;

– no caso de estado de sítio decretado em decorrência de declaração de estado de guerra ou resposta a agressão armada estrangeira, segundo a Constituição Federal, todos os direitos e garantias fundamentais poderão ser restringidos, devendo, entretanto, haver previsão a respeito no decreto presidencial, após autorização do Congresso.

A Lei n. 44, de 30 de setembro de 1986, disciplina o regime do estado de sítio e do estado de emergência, sendo alterada pela Lei Orgânica n. 1, de 30 de novembro de 2011, e pela Lei Orgânica n. 1, de 11 de maio de 2012, especialmente no que tange à execução da declaração do estado de sítio nas regiões autônomas e ao emprego das Forças Armadas.

Controle jurisdicional no sistema constitucional das crises – O texto constitucional, ao tratar do estado de defesa e do estado de sítio, determina o funcionamento do Congresso Nacional, mas não se refere à atuação do Poder Judiciário durante esse período de excepcionalidade.

Demais disso, o art. 141 estipula: "cessado o estado de defesa ou o estado de sítio, cessarão também seus efeitos, sem prejuízo da responsabilidade pelos ilícitos cometidos por seus executores ou agentes".

Conjugando esses dispositivos constitucionais, alguns entendem que o Judiciário está impedido de funcionar, enquanto perdurar o decreto declaratório do estado de sítio ou de defesa. A *contrario sensu*, o controle judiciário sobre os atos ilícitos e exagerados somente ocorreria com o fim da vigência do decreto.

Entretanto, invocando a interpretação sistemática de nosso ordenamento jurídico, prevalece na doutrina e na jurisprudência o entendimento pela possibilidade do controle jurisdicional quanto à legalidade do estado de defesa e do estado de sítio e das medidas adotadas durante sua vigência, através de mandado de segurança ou de *habeas corpus*. Tal se dá porque a excepcionalidade da medida não acarreta a supressão total dos direitos e garantias individuais e está subordinada a normas legais, ou seja, não autoriza a prática de atos arbitrários em total desrespeito à Constituição e às leis não excepcionadas. Assim, qualquer prejudicado por atos do presidente da República ou dos executores das medidas tem o direito de recorrer ao Poder Judiciário para responsabilizá-los e pedir a reparação do dano que lhe tenha sido causado.

Incabível, todavia, o controle da conveniência e da oportunidade para a decretação das medidas, uma vez que constituem o mérito do ato administrativo presidencial praticado com autorização do Congresso (estado de sítio) ou mediante sua aprovação *a posteriori* deste (estado de defesa).

Cessados o estado de sítio e seus efeitos, poderá o Poder Judiciário verificar a responsabilidade pelos ilícitos ou eventuais abusos cometidos por seus executores ou agentes e aplicar as sanções previstas.

Em suma, os controles do estado de sítio e do estado de defesa são realizados em três momentos: um controle prévio, outro concomitante e o efetivado ao final das medidas restritivas.

10
EFICÁCIA DOS DIREITOS FUNDAMENTAIS NAS RELAÇÕES ENTRE PARTICULARES

Os direitos fundamentais foram progressivamente reconhecidos como forma de proteção do particular em face do Estado. Todavia, o modelo capitalista de produção trouxe como consequência o fortalecimento de verdadeiros poderes sociais no interior de cada nação. Surgiram, então, grandes corporações capitalistas, cujas estrutura e extensão, muitas vezes, equiparam-se às dos Estados.

Trata-se de instituições particulares cujo poder, por ser assemelhado ao do Estado, tem o condão de produzir os mesmos efeitos nefastos a que os direitos fundamentais historicamente se contrapuseram.

A partir dessa constatação, desenvolveu-se, principalmente na doutrina e na jurisprudência alemãs, a partir da segunda metade do século XX, a ideia de que os direitos fundamentais também exercem eficácia vinculante no âmbito das relações jurídicas entre particulares.

Com efeito, os detentores de considerável poder social e econômico podem violar a dignidade da pessoa humana e os direitos fundamentais que dela derivam tanto quanto o próprio Estado. Isso pode ser facilmente constatado nas relações de trabalho e de consumo.

10.1. TERMINOLOGIAS EXISTENTES NA DOUTRINA

Em sede doutrinária, há quem empregue as expressões "eficácia frente a terceiros", "eficácia externa", "eficácia social", "eficácia privada" ou, ainda, já com maior frequência, "eficácia horizontal dos direitos fundamentais" para se referir ao fenômeno da vinculação dos particulares aos direitos fundamentais.

Em regra, as expressões se referem ao mesmo núcleo semântico, com ligeiras diferenças.

Grande parte da doutrina tem optado por empregar eficácia horizontal dos direitos fundamentais, uma vez que "horizontal" indicaria a posição de igualdade entre os particulares participantes da relação, algo completamente distinto da verticalidade típica das hipóteses em que estão envolvidos Estado e particular.

Ocorre, todavia, que mesmo entre particulares tal verticalidade muitas vezes se faz presente – é o caso, por exemplo, em que o particular trava relação com outro detentor de poder social. Em tais situações, portanto, "eficácia horizontal" não retrata bem a realidade – ou a relação – a que se refere. Na generalidade dos casos, entretanto, não é de todo descabido o emprego dessa expressão.

Mais apropriado é se falar em vinculação dos particulares aos direitos fundamentais ou eficácia dos direitos fundamentais nas relações entre particulares.

Trata-se de eficácia que nem todos os direitos fundamentais possuem. Com efeito, direitos fundamentais há que vinculam apenas os Poderes Públicos, como os direitos de nacionalidade e os direitos políticos.

10.2. FUNDAMENTAÇÃO CONSTITUCIONAL

A ideia de vinculação dos particulares, nas relações travadas entre si, a direitos fundamentais resultou de construção doutrinária e jurisprudencial, notadamente na Alemanha.

SINOPSES JURÍDICAS

Não obstante inexista, em nossa Constituição, disposição expressa a respeito (ao contrário do que podemos observar nas Constituições portuguesa e suíça, por exemplo), já numa primeira análise podemos verificar que diversos direitos fundamentais admitem a vinculação de relações entre particulares e seus efeitos.

Assim, por exemplo, o direito de resposta, proporcional ao agravo, em caso de dano – material ou moral – à imagem (art. 5º, V, da CF), a inviolabilidade da intimidade, da vida privada, da honra e da imagem (art. 5º, X, da CF), a inviolabilidade do domicílio (art. 5º, XI, da CF), entre muitos outros.

Além da estrutura do direito eventualmente analisado, a dignidade da pessoa humana constitui o fundamento central para a vinculação dos particulares aos direitos fundamentais.

Com efeito, por se tratar de princípio fundamental da República, a proteção da dignidade humana prescinde da qualificação de seu possível transgressor, de modo que se estende tanto ao Estado quanto a particulares que intentem diminuí-la.

Sob um prisma didático, segue a sistematização de todos os possíveis fundamentos apontados pela doutrina:

• a estrutura de muitos dos direitos fundamentais previstos na Constituição Federal admite a vinculação de relações entre particulares e seus efeitos;

• a dignidade da pessoa humana constitui fundamento da República e, como tal, deve também ser protegida das transgressões perpetradas por particulares;

• a Constituição Federal também dispõe que a República Federativa do Brasil constitui-se em Estado Democrático de Direito (art. 1º, *caput*), o que indica uma postura ativa por parte dos órgãos públicos no sentido de efetivamente buscarem a plena realização dos direitos fundamentais constantes do Texto Maior – essa dimensão positiva dos direitos fundamentais abarca também o dever de o Estado impedir que particulares venham a ultrajar direitos fundamentais alheios;

• o art. 5º, § 1º, da CF determina a aplicação imediata das normas definidoras dos direitos e garantias fundamentais, sem fazer nenhuma distinção quanto à natureza da relação sobre a qual a aplicação deve se dar;

• pelo princípio da supremacia da Constituição, esta não constitui apenas parâmetro para aferição de todo o ordenamento jurídico pátrio, normatiza também as relações sociais que lhe serviram de substrato, o que inclui as relações entre particulares.

10.3. MODELOS DE APLICABILIDADE

São três os chamados modelos de aplicabilidade das normas de direito fundamental às relações entre particulares:

1) **modelo direto**: as normas de direitos fundamentais são diretamente aplicáveis às relações jurídicas entre particulares. A maioria da doutrina fala aqui em eficácia direta.

Ou seja, os direitos fundamentais são tidos como verdadeiros direitos subjetivos titularizados pelo indivíduo (daí desnecessária qualquer intermediação legislativa para que sejam observados).

As críticas normalmente apontadas a tal modelo estão justamente focadas no fato de que representaria uma violação à autonomia privada, além de prejudicar a jurisdição civil, tendo em vista o caráter abstrato de muitos desses direitos fundamentais.

Direitos Humanos

2) **modelo indireto**: as normas de direitos fundamentais exercem apenas uma influência na interpretação das normas de direito infraconstitucional. É o que a doutrina denomina de eficácia indireta.

Aqui os direitos fundamentais são tidos como uma espécie de sistema objetivo de valores, a partir do qual o legislador deveria elaborar leis para delimitar seu conteúdo, estabelecer as condições de seu exercício, bem como o seu alcance nas relações entre os particulares.

Uma das maiores críticas apontadas a esse sistema é justamente a insuficiência de cláusulas gerais como a única "porta de entrada" da eficácia dos direitos fundamentais dentro do sistema jurídico. Além disso, estaríamos diante de uma indesejável "civilização" dos direitos fundamentais, que praticamente perderiam sua proteção constitucional para contar, apenas e tão somente, com as previsões dadas pela lei civil.

3) **não modelo**: os direitos fundamentais não surtem quaisquer efeitos nas relações jurídicas particulares. Analisando os fundamentos apontados por essa linha doutrinária para defender tal posição, parece-nos absolutamente equivocada e indefensável.

Por fim, cabe ressaltar que não se devem confundir os efeitos dos direitos fundamentais nas relações jurídicas aqui discutidos com os efeitos que eles provocam na legislação.

Isso porque os modelos de que tratamos dizem respeito tão somente às perspectivas de efeitos nas relações jurídicas particulares, pois, na legislação, os direitos fundamentais obrigatoriamente surtem efeitos, e de forma direta.

11
O PRINCÍPIO DA DIGNIDADE

11.1. CONCEITO

A luta pelos direitos humanos foi sempre a luta pelo reconhecimento da dignidade da pessoa humana, em suas múltiplas facetas.

Um dos postulados sobre os quais se assenta o direito constitucional contemporâneo é a vinculação entre a dignidade da pessoa humana e os direitos fundamentais. Essa vinculação é um dos poucos pontos em que há consenso na matéria – o conteúdo do princípio e seu significado para a ordem jurídica são, todavia, objeto de intensa discussão doutrinária e jurisprudencial.

Do ponto de vista jurídico, a dignidade está erigida como fundamento de nosso Estado Democrático de Direito (art. 1º, III, da CF).

Desenvolvimento histórico do conceito – A dignidade é tema de reflexão desde Aristóteles, na Grécia antiga. No entanto, há que se considerar que na Antiguidade ela era relativa, visto que os escravos (normalmente advindos de povos vencidos em batalhas) estavam reduzidos à servidão e não eram considerados merecedores de dignidade.

O conceito evoluiu, especialmente na Idade Média, com São Tomás de Aquino – principal pensador a dedicar-se ao estudo do tema, embora se ativesse à abordagem teológica.

A ideia de dignidade, de um núcleo imanente a todo ser humano, surge com o pensamento clássico e com o cristianismo. Em sua gênese, dignidade estava ligada ao fato, descrito biblicamente, de ter sido o homem criado à imagem e semelhança de Deus.

No início da Idade Moderna, por volta de 1490, o florentino Pico Della Mirandola escreveu *Oratio hominis dignitate* (*Discurso sobre a dignidade do homem*). Desenvolveu o princípio da dignidade, dando-lhe sentido fora da teologia, tendo sido o pioneiro nesse aspecto.

Praticamente contemporâneo de Mirandola, o espanhol Francisco de Vitória defendeu em suas obras (a mais conhecida é o livro *Os índios e o direito da guerra*) a existência de dignidade em todos os seres humanos, do que se podia concluir que a escravidão era um crime, diferentemente do que se pensava à época.

Portanto, a laicização da concepção de dignidade da pessoa humana veio apenas com o pensamento jusnaturalista, nos séculos XVII e XVIII. Não havia mais a necessidade de ser cristão: bastava ser humano para ser considerado digno.

No século XVII, no interior do pensamento jusnaturalista, destacou-se o pensador alemão Samuel Pufendorf, responsável pelo grande salto na elaboração teórica do tema. Fundamentando seu pensamento na natureza social do ser humano, Pufendorf afasta a origem divina da dignidade, para passar a apontá-la como a liberdade do ser humano de escolher conforme sua razão e agir de acordo com esse entendimento. Como se vê, a evolução dessa concepção está no vínculo da dignidade não à natureza humana, mas à liberdade moral.

O processo de secularização, entretanto, completou-se apenas com Immanuel Kant, que viu na autonomia ética do ser humano o fundamento de sua dignidade. Por ser racional, sustenta Kant, o ser humano é capaz de conceber para si suas próprias leis, e segui-las conforme lhe convier. Dignidade é, então, ter autonomia, o que só pode ser proporcionado pela razão.

Se for considerado que a autonomia é o fator que dignifica o homem, por óbvio, ele jamais pode ser tido como meio para algo. Todo homem é um fim em si. Eis a conhecida máxima por meio da qual Kant sintetiza sua concepção de dignidade, e que nos dias atuais é adotada, expressa ou veladamente, pela grande maioria dos autores: fórmula da "vedação do homem-meio".

Essa fórmula não possui apenas uma dimensão negativa, no sentido de que não pode o homem prejudicar seu semelhante, mas, também, uma positiva, significando que deve cada ser humano proceder de forma a favorecer a felicidade alheia.

Os abusos cometidos pelos regimes totalitários na Segunda Guerra Mundial erigiram a dignidade da pessoa humana como princípio central na maior parte dos sistemas jurídicos dos países ocidentais. Firmou-se, assim, um dos grandes consensos éticos do mundo ocidental.

A Declaração dos Direitos do Homem e do Cidadão, de 1789, oriunda da Revolução Francesa, já consagrava o princípio, como também o fez a Declaração Universal dos Direitos Humanos, aprovada pela Assembleia Geral das Nações Unidas em 1948. Foi, todavia, apenas com a Lei Fundamental Alemã, de 1949, que a dignidade da pessoa humana, como princípio, restou consagrada em uma Constituição. Começava ali sua presença no constitucionalismo contemporâneo.

Em nossa Constituição Federal de 1988, o princípio da dignidade da pessoa humana é tido como fundamento do Estado Democrático de Direito (art. 1º, III). Também ao tratar dos princípios gerais da atividade econômica (art. 170), o texto constitucional veicula esse valor, ao estabelecer expressamente como uma das finalidades da ordem econômica assegurar a todos existência digna, conforme os ditames da justiça social.

11.2. CONCEPÇÕES SOBRE A DIGNIDADE

O conceito de dignidade da pessoa humana é eminentemente cultural, daí as variações observadas ao longo da história.

Dignidade vem do latim *dignitas*, que significa honra, virtude. A dignidade da pessoa humana está fundada no conjunto de direitos inerentes à personalidade da pessoa (liberdade e igualdade) e também no conjunto de direitos estabelecidos para a coletividade (sociais, econômicos e culturais). Por isso mesmo, a dignidade da pessoa não admite discriminação, seja de nascimento, sexo, idade, opiniões ou crenças, classe social e outras.

A dignidade é um valor em si mesmo. E é dever do Estado garantir as condições mínimas de existência, propiciando aos indivíduos uma vida digna.

Ao longo da história, três foram as principais concepções surgidas acerca da dignidade da pessoa humana.

A primeira delas é o individualismo, em que cada indivíduo, ao cuidar de seus interesses pessoais, acaba indiretamente por realizar os interesses de toda a coletividade. Essa concepção dos direitos fundamentais, considerada primária, baseia-se nos ideais do liberalismo, buscando preservar o cidadão da interferência do Estado. O valor fundamental do homem é a liberdade.

A segunda concepção é chamada de transpersonalismo, em que ocorre exatamente o inverso do individualismo. De acordo com ela, a dignidade da pessoa humana concretiza-se no coletivo: quando o indivíduo trabalha para realizar o bem coletivo, acaba protegendo e salvaguardando os interesses individuais. Essa concepção dos direitos fundamentais tem por base os ideais do socialismo. O valor fundamental do homem é a igualdade.

A terceira concepção, chamada de personalismo, procura a harmonia entre valores individuais e valores coletivos. O homem é considerado como se fosse dois entes distintos, indivíduo ou cidadão. Com isso, a análise sobre o que deve ser mais importante, no caso da

Direitos Humanos

aplicação do direito, terá que ser feita caso a caso, de acordo com as circunstâncias. Mas sempre tendo por base um princípio.

Parâmetros para a delimitação do conceito – A amplitude da polissemia da expressão "dignidade da pessoa humana" impede que se atribua a ela um conceito fixo, ainda que aberto. Há, contudo, um núcleo mínimo de sentido para ela.

Por primeiro, como já presente no pensamento clássico, a dignidade é algo ínsito a todo ser humano. Advêm daí as características da irrenunciabilidade e da inalienabilidade, bem como a garantia de que o legislador ou o aplicador da norma não poderão, por qualquer modo, limitá-la ou reduzi-la. Tal ideia está expressamente consagrada pelo art. 1º da Declaração Universal da ONU (1948).

Em segundo lugar, dignidade relaciona-se diretamente ao atributo, exclusivamente humano, de poder escolher, de ter autonomia para fazê-lo e de determinar sua conduta com base em tais escolhas. Portanto, surge como relevante a ideia de proteção da autonomia de cada ser humano, considerada, nesse aspecto, capacidade de autodeterminação.

Em terceiro lugar, a dignidade da pessoa humana não é um dado da experiência, e tampouco objeto racionalmente apreensível de modo imediato. É, sim, uma construção intelectual a ser efetivada diante do caso concreto, observadas as características históricas e culturais de cada povo. A atuação do Poder Judiciário, nesse sentido, ganha relevo.

A contribuição kantiana da vedação do homem-objeto é central em tal construção. Significa que o homem, em si mesmo considerado, não pode ser reduzido a um meio para algo. Sua existência não pode ser relativizada diante de fim algum.

Diante da impossibilidade teórica de se estabelecer uma definição de dignidade, podemos sugerir, aqui, a partir das características anteriormente aduzidas, uma aproximação conceitual: dignidade é, portanto, condição, qualidade, irrenunciável e inalienável, ínsita a todo ser humano que veda a submissão deste a tratamentos degradantes e a situações em que inexistam ou se apresentem escassas as condições materiais ou morais mínimas para sua subsistência ou autodeterminação.

> **Dica**
>
> Artigo 1º da Declaração de Punta del Este sobre a Dignidade Humana (2018):
> "A dignidade humana inerente a todas as pessoas e a importância de respeitar, promover e proteger a dignidade humana de todos em todos os lugares é o princípio fundamental e a finalidade ou objetivo chave dos direitos humanos, bem como um critério inestimável para avaliar o nível de compatibilidade das leis, das políticas públicas e das ações governamentais segundo os padrões dos direitos humanos. Proteger, promover e garantir o respeito à dignidade humana para todos é uma obrigação fundamental dos Estados, governos e outros órgãos públicos, sejam locais, regionais, nacionais ou internacionais. Promover a dignidade humana é também uma responsabilidade de todos os setores da sociedade e de cada um de nós como seres humanos. Agir dessa maneira é a chave para proteger os direitos iguais e inalienáveis de todos os membros da família humana e continua sendo o fundamento da liberdade, da justiça e da paz no mundo".

11.3. MODALIDADES DE EFICÁCIA

São quatro as modalidades de eficácia do princípio da dignidade da pessoa humana comumente identificadas pela doutrina: positiva, negativa, vedativa do retrocesso e hermenêutica.

Eficácia positiva – A eficácia ou dimensão positiva aponta para a obrigação do Estado de concretizar a dignidade da pessoa humana ao elaborar e implementar políticas públicas e normas jurídicas. Diz respeito, então, à exigibilidade dessa postura do Estado por parte do

SINOPSES JURÍDICAS

cidadão, que poderá intentar a competente ação judicial para colocá-la em prática. Portanto, a eficácia positiva diz respeito ao direito subjetivo de ter a dignidade assegurada ou levada a efeito pelo Poder Público.

Decorre dessa eficácia positiva o afastamento da ideia de que as normas constitucionais consagradoras de direitos sociais seriam meramente programáticas. Em verdade, no bojo do neoconstitucionalismo, tais normas são dotadas de juridicidade e, portanto, de plena exigibilidade, conferindo verdadeiros direitos subjetivos aos particulares. Sustentar o contrário é afirmar a ineficácia da Constituição.

Nesse campo, discute-se normalmente o conceito de reserva do possível, argumento sempre utilizado pelo Estado para não implementação cabal de medidas promovedoras ou protetivas da dignidade da pessoa humana. A contingência orçamentária é frequentemente apontada como argumento legitimador para a omissão estatal.

Eficácia negativa – Relaciona-se com a prerrogativa de o cidadão questionar normas infraconstitucionais que repute serem violadoras da dignidade da pessoa humana. Nesse sentido, a dignidade é tida como um freio, uma garantia, uma barreira a proteger o cidadão.

Eficácia vedativa do retrocesso – Deriva da negativa, tratada acima. Dela decorre a proibição da supressão de normas que assegurem a dignidade da pessoa humana. Estabelece, pois, uma limitação material à atuação do legislador.

Fala-se aqui em princípio da proibição do retrocesso, de observância obrigatória principalmente por parte do legislador, que se, mesmo excepcionalmente, editar normas restritivas de direitos fundamentais, deverá também criar outras tantas que assegurem mecanismos de compensação para, no balanço final, não haver restrição ao exercício e à proteção daqueles direitos. Protege-se, assim, o "núcleo essencial" dos direitos fundamentais que, segundo alguns, seria constituído pela dignidade da pessoa humana. Tal núcleo não poderia jamais ser afastado.

Eficácia hermenêutica – O princípio da dignidade da pessoa humana deve embasar toda e qualquer interpretação das normas jurídicas: o intérprete ou aplicador da norma deve escolher o sentido que, em maior medida, contemple ou promova dita dignidade. Essa eficácia coloca o princípio como norte axiológico e teleológico do ordenamento jurídico.

11.4. NATUREZA JURÍDICA DA DIGNIDADE DA PESSOA HUMANA

A dignidade da pessoa humana constitui um dos fundamentos de nosso Estado Democrático de Direito (art. 1º, III), e também de nossa ordem econômica (art. 170, *caput*), além de figurar como um dos direitos expressamente assegurados às crianças (art. 227, *caput*) e aos idosos (art. 230, *caput*).

Topologicamente, figura logo no primeiro título da Constituição, entre os princípios ditos fundamentais. A despeito dessa localização, diversos autores discutem a natureza da norma que a consagra (art. 1º, III), bem como a extensão de sua eficácia.

Ser erigida à condição de princípio fundamental foi algo inédito em nosso constitucionalismo e demonstrou clara reação ao regime então vigente. Significa que a dignidade da pessoa humana constitui valor a embasar todo o ordenamento jurídico pátrio, notadamente no campo da hermenêutica das normas infraconstitucionais.

Em suma, a dignidade da pessoa humana é um princípio. Mas um princípio orientador, inclusive, de todos os demais princípios presentes no ordenamento. Poderíamos dizer, então, que se trata de um supraprincípio.

Direitos Humanos

Parte considerável da doutrina acolheu a distinção entre princípios e regras – como espécies do gênero norma jurídica – proposta por Robert Alexy, renomado autor alemão.

De fato, há uma diferença estrutural entre regras e princípios, e não apenas uma diferença de abstração ou generalidade. Em outras palavras, as regras impõem um dever-ser que é completamente distinto do dever-ser imposto pelos princípios.

De fato, a regra é um mandamento definitivo e sua forma característica de aplicação é a subsunção.

Já a estrutura dos princípios não segue esse raciocínio. Isso porque os bens ou prerrogativas que um princípio garante podem não ser garantidos na prática. Princípios seguem, então, uma lógica diferente.

Enquanto regras constituem um dever-ser definitivo, princípios indicam um dever-ser *prima facie* (à primeira vista), isto é, que não é definitivo.

O dever-ser do princípio é *prima facie* porque há de ser analisado em face de outros princípios.

Em suma, as regras são aplicadas por meio da subsunção – forma de aplicação segundo a qual a norma jurídica prevê determinada consequência jurídica para dado fato ou ato; se esse fato ou ato acontece na realidade, dá-se a subsunção (verificação do ajuste do fato à norma) e a regra pertinente deve ser aplicada (a subsunção é um raciocínio silogístico, mas nem todo silogismo é uma subsunção).

Já os princípios são aplicados por sopesamento, não por subsunção.

Princípios, de acordo com Alexy, seriam mandados de otimização, isto é, "normas que exigem que algo seja realizado na maior medida possível diante das possibilidades fáticas e jurídicas existentes".

Nossa Constituição Federal de 1988 erige a dignidade da pessoa humana como princípio fundamental do Estado Democrático de Direito em que vivemos (art. 1º, III), ou seja, nos termos do acima expendido, como algo a ser realizado na maior medida possível, em cada situação concreta, considerados os demais princípios e as peculiaridades fáticas.

Ser um princípio fundamental significa que todos os direitos fundamentais decorrem direta e imediatamente da dignidade da pessoa humana? Há acirrada discussão a respeito, pois o rol de direitos fundamentais em nossa Constituição é muito extenso. Demais disso, é preciso reconhecer, o texto constitucional desce a minúcias – muitas vezes desnecessárias –, tornando duvidosa aquela vinculação direta.

Mas acreditamos que tais questionamentos devem ser afastados. Não há dúvidas de que o eterno objeto da luta dos direitos humanos sempre foi o reconhecimento e a preservação da dignidade humana em suas mais diferentes facetas.

Portanto, voltamos a afirmar que a dignidade não só é um princípio, mas é um princípio fundamental de todo o ordenamento, para o qual todos os demais princípios, bem como todas as regras, devem direcionar-se. É, em outras palavras, um supraprincípio.

Em conclusão, na sua qualidade de supraprincípio, a dignidade da pessoa humana deve ser realizada, em cada situação concreta, o máximo possível, em todas as suas acepções (preservação da igualdade, impedimento à degradação e coisificação da pessoa, garantia de um patamar material para a subsistência do ser humano), ou naquela que for a mais pertinente à hipótese considerada.

SINOPSES JURÍDICAS

Quadro sinótico

O PRINCÍPIO DA DIGNIDADE DA PESSOA HUMANA		PENSADORES E FILÓSOFOS
Grécia antiga	Todo homem tem dignidade (mas a servidão é aceita, porque os escravos vinham de povos bárbaros vencidos em batalhas).	Aristóteles
Idade Média	A dignidade é virtude oferecida por Deus. Todo homem é filho de Deus e, portanto, é digno.	São Tomás de Aquino
Idade Moderna	O princípio da dignidade ganha sentido fora da teologia.	Pico Della Mirandola foi o pioneiro, ao escrever *Oratio hominis dignitate* (*Discurso sobre a dignidade do homem*).
	Todos os seres humanos têm dignidade, portanto, a escravidão é um crime.	Francisco de Vitória defendeu a ideia em sua obra *Os índios e o direito da guerra*.
Século XVII	Os reis deviam admitir que mesmo seus súditos mais humildes tinham o direito de agir conforme a sua razão e o seu entendimento.	Samuel Pufendorf
Século XVIII	Imperativo categórico: "o homem é um fim em si mesmo e por isso não pode ser tratado como objeto nem usado como meio de obtenção de qualquer objetivo, como a servidão".	Immanuel Kant, principalmente no livro *Crítica da razão pura*.

12
INOVAÇÕES LEGISLATIVAS E DECISÕES PARADIGMÁTICAS NO ÂMBITO NACIONAL

O Brasil vem assistindo à ampla produção legislativa no campo dos direitos humanos nos últimos anos. Além disso, o STF tem se pronunciado sobre vasta gama deles, de modo a circunscrever o âmbito de aplicação e a estabelecer o conteúdo da norma.

Vejamos as principais inovações nesse campo.

12.1. AUDIÊNCIA DE CUSTÓDIA E RESOLUÇÃO N. 213 DO CNJ

Por meio do Decreto n. 678/92, o Brasil internalizou o Pacto de São José da Costa Rica ao ordenamento pátrio.

Estabelece o art. 7.5 do Pacto:

> Art. 7º Direito à liberdade pessoal
>
> (...)
>
> 5. Toda pessoa presa, detida ou retida deve ser conduzida, sem demora, à presença de um juiz ou outra autoridade autorizada por lei a exercer funções judiciais e tem o direito de ser julgada em prazo razoável ou de ser posta em liberdade, sem prejuízo de que prossiga o processo. Sua liberdade pode ser condicionada a garantias que assegurem o seu comparecimento em juízo.

Previsão semelhante consta do Pacto Internacional de Direitos Civis e Políticos (art. 9.3).

A despeito do entendimento prevalecente no STF de que tratados internacionais de direitos humanos gozam de *status* supralegal, ou seja, encontram-se submetidos aos preceitos da Constituição Federal, mas hierarquicamente acima das demais normas do ordenamento, o disposto no Pacto de São José da Costa Rica permaneceu longas décadas sem aplicação em todo o território nacional.

Vejamos os motivos.

RAZÕES PARA NÃO IMPLEMENTAÇÃO DA AUDIÊNCIA DE CUSTÓDIA DESDE A DÉCADA DE 1990	
Razão cultural	• forte cultura punitivista e crença no encarceramento em massa como solução para o controle social da pobreza.
Razão jurídica	• prevalecia o entendimento de que o art. 306, § 1º, do CPP, que determina o simples encaminhamento do auto de prisão em flagrante, supria a realização da audiência.
Razão logística	• limitações de agentes penitenciários e de viaturas para garantir a apresentação das pessoas presas ao Juízo.

Ocorre que nenhum desses motivos se mostrou plausível ao longo do tempo.

Mesmo com o incremento sem precedentes da população carcerária, não há indicação de que os índices de criminalidade arrefeceram, a indicar que as suas causas permanecem intactas.

O mero envio do auto de prisão em flagrante delito obviamente não supre a apresentação do preso pessoalmente ao Juiz. O *status* supralegal do Pacto não deixa dúvida de que o Código de Processo Penal deve ser lido à luz do Pacto, e não o contrário.

SINOPSES JURÍDICAS

Por fim, limitações de ordem prática não podem implicar supressão de direitos humanos, tanto mais porque passíveis de superação mediante o estabelecimento de convênios entre os Poderes.

A Resolução n. 213 do CNJ, de 1º de fevereiro de 2016, foi editada com a finalidade de implementar a audiência de custódia em todo o território nacional, já que os juízes, na prática, jamais a realizavam.

Estabeleceu o prazo de 90 dias para que houvesse a implantação.

O que é, afinal, audiência de custódia?

Conceito

Trata-se da apresentação da pessoa presa à autoridade judicial competente, devidamente acompanhada de advogado ou defensor público, para verificação da regularidade da prisão havida, com atenção especial à estrita observância dos direitos fundamentais no momento da detenção e à análise da necessidade da manutenção da custódia.

Finalidades

1 – Verificação da regularidade da prisão (estado de flagrância);

2 – Verificação da observância dos direitos fundamentais no momento da detenção (direito ao silêncio, sinais de tortura ou maus-tratos);

3 – Análise da pertinência da manutenção da custódia (requisitos do art. 312 do CPP).

A Resolução n. 213 do CNJ regulamentou pormenorizadamente a solenidade. Constam de seus anexos alguns protocolos acerca das diferentes situações que podem vir a ser encontradas.

Em síntese, quanto à entrevista da pessoa pelo Juiz, a Resolução prevê que incumbirá a este as seguintes providências:

– esclarecer o que é e qual a finalidade da audiência – em especial, que não se presta à investigação do mérito do suposto fato delituoso;

– assegurar que a pessoa não esteja algemada ao ser ouvida;

– advertir a pessoa sobre o direito de permanecer em silêncio;

– questionar sobre a observância dos direitos fundamentais no momento da prisão, com especial atenção ao direito de se consultar com advogado ou defensor público, de ser atendida por médico e de se comunicar com familiares;

– indagar sobre as circunstâncias da prisão, sem tratar do mérito;

– perguntar sobre o tratamento recebido em todos os lugares por onde passou, questionando sobre tortura e maus-tratos, com adoção das providências cabíveis;

– verificar se foi realizado exame de corpo de delito;

– não formular perguntas com a finalidade de produzir prova para investigação;

– averiguar se se trata de pessoa grávida, com filhos ou dependentes sob seus cuidados, ou com histórico de doença grave, incluídos transtornos mentais e dependência química, para análise de cabimento de encaminhamento assistencial ou concessão de liberdade provisória, com ou sem outras medidas cautelares.

Segundo a Resolução n. 213, não há hipótese em que a audiência não será realizada. Empecilhos de nenhuma ordem poderão ser alegados para tanto.

A consequência da não realização da audiência de custódia deverá ser a nulidade absoluta da prisão, com imediato relaxamento da segregação, tal como se não houvesse a comunicação da prisão no interstício legal. Não obstante, são inúmeros os julgados a apontar apenas mera irregularidade, suprimível pela homologação da prisão.

Direitos Humanos

A Resolução n. 213 trouxe, ainda, outras previsões que regulamentam as medidas cautelares diversas da prisão inseridas no Código de Processo Penal pela Lei n. 12.403/2011.

Resolução n. 213 do CNJ: regulamentação das medidas cautelares diversas da prisão	Devem ser estipuladas por **prazo certo**.
	A monitoração eletrônica será excepcional e determinada apenas quando demonstrada a impossibilidade de concessão de liberdade provisória sem medida cautelar ou outra menos gravosa, e sujeita à **reavaliação periódica**.
	A monitoração eletrônica poderá ser fixada apenas se se tratar de crimes dolosos com **pena máxima superior a 4 anos**, ou se **a pessoa já tiver sido condenada irrecorrivelmente, ou, ainda, em caso de descumprimento de medida protetiva**.

12.2. POSIÇÃO DO STF SOBRE INVIOLABILIDADE DO DOMICÍLIO E CRIME EM FLAGRANTE DELITO – ART. 5º, XI, DA CF (RE 603.616)

Estabelece o art. 5º, XI, da CF que "a casa é asilo inviolável do indivíduo, ninguém nela podendo penetrar sem consentimento do morador, salvo em caso de flagrante delito ou desastre, ou para prestar socorro, ou, durante o dia, por determinação judicial".

Contra a vontade do morador, portanto, somente é possível adentrar na casa em quatro hipóteses:

Hipóteses constitucionais de violação de domicílio	1 – flagrante delito
	2 – desastre
	3 – para prestar socorro
	4 – **durante o dia**, por determinação judicial

Grande problema que se verifica no cotidiano, em especial na parcela mais pobre da população, diz com os chamados crimes permanentes, aqueles cuja consumação se protrai no tempo, provocando um estado de flagrância que não cessa. Exemplo maior é o crime de tráfico: enquanto a substância entorpecente estiver na posse do agente, o delito estará a ser cometido.

Ocorre que são inúmeras as situações em que há fundada dúvida sobre a existência da droga no interior do domicílio, e mesmo assim a polícia invade a residência, o que criou um impasse em sede jurisprudencial: até onde vai o âmbito de proteção da norma?

O STF, ao julgar o RE 603.616, no regime de repercussão geral, firmou a seguinte tese:

"(...) a entrada forçada em domicílio sem mandado judicial só é lícita, mesmo em período noturno, quando amparada em fundadas razões, devidamente justificadas *a posteriori*, que indiquem que dentro da casa ocorre situação de flagrante delito, sob pena de responsabilidade disciplinar, civil e penal do agente ou da autoridade e de nulidade dos atos praticados".

Portanto, não basta a mera suspeita. Realizada a diligência, a autoridade ou o policial deverá apresentar fundadas razões que o levaram a concluir a existência de situação de flagrante delito no interior da casa, sob pena de:

a) responsabilização disciplinar, civil e penal do agente ou da autoridade;

b) nulidade dos atos praticados.

Decidida em regime de repercussão geral, a tese deverá ser observada pelas demais instâncias do Poder Judiciário.

SINOPSES JURÍDICAS

12.3. ENTENDIMENTO DO STF SOBRE QUEBRA DE SIGILO BANCÁRIO E ACESSO DIRETO A DADOS PELA RECEITA FEDERAL

O sigilo bancário está abarcado pela esfera da proteção da vida privada e da intimidade e do sigilo dos dados e das comunicações (art. 5º, X e XII, da CF).

Em âmbito infraconstitucional, o art. 1º da LC n. 105/2001 prevê expressamente o sigilo bancário.

Ocorre que essa mesma LC n. 105/2001 traz a previsão de que a Receita Federal pode requisitar diretamente das instituições financeiras informações bancárias dos contribuintes (art. 6º), ou seja, pela LC n. 105/2001, não é necessária autorização judicial.

O STF foi instado a se manifestar sobre a constitucionalidade dessa norma, já que autorizaria violação a direito fundamental sem autorização judicial, e se posicionou pela constitucionalidade.

ART. 6º DA LC N. 105/2001
Art. 6º As autoridades e os agentes fiscais tributários da União, dos Estados, do Distrito Federal e dos Municípios somente poderão examinar documentos, livros e registros de instituições financeiras, inclusive os referentes a contas de depósitos e aplicações financeiras, quando houver processo administrativo instaurado ou procedimento fiscal em curso e tais exames sejam considerados indispensáveis pela autoridade administrativa competente. Parágrafo único. O resultado dos exames, as informações e os documentos a que se refere este artigo serão conservados em sigilo, observada a legislação tributária.

ENTENDIMENTO DO STF – SIGILO BANCÁRIO – ACESSO DIRETO DE DADOS PELA RECEITA – ADIs 2.390, 2.386, 2.397 E 2.859 E RE 601.314 (REPERCUSSÃO GERAL)

• trata-se do **confronto** entre o **direito ao sigilo bancário** e o **dever de pagar tributos**, ambos referidos a um mesmo cidadão e de caráter constituinte no que se refere à comunidade política, à luz da finalidade precípua da tributação de realizar a igualdade em seu duplo compromisso, a autonomia individual e o autogoverno coletivo.

• o sigilo bancário é uma das expressões do **direito de personalidade** que se traduz em ter suas atividades e informações bancárias livres de ingerências ou ofensas, qualificadas como arbitrárias ou ilegais, de quem quer que seja, inclusive do Estado ou da própria instituição financeira.

• o art. 6º da LC n. 105/2001 é **constitucional** porque estabeleceu **requisitos objetivos para a requisição de informação pela Administração Tributária às instituições financeiras**, assim como **manteve o sigilo dos dados a respeito das transações financeiras do contribuinte**, observando-se um translado do dever de sigilo da esfera bancária para a fiscal.

Em suma, o STF entendeu pela constitucionalidade porque:

• há requisitos objetivos estabelecidos;

• o Fisco também deverá preservar o sigilo, tratando-se apenas de uma transferência de sigilo da esfera bancária para a fiscal.

12.4. POSIÇÃO DO STJ SOBRE ACESSO A DADOS EM APARELHO CELULAR

Situação corriqueira é a apreensão de aparelhos celulares por policiais militares no momento da abordagem ou da prisão de investigados, com consulta por parte dos policiais de dados armazenados no aparelho – tanto mensagens, lista de contatos, como, e principalmente, conversas trocadas por meio de aplicativos.

Direitos Humanos

Também é comum a situação em que os celulares são encaminhados diretamente para perícia, sem qualquer autorização judicial.

Afinal, a autorização judicial é necessária?

O art. 5º, XII, da CF estabelece a inviolabilidade do sigilo das comunicações telefônicas: "(...) é inviolável o sigilo da correspondência e das comunicações telegráficas, de dados e das comunicações telefônicas, salvo, no último caso, **por ordem judicial**, nas hipóteses e na forma que a lei estabelecer para fins de investigação criminal ou instrução processual penal".

Não trata expressamente, contudo, da inviolabilidade dos dados armazenados em aparelho telefônico. Nem poderia, aliás, já que à época da promulgação a tecnologia ainda não se encontrava disponível.

Por óbvio, contudo, a esfera da intimidade e da vida privada (art. 5º, X, da CF) abrange esses dados, tamanha a capacidade de reunião de informações no aparelho atualmente, ainda mais em tempos de mídias sociais.

Do ponto de vista jurisprudencial, não há uma orientação firmada até o presente momento.

Há precedente do STF no sentido de que o acesso direto pelo policial à lista de telefones no celular não viola o princípio da intimidade (HC 91.867/PA).

Por outro lado, quanto ao acesso aos dados propriamente ditos, em especial os existentes em aplicativos, a Sexta Turma do STJ já decidiu que é imprescindível a autorização judicial.

A Corte tem ainda elencado outros requisitos:

ENTENDIMENTO DA SEXTA TURMA DO STJ SOBRE O ACESSO DE DADOS EXISTENTES EM APARELHO CELULAR (CF. RHC 67.379/RN)

– o **sigilo telefônico** abrange a transmissão, recepção ou emissão de símbolos, caracteres, sinais, escritos, imagens, sons ou informações de qualquer natureza, por meio de telefonia fixa ou móvel, ou, ainda, através de sistemas de informática e telemática.
– o sigilo telefônico é decorrência do direito individual à intimidade.
– o sigilo telefônico somente pode ser mitigado para fins de **investigação** ou **instrução criminal**, mediante **autorização judicial**, em **decisão motivada** emanada por **juízo competente**.
– a quebra do sigilo exige três requisitos:
a) indício **razoável** de autoria ou participação em infração penal;
b) impossibilidade de a prova ser obtida por **outro meio disponível (princípio da proibição de excesso)**;
c) o fato investigado deve constituir infração penal punida com **pena de reclusão**.

12.5. ATUAL ENTENDIMENTO DO STF SOBRE O PRINCÍPIO DA PRESUNÇÃO DE INOCÊNCIA

Estabelece o art. 5º, LV, da CF: "ninguém será considerado culpado até o trânsito em julgado de sentença penal condenatória".

Trata-se do chamado princípio da presunção de inocência, também chamado de princípio da presunção de não culpabilidade.

A norma é clara e seu teor é inequívoco: ninguém pode ser considerado culpado até que se tenha uma sentença judicial definitiva, já não mais passível de recursos.

Ocorre que, em julgado de 17 de fevereiro de 2017, no bojo do HC 126.292, o STF adotou o seguinte entendimento:

ENTENDIMENTO DO STF – HC 126.292

"a execução provisória de acórdão penal condenatório proferido em grau de apelação, ainda que sujeito a recurso especial ou extraordinário, não compromete o princípio constitucional da presunção de inocência"

SINOPSES JURÍDICAS

A despeito de ter sido proferida de modo incidental, sem eficácia *erga omnes*, o precedente vem sendo seguido país afora.

Muito se tem criticado a decisão, que, a pretexto de tornar mais eficaz e célere a resposta estatal ao cometimento de delitos, implicou evidente ativismo judicial, ao empregar interpretação contrária à própria razão de ser dos direitos fundamentais. O STF teria atuado como legislador positivo, de forma a violar a separação de poderes, pois criou norma não inserta na Constituição Federal.

FUNDAMENTOS PARA RELATIVIZAÇÃO DA PRESUNÇÃO DE INOCÊNCIA APONTADOS PELO STF
• trata-se de uma **garantia de sentido processualmente dinâmico**, cuja intensidade deve ser avaliada segundo o âmbito de impugnação próprio a cada etapa recursal.
• em âmbito recursal nos Tribunais Superiores, têm-se duas características a indicar que a sentença ou acórdão já pode ser executado, a saber: a) impossibilidade de revisão de fatos e provas; b) possibilidade da tutela de constrangimentos ilegais por outros meios processuais mais eficazes, em especial o *habeas corpus*, que se prestaria a afastar eventuais ilegalidades.
• a dignidade defensiva dos acusados deve ser calibrada, em termos de processo, a partir das expectativas mínimas de justiça depositadas no sistema de justiça criminal do país.
• de acordo com o art. 27, § 2º, da Lei n. 8.038/90, os recursos extraordinário e especial são recebidos apenas no efeito devolutivo.

Não obstante, à luz da mais abalizada teoria de direitos fundamentais, e da própria Constituição Federal, várias críticas podem e devem ser tecidas ao entendimento ora sufragado pelo STF.

CRÍTICAS AO NOVEL ENTENDIMENTO DO STF
• afronta o texto expresso do art. 5º, LVII, da CF, além de tratados internacionais ratificados pelo Brasil, como a Convenção Americana de Direitos Humanos – art. 7º, n. 2, e art. 8º, n. 2;
• afronta texto expresso do art. 283 do CPP, que sequer foi mencionado no julgado ("Ninguém poderá ser preso senão em flagrante delito ou por ordem escrita e fundamentada da autoridade judiciária competente, em decorrência de sentença condenatória transitada em julgado ou, no curso da investigação ou do processo, em virtude de prisão temporária ou prisão preventiva.");
• contraria a jurisprudência reinante no Supremo há anos (HC 84.078/MG, de 5-2-2009);
• é estatisticamente relevante o número de processos em que decisões condenatórias proferidas por Tribunais de Justiça e Tribunais Regionais Federais são reformadas, de modo que a execução provisória de sentença representará injustiça insuperável em inúmeros casos;
• se o problema é o excesso de recursos, como referido no julgado, incumbiria ao Poder Legislativo, por meio de Emenda Constitucional, alterar tal quadro, e não ao Supremo;
• contribuirá para o já alarmante problema do encarceramento em massa no Brasil.

12.5.1. EXECUÇÃO PROVISÓRIA DE PENA PRIVATIVA DE LIBERDADE ("CASO LULA")

Seguindo a mesma linha de raciocínio, no julgamento do HC 152.752/PR, em que figurava como paciente o ex-presidente Luiz Inácio Lula da Silva, por maioria apertada, o STF, de forma inédita, reconheceu a ocorrência do fenômeno da mutação constitucional, a justificar a modificação da interpretação do princípio da presunção de inocência, ainda que não em sede de controle abstrato.

Direitos Humanos

O Tribunal entendeu ser possível a execução provisória de pena privativa de liberdade após a confirmação da condenação em segundo grau de jurisdição.

A matéria ainda será apreciada nas ADC 43/DF e 44/DF, em controle abstrato de constitucionalidade.

12.6. VAQUEJADAS: A POSIÇÃO DO STF E A EMENDA CONSTITUCIONAL N. 96

Sabe-se que o direito a um meio ambiente equilibrado é tido como direito fundamental de terceira dimensão.

Estabelece o art. 255, *caput*, da CF:

"Art. 225. Todos têm direito ao meio ambiente ecologicamente equilibrado, bem de uso comum do povo e essencial à sadia qualidade de vida, impondo-se ao Poder Público e à coletividade o dever de defendê-lo e preservá-lo para as presentes e futuras gerações".

O constituinte originário estabeleceu no mesmo dispositivo legal uma série de parâmetros para verificação e manutenção do equilíbrio ambiental por parte do Poder Público.

Entre eles está o de "proteger a fauna e a flora, vedadas, na forma da lei, as práticas que coloquem em risco sua função ecológica, provoquem a extinção de espécies ou submetam os animais a crueldade" (§ 1º, VII).

Assim, práticas cruéis contra animais são expressamente vedadas pela Constituição Federal, ainda que se trate de norma de eficácia limitada, a ser complementada por lei.

Ocorre que chegou ao STF o chamado caso das vaquejadas: a Lei estadual n. 15.299/2013, do Ceará, regulamentou tal atividade no Estado – fixou critérios para a competição e obrigou os organizadores a tomar medidas de segurança tanto para os vaqueiros como para o público e os animais.

A atividade, comum no Nordeste, consiste na perseguição do boi pelos vaqueiros, montados a cavalo, para derrubá-lo em área específica, puxando-o pelo rabo. A prática, não raro, deixa sequelas nos animais.

Ao julgar a ADI 4.983, proposta pelo procurador-geral da República, o STF julgou inconstitucional a lei do Ceará em 8 de junho de 2016.

O caso comportava conflito de duas normas constitucionais:

• a proibição de práticas cruéis contra animais (art. 225, § 1º, II) *versus* o direito à liberdade de manifestações culturais e a imposição ao Estado de que proteja as manifestações das culturas populares (art. 215, *caput* e § 1º, da CF).

Diante dos laudos técnicos apresentados pelo procurador-geral da República, a comprovar inúmeras lesões sofridas pelos animais, o STF, por maioria apertada (6x5), entendeu que a vaquejada é uma prática que envolve crueldade contra animais e, mesmo sendo uma atividade cultural, não pode ser admitida.

SÍNTESE DO ENTENDIMENTO DO STF SOBRE VAQUEJADA (ADI 4.983/CE)

A obrigação de o Estado garantir a todos o pleno exercício de direitos culturais, incentivando a valorização e a difusão das manifestações, não prescinde da observância do disposto no inciso VII do art. 225 da Carta Federal, o qual veda prática que acabe por submeter os animais à crueldade. **Discrepa da norma constitucional a denominada vaquejada.**

Vale a pena notar que:

• a decisão se aplica apenas à lei do Ceará, sendo incabível, portanto, reclamação relativa ao descumprimento da decisão do STF com base em outra lei, o que dependeria de questionamento próprio na Corte por meio de nova ação.

SINOPSES JURÍDICAS

Como reação, o Congresso Nacional, logo em seguida, aprovou a EC n. 96/2017, que incluiu o § 7º ao art. 225, com a seguinte redação:

> **EMENDA CONSTITUCIONAL N. 96/2017 (INCLUIU O § 7º NO ART. 225 DA CF)**
>
> § 7º Para fins do disposto na parte final do inciso VII do § 1º deste artigo, **não se consideram cruéis as práticas desportivas que utilizem animais, desde que sejam manifestações culturais, conforme o § 1º do art. 215 desta Constituição Federal**, registradas como bem de natureza imaterial integrante do patrimônio cultural brasileiro, devendo ser regulamentadas por lei específica que assegure o bem-estar dos animais envolvidos.

Poucos meses antes, foi editada a Lei n. 13.364/2016, que reconheceu a vaquejada e o rodeio como integrantes do patrimônio cultural imaterial brasileiro.

Essa postura legislativa de procurar superar a jurisprudência contrária recebe o nome, na doutrina constitucionalista, de "efeito *backlash*": é a reação do poder político contra a pretensão do poder jurídico de controlá-lo, em especial em temas polêmicos.

É possível que venha a ser questionada a constitucionalidade da própria EC n. 96/2017, sob a alegação de que infringe a cláusula pétrea do art. 60, § 4º, IV, da CF (não é permitida a edição de emenda constitucional que elimine ou enfraqueça os direitos e garantias fundamentais).

12.7. O SISTEMA PENITENCIÁRIO E O ESTADO DE COISAS INCONSTITUCIONAL

Ao examinar os pedidos liminares na ADPF 347 MC/DF, o STF reconheceu a configuração no sistema penitenciário brasileiro de um estado de coisas inconstitucional.

> **ESTADO DE COISAS INCONSTITUCIONAL – CONCEITO**
>
> • **Violação maciça de direitos fundamentais** de um **número significativo de pessoas**, cujo combate ou superação depende de complexas e coordenadas medidas até então não adotadas por **falta de vontade política ou desarticulação institucional** entre as diferentes instâncias de poder.

Trata-se de criação da Corte Constitucional Colombiana.

As medidas cautelares requeridas foram apenas em parte deferidas pelo STF, que determinou:

- prazo de 90 dias para implementação das audiências de custódia em todo o país;
- liberação do saldo acumulado do fundo penitenciário;
- de ofício, que União e Estados, em especial o de São Paulo, enviassem informações sobre seus sistemas prisionais.

12.7.1. O *HABEAS CORPUS* COLETIVO PARA AS GESTANTES OU MÃES

Pela primeira vez em sua história, o STF concedeu a ordem em *habeas corpus* coletivo impetrado pela Defensoria Pública da União (HC 143.641/SP), a fim de resguardar gestantes, puérperas e mães das aviltantes condições do sistema prisional brasileiro.

O art. 318 do CPP, após alteração legislativa havida em 2011 e em 2016 (Estatuto da Primeira Infância), prevê as hipóteses de substituição da prisão preventiva pela domiciliar. Entre elas figura ser a pessoa:

Direitos Humanos

- imprescindível aos cuidados especiais de pessoa menor de 6 anos de idade ou com deficiência (inciso III);
- gestante (inciso IV);
- mulher com filho de até 12 anos de idade incompletos (inciso V).

A lei não prevê outras condições para a substituição, mas apenas a prova idônea dos requisitos nela estabelecidos, é dizer, a prova da condição de mãe ou gestante, pois o objetivo é garantir à criança o direito de convivência com sua genitora.

Não obstante, juízes de todo o país, sob o influxo da cultura do superencarceramento, simplesmente passaram a não aplicar a lei e, para tanto, foram criando exigências não previstas nela: estudo psicossocial, prova da situação de risco da criança, prova da imprescindibilidade da mãe. Como resultado, dificilmente a prisão domiciliar era fixada.

Essa é a razão do remédio constitucional. No julgamento, o STF assentou os seguintes fundamentos:

CONCESSÃO DA ORDEM EM *HABEAS CORPUS* COLETIVO PARA MÃES E GESTANTES

Em se tratando da tutela de direito fundamental, deve-se procurar a **máxima efetividade do *habeas corpus***, principalmente em uma época de relações sociais massificadas e burocratizadas.

É inadmissível o cumprimento de prisão preventiva em **condições degradantes** por mulheres grávidas ou com crianças sob sua guarda (**estado de coisas inconstitucional**).

Necessidade de superação da **cultura do encarceramento**.

Incapacidade do Estado de assegurar direitos fundamentais às encarceradas.

Existência de diversos diplomas a assegurar a imposição de medidas diversas do aprisionamento durante o curso do processo: Objetivos de desenvolvimento do milênio e de desenvolvimento sustentável da ONU, Regras de Bangkok, Estatuto da Primeira Infância.

Verificação de arbitrariedade judicial na sistemática exclusão de direitos de grupos hipossuficientes.

A ordem foi concedida para:

- determinar a substituição da prisão preventiva pela domiciliar, sem prejuízo da aplicação concomitante das medidas alternativas previstas no art. 319 do CPP, de todas as mulheres presas, gestantes, puérperas ou mães de crianças e deficientes, enquanto perdurar tal condição, com exceção dos casos de crimes praticados por elas mediante violência ou grave ameaça, contra seus descendentes;
- de ofício, foi estendida a ordem a todas as mulheres e adolescentes em idêntica situação no território nacional.

12.8. CRIAÇÃO DO SISTEMA DE GARANTIAS DE DIREITOS DA CRIANÇA E DO ADOLESCENTE VÍTIMA OU TESTEMUNHA DE VIOLÊNCIA (LEI N. 13.431/2017)

A Lei n. 13.431/2017 foi editada em atenção ao art. 227 da CF, à Convenção sobre os Direitos da Criança e à Resolução n. 20/2005 do Conselho Econômico e Social das Nações Unidas.

SINOPSES JURÍDICAS

Finalidades da Lei n. 13.431/2017	• estabelecer medidas de assistência e proteção à criança e ao adolescente **em situação de violência**.
	• estabelecer **direitos específicos** à sua condição de vítima ou testemunha.
	• fixar as diferentes formas de violência, **sem prejuízo dos tipos penais existentes**, a que podem ser expostas crianças e adolescentes.

A aplicação da lei é facultativa para as vítimas e testemunhas de violência entre 18 e 21 anos.

Visando à máxima proteção da criança e do adolescente, foram elencadas e especificadas as modalidades de violência combatidas:

ESPÉCIES DE VIOLÊNCIA CONTRA A CRIANÇA OU ADOLESCENTE (LEI N. 13.431/2017)	
Violência física	Ofende a integridade ou saúde corporal ou causa sofrimento físico.
Violência psicológica	Discriminação, depreciação ou desrespeito, mediante ameaça, constrangimento, humilhação, manipulação, isolamento, agressão verbal e xingamento, ridicularização, indiferença, exploração ou intimidação (*bullying*) apta a comprometer o desenvolvimento psíquico ou emocional. • alienação parental (interferência na formação psicológica promovida por um dos genitores ou avós); • qualquer conduta que exponha, direta ou indiretamente, a crime violento contra membro de sua família ou de sua rede de apoio, **em especial se a torna testemunha**.
Violência sexual	Qualquer conduta que constranja a praticar ou presenciar conjunção carnal ou qualquer ato libidinoso, inclusive exposição do corpo em foto ou vídeo por meio eletrônico ou não, que compreenda abuso sexual, exploração sexual comercial ou tráfico de pessoas.
Violência institucional	Aquela praticada por instituição pública ou conveniada, inclusive quando gerar revitimização.

Dentre os direitos previstos no Sistema de Garantias, destacam-se:

• ter a intimidade e as condições pessoais protegidas quando vítima ou testemunha de violência;

• ser ouvido e expressar seus desejos e opiniões, assim como permanecer em silêncio;

• receber assistência qualificada jurídica e psicossocial especializada, que facilite a sua participação e o resguarde contra comportamento inadequado adotado pelos demais órgãos atuantes no processo;

• obter reparação quando seus direitos forem violados;

• prestar declarações em formato adaptado à criança e ao adolescente com deficiência ou em idioma diverso do português;

• pleitear medidas protetivas contra o autor da violência, como vítima e também como testemunha.

O Sistema de Garantias deverá ser interpretado à luz do Estatuto da Criança e do Adolescente e da Lei Maria da Penha (art. 6º, parágrafo único), que prevê procedimentos pró-

Direitos Humanos

prios para colheita das declarações da criança ou adolescente (escuta especializada e depoimento especial).

A Lei estabelece o dever de qualquer pessoa que tenha conhecimento ou presencie ação ou omissão que constitua violência contra criança ou adolescente de comunicá-la imediatamente ao serviço de monitoramento de denúncias, ao conselho tutelar ou à autoridade policial.

As políticas a serem implementadas de modo integrado pelos sistemas de justiça, segurança pública, assistência social, educação e saúde terão por diretrizes, em síntese:

- abrangência e integralidade (atenção a todas as necessidades da vítima);
- capacitação interdisciplinar continuada;
- planejamento coordenado;
- celeridade do atendimento;
- mínima intervenção dos profissionais envolvidos;
- monitoramento e avaliação periódica das políticas de atendimento.

Autoriza-se a criação de delegacias especializadas no atendimento de crianças e adolescentes vítimas de violência (art. 20), e são previstas medidas a serem tomadas pela autoridade policial ao constatar a situação de risco, requisitando medidas à autoridade judicial, entre elas:

- evitar contato direto da vítima ou testemunha com o suposto autor da violência;
- solicitar o afastamento cautelar do investigado da residência ou local de convivência;
- requerer a prisão preventiva do investigado, se presentes indícios suficientes de ameaça;
- solicitar aos órgãos socioassistenciais a inclusão da vítima e de sua família nos atendimentos a que têm direito;
- requerer a inclusão em programa de proteção a vítimas ou testemunhas ameaçadas;
- representar ao Ministério Público para que proponha ação cautelar de antecipação de prova.

12.9. OUTROS CASOS ENFRENTADOS PELO STF SOB O REGIME DE REPERCUSSÃO GERAL

12.9.1. EDUCAÇÃO DOMICILIAR (*HOMESCHOOLING*)

Em 2018, o STF julgou o RE 888.815, em regime de repercussão geral, que versava sobre o Tema 822, assim fixado:

> "822 – Possibilidade de o ensino domiciliar (*homeschooling*), ministrado pela família, ser considerado meio lícito de cumprimento do dever de educação, previsto no art. 205 da Constituição Federal".

A questão era saber se a própria família poderia educar formalmente seus filhos em casa. Vencido o relator, Roberto Barroso, e, em parte, o Ministro Edson Fachin, o STF, por maioria, negou provimento ao recurso e entendeu pela inconstitucionalidade da prática. Embora a maioria dos ministros tenha reconhecido que a Constituição Federal não proíbe a educação domiciliar, a ausência de lei a regulamentar a prática impediria seu reconhecimento.

12.9.2. TERCEIRIZAÇÃO DE ATIVIDADE-FIM

O Supremo Tribunal Federal entendeu, também sob regime de repercussão geral (Tema 725), e também por maioria, ser lícita a terceirização ou qualquer outra forma de divisão do trabalho entre pessoas jurídicas distintas, independentemente do objeto social das empresas envolvidas, com manutenção da responsabilidade subsidiária da empresa contratante.

Segundo o STF, faltavam regras claras na Justiça do Trabalho, e a terceirização das atividades-meio ou atividades-fim encontra amparo nos princípios constitucionais da livre-iniciativa e da livre concorrência.

Terceirização do trabalho – STF	• decisão proferida em regime de repercussão geral;
	• qualquer atividade (meio ou fim) pode ser terceirizada;
	• homenagem aos princípios da livre-iniciativa e da livre concorrência;
	• mantém-se a responsabilidade subsidiária da empresa contratante;
	• a responsabilização subsidiária da tomadora de serviços pressupõe sua participação no processo judicial;
	• a decisão do STF não atinge processos em que já tenha se operado a coisa julgada.

12.9.3. LEGITIMIDADE DO MINISTÉRIO PÚBLICO PARA PLEITEAR A OBTENÇÃO DE MEDICAMENTOS POR PARTICULAR

Sabe-se que o Ministério Público é dotado de legitimidade para atuação em prol (art. 127 da CF):

i)   da defesa da ordem jurídica;

ii)   do regime democrático;

iii) dos interesses sociais e individuais indisponíveis.

O STF entendeu que o Ministério Público é parte legítima para o ajuizamento de ação civil pública que tenha por objeto o fornecimento de remédios a portadores de certa doença, ainda que em caráter individual (RE 605.533/MG).

Havia a controvérsia por se tratar de um direito de índole individual. Não obstante, o STF apontou que se trata de direito individual indisponível, portanto passível de tutela por meio de ação civil pública.

12.9.4. ALTERAÇÃO DE GÊNERO NO ASSENTO DE REGISTRO CIVIL DE TRANSEXUAL

O STF fixou a tese de que os princípios da dignidade da pessoa humana, da personalidade, da intimidade, da isonomia, da saúde e da felicidade, de um lado, e os da publicidade, da informação pública, da segurança jurídica, da veracidade dos registros públicos e da confiança, de outro, asseguram ao transgênero o seguinte direito fundamental subjetivo:

STF: DIREITO FUNDAMENTAL SUBJETIVO DO TRANSGÊNERO
• alteração de seu **prenome**;
• alteração de sua **classificação de gênero no registro civil**;

Direitos Humanos

- requisito: **mera manifestação de vontade** do indivíduo;

- o direito pode ser reconhecido também diretamente na **via administrativa**, não sendo necessário acionar o Judiciário;

- a alteração **INDEPENDE DA REALIZAÇÃO DE PROCEDIMENTO CIRÚRGICO** de redesignação de sexo.

A alteração deverá ser averbada à margem do assento de nascimento, no qual não poderá figurar o termo "transgênero".

IMPORTANTE:

– basta a mera manifestação de vontade;

– não é necessário o procedimento cirúrgico;

– a alteração pode se dar diretamente na via administrativa.